L'ART

DE

DÉCOUVRIR LES SOURCES.

Avertissement de l'éditeur

Nos livres sont la reproduction digitale de textes devenus introuvables.

Le lecteur voudra bien excuser le léger manque de lisibilité et les imperfections dues aux ouvrages imprimés il y a des décennies, voir des siècles.

Par égard à la mémoire des auteurs et la spécificité des ouvrages, il convenait de les reproduire tels les originaux.

www.eBookEsoterique.com

PRÉFACE.

—◆◇◆—

L'art de découvrir les sources a été dans tous les temps et chez tous les peuples l'objet d'un grand nombre de recherches. Pressés chaque jour par le besoin de se procurer un élément indispensable à la vie, et prévenus que les cours d'eau souterrains doivent donner à l'extérieur quelques signes de leur présence, les philosophes et le peuple ont été attentifs à les observer. Ceux qui en ont recueilli et publié le plus grand nombre sont, parmi les anciens, Vitruve, Pline le naturaliste et Cassiodore. Les modernes, plus occupés à imaginer des systèmes sur l'origine des sources qu'à observer les signes de leur présence, n'ont presque rien ajouté à ce que nous ont laissé les anciens (1). Ces indices, il faut le

---

(1) Ce que je trouve de plus remarquable en ce genre, c'est la découverte des sources de Coulange-la-Vineuse, de Courson et d'Auxerre, en Bourgogne, qui furent indiquées en 1705 par Couplet, ingénieur et académicien. Ces trois décou-

dire, sont si vagues, si incertains et applicables à un si petit nombre de localités, qu'ils ne peuvent servir d'éléments à un art véritable. Aussi, quoique ces méthodes aient été insérées dans une infinité d'ouvrages et mises entre les mains de tout le monde, nous ne voyons pas qu'elles aient produit, en aucun endroit, des résultats nombreux ni importants. Je puis attester que je n'ai jamais rencontré une seule source qu'on m'ait dit avoir été découverte d'après un de ces procédés.

Depuis une trentaine d'années, quelques géologues ont donné, il est vrai, des dissertations sur les probabilités de succès que les différentes espèces de terrain pouvaient offrir aux foreurs de puits artésiens ; mais leurs écrits ne présentent que des généralités. Aucun d'eux n'a désigné catégoriquement le point précis où il fallait placer le trou de sonde pour trouver le cours d'eau, ni indiqué un moyen quelconque pour en connaître la profondeur et le volume. Tout occupés des sources qui sont à des profondeurs

---

vertes eurent alors un grand retentissement, et lui valurent après sa mort, un pompeux éloge que lui consacra Fontenelle. Voyez *Œuvres de Fontenelle*, *Éloge de Couplet*, t. 6. Il est fort à regretter que cet ingénieur n'ait pas laissé sa méthode par écrit.

immenses, aucun d'eux ne paraît avoir porté ses regards sur les innombrables sources ordinaires, qui ne sont souvent qu'à quelques mètres sous terre, à portée de presque toutes les maisons et de toutes les fortunes.

Le moyen de découvrir les sources qui a été le plus en vogue, celui qui a obtenu le plus de crédit parmi les ignorants, et même chez quelques personnes instruites, c'est la *baguette divinatoire*. Quoique j'aie opéré bien des fois avec toutes les précautions prescrites, et que je sois passé et repassé sur des cours d'eau souterrains dont le conduit m'était bien connu, je n'ai jamais remarqué que cette baguette ait fait d'elle-même le moindre mouvement dans mes mains. J'ai lu sur ce sujet plusieurs traités assez étendus, et j'ai fait opérer sous mes yeux plusieurs douzaines de bacillogires, les plus renommés que j'ai rencontrés dans mes voyages, afin de m'assurer si cet instrument tourne sur les cours d'eau souterrains.

De tout ce que jai lu et observé sur ce sujet il me reste la croyance : 1° que cette baguette tourne spontanément entre les mains de certains individus doués d'un tempérament propre à produire cet effet; 2° que ce mouvement est déterminé par des fluides qui ne peuvent tomber sous nos sens, tels que l'électricité, le magnétisme, etc.; 3° qu'elle tourne indifféremment sur les endroits où il n'y a pas le moindre filet d'eau souterrain comme sur ceux où il y en a, et que, par conséquent, elle ne peut servir de rien dans l'indication des sources. C'est aussi le sentiment de M. de Tristan, éminent bacillogire qui, en 1826, publia sur cette fameuse baguette un long traité qu'il conclut par ces mots: *Je suis bien loin d'engager à se fier aux expériences bacillogires pour la recherche des eaux souterraines.* Sur plus de dix mille sources que j'ai indiquées, il ne m'est arrivé que deux fois de tomber précisément sur des points que l'on me dit avoir été choisis par des joueurs de baguette. Je dis *choisis*, car leurs indications, qu'on m'a montrées peut-être en mille endroits, sont toutes placées précisément sur le point qui pouvait le mieux convenir au propriétaire (ce qui n'était pas difficile à deviner); aussi, presque toutes ces prétendues indications échouent complétement, et le très-petit nombre de réussites qui leur arrivent ne sont dues qu'au pur effet du hasard.

Voilà donc que la science ni la divination n'ont encore rien fourni de satisfaisant pour nous guider dans la recherche des sources.

Cependant la géognosie, qui a pour objet de faire connaître, non-seulement les terrains qui sont à découvert, mais encore ceux qui sont cachés, me parut il y a trente-quatre ans être la science la plus propre à fournir des lumières sur les cours d'eau souterrains.

Car cette science, comme l'a dit depuis M. Rozet, fait connaître au mineur les chances de succès de ses entreprises et la route qu'il doit tenir dans ses travaux; à l'architecte, dans quelles montagnes il doit fouiller pour trouver les différentes espèces de pierres dont il a besoin; au potier, les couches d'argile qu'il veut employer etc.; cette science pouvait donc, selon moi, aider à connaître la formation des sources et les lignes qu'elles suivent sous terre. Ce fut dans le but de résoudre ce problème que j'employai neuf ans à étudier les terrains, et à recueillir les nombreuses observations qu'on verra dans le cours de ce Traité.

Toute cette théorie sur l'art de découvrir les sources étant basée sur la disposition et la constitution des terrains, des notions de géognosie sont indispensables à quiconque voudra faire quelques progrès dans cet art. Ceux qui voudront l'approfondir devront étudier assidûment et se rendre familiers les Traités élémentaires de géologie de MM. d'Aubuisson des Voisins, Rozet, d'Omalius d'Halloy, de La Bèche, Brongniart, Lecocq, Gasc, Lyell, Huot, etc. Ceux au contraire qui ne voudront avoir que des notions suffisantes pour comprendre cette théorie, ou se mettre en état d'indiquer les sources dans les cas les plus faciles, pourront se contenter de celles qui servent d'introduction à ce Traité, et que j'ai tirées, en grande partie, de ces pères de la géologie.

Les données de la géognosie ne sont pas des théorèmes susceptibles de démonstration, ni des lois physiques exemptes de toute exception; ce sont des observations faites sur des terrains visibles qui ont été reconnues plus ou moins constantes dans un grand nombre de localités, et qui nous fournissent les moyens de juger, par des inductions probables, quelle est la nature et l'inclinaison des terrains qui nous sont cachés. Par exemple, si des deux côtés d'une montagne nous voyons une couche de rocher qui ait la même épaisseur, nous en concluons que probablement son épaisseur est la même dans l'intérieur de la montagne, parce que l'observation nous a fait connaître que l'épaisseur d'une couche varie rarement. Les agents qui ont concouru à la formation des divers dépôts dont se compose l'écorce du globe étant de plusieurs sortes, et leurs opérations s'étant combinées d'une infinité de manières, il devient impossible au géognoste de recueillir des observations rigoureusement exactes, et desquelles il puisse déduire des règles invariables. Presque toutes offrent quelques exceptions, et celles qui en offrent le moins sont celles qui approchent le plus de la certitude. Quoique cette science ne repose pas sur des principes absolus, elle nous fournit néanmoins des données assez précises et assez concordantes pour nous faire connaître, dans la très-grande majorité des cas, ce qui existe sous terre.

L'hydrographie souterraine, entièrement subordonnée au gisement et à la constitution des dépôts terrestres, présente les mêmes anomalies et les mêmes exceptions que les terrains. La connaissance des cours d'eau, tant visibles que souterrains, offre des lois générales qui sont incontestables dans la presque totalité des cas, et qui cependant sont, pour la plupart, contredites par quelque fait particulier; par exemple, *tout cours d'eau qui se rend dans un plus grand, converge vers l'aval de celui-ci*; cependant le Gier, marchant à peu près en ligne droite du Midi au Nord, se jette à Givors dans le Rhône, dont le cours va du Nord au Midi. L'hydroscopie, pas plus que la géologie, ne peut donc être rangée parmi les sciences exactes, telles que la mécanique, l'hydraulique et autres parties de la physique; mais les quelques exceptions qui peuvent être opposées dans une localité ou dans l'autre, n'empêchent pas que les lois générales qui ont été posées d'après l'universalité des faits observés, ne soient des règles assez sûres pour diriger l'hydroscope dans ses recherches, et le faire réussir dans la très-grande majorité des tentatives. L'exception infirme la règle, mais ne la détruit pas. On trouvera dans cet ouvrage les exceptions très-fréquemment indiquées par quelqu'un de ces mots : *souvent, ordinairement, généralement ;* mais je n'ai pas cru pouvoir les introduire partout où ils auraient dû être placés, car il aurait fallu les insérer dans la plupart des phrases, ce qui aurait étrangement défiguré le langage. A l'exemple des géologues, j'ai donc, en beaucoup d'endroits, donné comme positif ce qui m'a paru être vrai dans la très-grande majorité des cas, sans m'astreindre à signaler chaque exception qui m'était connue.

La tâche que j'entrepris, il y a vingt-huit ans, de fournir au public une théorie raisonnée sur l'art de découvrir les sources, aurait dû naturellement être remplie par quelque géologue profond, qui aurait traité cette matière en maître, et non être laissée à un pauvre succursaliste de campagne, qui n'avait pas assez de livres pour étudier les terrains à fond, ni assez de temps pour aller les explorer au loin, ni à sa portée des hommes instruits sur cette matière pour l'aider de leurs conseils, ni assez de savoir pour rédiger un ouvrage digne d'être présenté au public.

Malgré tous ces motifs de découragement et le ridicule universel qui m'attendait en cas d'insuccès, profondément ému des maux sans nombre que la disette d'eau causait tous les ans dans le département du Lot, je consultai d'abord le plus de livres qu'il me fut possible pour tâcher d'y trouver quelque moyen de découvrir les sources; mais ce fut inutilement : je ne rencontrai pas même un auteur qui eût su définir convenablement une source, pas un qui me parût s'en être formé une idée distincte; on en verra la preuve au chapitre X. Ce que je recueillis de plus positif, ce fut la conviction qu'aucun de ces hydrographes ne s'était donné la peine d'aller parcourir les terrains sur de grandes étendues, dans le but de reconnaître la présence des sources; qu'ils s'étaient bornés à se copier les uns les autres, ou à bâtir des systèmes plus ou moins invraisemblables sur leur origine. (On en verra quelques-uns au chapitre XI.) Voyant donc que personne n'avait rien écrit de satisfaisant sur cette matière, et que cette science était encore à créer, je me sentis porté à faire au moins tout ce que je pourrais pour essayer d'y poser quelques jalons. Bien que l'entreprise fût de beaucoup au-dessus de mes forces, me souvenant que l'importance d'une découverte ne se mesure pas sur la capacité de son auteur (1), je résolus d'étudier l'hydrographie souterraine sur le terrain même, d'y recueillir le plus grand nombre possible de faits, de les coordonner et de voir s'ils seraient concordants ou non. Lorsqu'après plusieurs années de courses et d'observations je tombai heureusement sur la bonne voie, et que je me fus assuré par l'examen de plusieurs milliers de localités que les sources se forment, marchent sous terre et en sortent dans des circon-

---

(1) « Il semble, dit Racine fils (Rel., chant V), que pour « humilier mieux ceux qui cultivent les sciences, Dieu ait « permis que les plus belles découvertes aient été faites par « hasard, et par ceux qui devaient moins les faire. La bous- « sole n'a point été trouvée par un marin, ni le télescope par « un astronome, ni le microscope par un physicien, ni l'im- « primerie par un homme de lettres, ni la poudre à canon « par un militaire. »

stances de terrain à peu près identiques, j'eus la certitude que j'avais travaillé sur un bon plan, et j'espérai que l'hydroscopie pourrait enfin passer dans le domaine des sciences rationnelles.

Dès lors, je m'attachai à ne marcher qu'à la lueur des faits, à n'admettre de conséquences que celles qui en dérivent naturellement, et à écarter toute opinion et tout système qui ne seraient pas appuyés sur des faits nombreux et avérés. On verra dans l'ouvrage si je me suis écarté de ce plan. Dans l'impossibilité d'insérer les milliers de faits que j'ai observés dans tous les départements que j'ai explorés, la plupart de ceux que je cite sont pris dans le département du Lot, comme étant celui que j'ai le mieux étudié et le plus propre aux observations hydroscopiques, attendu qu'il renferme plus d'espèces de terrains qu'aucun autre, et que, presque tous ceux qu'on voit en France, y sont représentés.

Avant d'avoir voyagé hors de ce département, il me restait quelques soupçons que peut-être il existait ailleurs des terrains tout différents, et dans lesquels cette théorie ne serait point applicable. Ce soupçon n'avait aucun fondement. Maintenant que j'ai exploré, dans le plus grand détail, près de la moitié de la France et plusieurs contrées des États voisins, je crois être en état d'affirmer que les lois qui président à la formation et à l'écoulement des sources sous terre sont partout essentiellement les mêmes, et que les variations ou exceptions que ces lois présentent étant dues à la constitution, à la disposition ou aux accidents des divers terrains, peuvent être ordinairement prévues.

Si une théorie qui n'a pas encore été éprouvée doit être accueillie avec réserve et même avec défiance, jusqu'à ce que les expériences en aient montré le mérite, j'espère qu'on ne trouvera pas les épreuves que celle-ci a subies trop peu nombreuses ni insuffisantes, quand on saura que, pendant vingt-cinq ans, elle a été expérimentée *positivement* ou *négativement* dans plus de trente mille localités, situées dans quarante départements qui m'avaient fait parvenir de trois cents à deux mille demandes chacun. Elle a été expérimentée *positivement* chaque fois qu'elle m'a servi à indiquer une source, et *négativement* toutes les fois qu'elle m'a fait connaître que le terrain sur lequel j'étais appelé n'en renfermait point. Elle a été appliquée, je crois, sur toutes les espèces de terrains qui existent en France, depuis les plus compactes jusqu'aux plus désagrégés, et depuis les plus régulièrement stratifiés jusqu'aux plus bouleversés. L'application en a été faite à toutes sortes de hauteurs, depuis les falaises de la Normandie jusqu'aux ballons des Vosges, depuis les landes du Bordelais jusqu'aux plus hautes habitations des Pyrénées, et depuis l'embouchure du Rhône jusqu'aux villages les plus haut placés dans les Alpes françaises; elle a été encore appliquée pendant les plus grands froids comme par les plus fortes chaleurs, dans les temps les plus secs comme au fort des plus grosses pluies. Je n'ai remarqué d'obstacles pour les opérations hydroscopiques que *la nuit et la neige*, dès qu'elles empêchent de voir la terre. Les indications qui ont été faites sur des terrains si variés, dans des positions si diverses et dans des saisons si différentes, ont réussi partout dans des proportions qui sont à peu près les mêmes (il en sera rendu compte au chapitre XXIX). Ce Traité n'est donc plus une simple théorie dont l'épreuve soit à faire; mais il est le résumé de toutes les observations hydroscopiques qu'il m'a été donné de recueillir pendant neuf ans d'études théoriques et vingt-cinq années d'expériences.

J'ajoute ici comme encouragement aux élèves hydroscopes, qu'après quelques années de voyages et d'explorations, il m'arriva de désigner de loin quelques sources et leur volume, de décrire le revers de quelques montagnes ou collines dont je ne voyais qu'un côté, et d'indiquer même des sources dans ces revers, d'en indiquer aussi sur les cartes de Cassini, et d'annoncer de très-loin que certaines maisons étaient lézardées. Les premières personnes qui m'entendirent faire ces désignations, dans des pays où elles étaient bien assurées que je n'avais jamais été et que personne n'avait pu me faice connaître, étaient dans le plus grand étonnement. Les plus instruits les regardaient comme de la géologie transcendante, et le vulgaire, comme un prodige.

Ces premières désignations, que je n'avais faites que par occasion et par manière d'amusement, m'étaient à peine échappées, que le bruit s'en répandit promptement et fort au loin. Pendant les vingt dernières années, presque partout où j'ai paru, on m'a demandé ces sortes d'indications ; chacun a voulu s'assurer par lui-même si ce qu'on lui avait rapporté était vrai, et, à moins de déplaire à des personnes respectables et de mécontenter les troupes de curieux qui m'entouraient continuellement, j'ai été obligé de les réitérer des milliers de fois. A mesure que l'occasion s'en est présentée dans le cours de cet ouvrage, j'ai cité ces désignations ainsi que les observations sur lesquelles elles sont fondées, et l'on verra que ces pronostics étaient bien faciles à faire. Pour celui qui n'a pas fait ces observations, c'est un prodige ; mais pour celui qui les a faites ou les fera, ce n'est rien.

J'aurais bien voulu pouvoir rapporter ces faits et un grand nombre d'autres qu'on trouvera dans ce livre, sans y rien mêler de personnel ; mais le fond de cet ouvrage étant composé d'observations que j'ai faites, et n'ayant su comment les rapporter en laissant leur auteur de côté, je n'ai pas cru devoir m'abstenir d'en rendre compte, attendu que ces faits confirment ou éclaircissent les observations, et que le précepte contenu dans un exemple est bien plus facile à retenir.

L'art de découvrir les sources est, comme toutes les sciences physiques, susceptible d'un perfectionnement indéfini : de nouvelles observations fourniront de nouveaux moyens d'éviter les erreurs. Aussi je ne donne pas cette théorie comme un Traité complet sur la matière, mais plutôt comme un essai destiné à donner l'éveil sur cette branche des connaissances humaines. Les hommes capables qui voudront bien descendre sur les terrains et étudier les cours d'eau qu'ils recèlent, rectifieront plusieurs observations que je n'ai peut-être pas su faire, ajouteront celles qui m'ont échappé, et produiront des ouvrages qui présenteront un ordre et un style meilleurs que celui-ci. J'applaudirai toujours aux efforts de ceux qui feront des recherches dans le but de perfectionner cette théorie, et j'éprouverai une bien vive joie chaque fois que je verrai que quelqu'un y a réussi.

Si parmi les hommes qui cultivent les sciences il en est qui recueillent sur ce sujet des observations intéressantes et ne veuillent pas les publier, je les prie très-instamment de vouloir bien me les adresser à Saint-Céré (Lot), de m'indiquer les fautes qu'ils auront remarquées dans cet ouvrage, et les corrections qu'ils croiront devoir y être introduites. Toutes leurs observations seront reçues avec reconnaissance, et celles qui se trouveront fondées, seront mises à profit pour une seconde édition, supposé qu'un pareil honneur soit réservé à ce livre, avant ou après ma mort.

La publication de cette méthode a été différée jusqu'ici dans le double but de convaincre de plus en plus le public de sa vérité, et de la perfectionner en y ajoutant toujours quelques nouvelles observations que je recueillais dans mes nombreux voyages ; car mon grand désir aurait été, si cela eût été possible, de commettre moi-même toutes les erreurs qu'elle pourra occasionner, afin d'en découvrir les causes, les signaler aux élèves hydroscopes et les mettre par là en état de les éviter.

Maintenant que toutes les expériences désirables ont prouvé que cette théorie fait connaître à peu près toutes les sources cachées, la ligne que chacune d'elles parcourt, sa profondeur et son volume, quoiqu'elle soit faillible dans quelques cas et qu'elle laisse à désirer sous d'autres rapports, je ne crois pas devoir en différer davantage la publication. Je pense qu'on aimera mieux posséder sur l'art de découvrir les sources une méthode défectueuse, que de ne pas en avoir du tout.

Peut-être quelqu'un parviendra-t-il, tôt ou tard, à inventer une méthode toute différente qui sera infaillible, ou qui, du moins, réussira dans une plus forte proportion que la mienne. Si cela arrive, je recommande d'avance à tout le monde d'en suivre les prescriptions, et de ne plus faire attention à cet essai.

TABLE DES CHAPITRES.

Chapitres.	Pages.
I Éminences de la terre.	1
II Dépressions de la terre.	5
III Examen des hauteurs.	9
IV Examen des versants.	13
V Examen des basses plaines.	18
VI Examen des cours d'eau.	24
VII Structure intérieure de la terre.	29
VIII Terrains non stratifiés.	34
IX Terrains stratifiés.	40
X Ce qu'on doit entendre par le mot *source*.	54
XI Opinions erronées sur l'origine des sources.	58
XII Réponses aux opinions erronées sur l'origine des sources.	66
XIII La vraie origine des sources.	81
XIV Formation des sources.	103
XV Lignes que suivent les sources sous terre.	120
XVI Points où les fouilles doivent être pratiquées.	130
XVII Moyens de connaître la profondeur d'une source.	161
XVIII Moyens de connaître le volume d'une source.	169
XIX Terrains favorables à la découverte des sources.	172

Chapitres.		Pages.
XX	Terrains défavorables à la découverte des sources.	181
XXI	Terrains volcaniques défavorables aux sources.	196
XXII	Terrains friables défavorables aux sources.	202
XXIII	Terrains privés d'eau à cause de leur disposition ou désagrégation.	215
XXIV	Sources minérales, thermales et intermittentes.	228
XXV	Travaux à exécuter pour mettre les sources à découvert.	248
XXVI	Sources dont l'apparition est tardive, et non réussites.	278
XXVII	Moyens de suppléer au défaut de sources	287
XXVIII	Origine et progrès de cette théorie.	300
XXIX	Sources trouvées d'après cette théorie.	332
XXX	Méthodes de quelques anciens et modernes pour découvrir les sources.	352

L'ART

DE

DÉCOUVRIR LES SOURCES

PAR

M. L'ABBÉ PARAMELLE.

> On croit que des endroits sont totalement dépourvus d'eau, tandis qu'il y en a souvent beaucoup sous la terre sur laquelle on marche, et peu éloignée de sa surface.
>
> *Encyclopédie,* art. *Source.*

PARIS.

IMPRIMERIE DE BAILLY, DIVRY ET Cᵉ,

PLACE SORBONNE, 2.

—

1856

CHAPITRE I.

ÉMINENCES DE LA TERRE.

La surface de la terre n'est point unie : au contraire, elle présente un grand nombre d'élévations et de dépressions, qui ont des formes et conservent entre elles des relations assez constantes. Voici les noms que l'on donne aux élévations et les relations qui existent entre elles.

Une *montagne* est une masse de terrain plus ou moins étendue, et qui s'élève considérablement au-dessus du sol environnant. La partie la plus élevée est le *sommet* ou la *cime*. Les pentes en sont les *flancs*; la *base* est le plan horizontal sur lequel elle repose; le *pied* est le périmètre de ce plan; sa *hauteur* est la perpendiculaire qui du sommet tombe sur sa base, et son *escarpement* est le plan à peu près vertical qui forme un de ses côtés. Un *plateau* est une plaine plus ou moins étendue située sur une montagne. Les petites montagnes prennent le nom de *monticule*, et les plus petites celui de *butte* ou *mamelon*.

La cime d'une montagne est tantôt arrondie, et forme un *dôme;* tantôt elle a toutes ses pentes abruptes, et on la nomme *pic;* d'autres fois, elle forme une pointe aiguë très-élancée, et on lui donne le nom d'*aiguille.*

Il est rare de trouver des montagnes isolées : quelquefois elles forment des groupes; le plus souvent, elles sont placées l'une au devant de l'autre, et forment des séries qu'on appelle *chaînes de montagnes,* qui s'étendent dans des directions déterminées, et jettent des ramifications à droite et à gauche.

Le *faîte* d'une chaîne est formé par l'ensemble des crêtes et des sommets de toutes les montagnes qui la composent; ses flancs ou faces portent le nom de *versants*, parce qu'ils versent les eaux dans les plaines; son *axe* est la ligne que l'on suppose passer par le centre de chaque montagne; son *pied* est la partie inférieure de chaque versant; sa *largeur* se prend d'un pied à l'autre, et sa *hauteur* est l'élévation verticale du faîte au-dessus des deux pieds.

Il n'existe pas de chaîne de montagne dont les parties soient régulières : ainsi le faîte présente alternativement des élévations qu'on nomme *cimes,* et des abaissements appelés *cols;* l'axe et les pieds forment partout des lignes courbes très-compliquées; les deux versants sont des surfaces fort ondulées et et très-rarement inclinées de la même quantité; presque toujours l'un est plus court et d'une pente plus rapide que l'autre. La plus rapide se nomme simplement *pente*, et la moins rapide *contre-pente*.

Le faîte d'une chaîne de montagnes fait la séparation ou partage des eaux qui, coulant de part et d'autre sur les deux versants, se rendent dans deux rivières différentes.

Chaque cime est le point de départ de deux rameaux qui prennent des directions opposées, et chaque col est le point de départ de deux vallées opposées. Les rameaux qui se détachent de la chaîne principale jettent à leur tour de nouvelles ramifications qui portent le nom de *contre-forts* ou *éperons*.

Chaque rameau, même chaque contre-fort qui a une certaine longueur, peut être considéré comme une chaîne simple, puisqu'on y trouve toutes les parties d'une chaîne principale.

Une *colline* est, selon quelques-uns, une éminence placée dans une plaine, détachée des montagnes voisines, et s'élevant au plus à deux ou trois cents mètres. D'autres, en bien plus grand nombre, entendent par le nom de *colline* tout rameau prolongé qui n'a pas une grande élévation. Je l'emploierai dans ce dernier sens.

La *croupe* d'une montagne ou colline est l'extrémité qui vient se terminer à la plaine. Les deux côtés qui forment les parois d'une vallée sont ordinairement formés par une série de croupes qui s'arrêtent à peu près sur une même ligne, et présentent aux yeux du spectateur qui est dans la plaine, les unes la forme d'un trapèze, les autres celle d'un triangle, et d'autres, à pente radoucie, celle d'un bout de bateau renversé.

La chaîne qui partage les eaux entre deux rivières observe avec celles-ci un certain parallélisme, et les rameaux qui s'en détachent vont toujours en s'abaissant et convergeant vers l'aval des rivières aux bords desquelles ils vont expirer.

Les contre-forts, qui forment une série de mamelons et de cols, observent la même allure à l'égard des ruisseaux qui marchent à leurs pieds.

CHAPITRE II.

DÉPRESSIONS DE LA TERRE.

Les rameaux qui se détachent de la chaîne principale, les contre-forts et éperons qui se détachent des rameaux, laissent entre eux des intervalles ou des dépressions plus ou moins considérables, que l'on appelle *vallées, vallons, défilés, gorges, ravins et plis de terrain* (1). On nomme *vallées* les dépressions d'une largeur considérable qui partent du faîte d'une chaîne principale et descendent jusqu'à une rivière; *vallons*, celles qui séparent les rameaux, ou qui ne forment qu'une petite vallée; *défilés* ou *gorges*, celles qui séparent les contre-forts, ainsi que celles qui sont

---

(1) Ces six espèces de dépressions ne différant entre elles que par leur grandeur, ne peuvent être distinguées l'une de l'autre par aucun caractère tranché, puisque tous les accidents de terrain que l'on voit dans une se trouvent dans toutes les autres. Pour ne pas être obligé de répéter à tout instant cette nomenclature, je me contenterai le plus souvent d'en nommer une, par exemple, *le vallon*, étant bien entendu que tout ce que j'en dirai doit ou peut être appliqué à toutes les autres.

très-étroites et bordées d'escarpements ; *ravins*, les excavations prolongées, étroites, à pentes rapides, et qui ont été creusées par des cours d'eau ; et enfin *plis*, celles dont la profondeur est peu sensible.

Les flancs ou versants des collines, rameaux et contre-forts qui laissent entre eux ces dépressions, se nomment aussi les flancs ou versants de la vallée, du vallon, de la gorge, du ravin et du pli. La ligne d'intersection plus ou moins sinueuse que forment en bas les deux flancs ou versants, et que suivent les eaux qui tombent sur la vallée, vallon, etc., se nomme le *thalweg* (1).

Chaque vallée reçoit, de droite et de gauche, un grand nombre de vallons, défilés, gorges, ravins et plis ; chaque vallon reçoit de même plusieurs dépressions d'un ordre inférieur.

Dans les vallées, vallons, etc., on doit remarquer que toutes les fois que d'un côté une croupe de montagne forme un avancement dans la vallée, avancement que l'on nomme *angle saillant*, on voit vis-à-vis et du côté opposé un enfoncement que l'on appelle *angle rentrant*. Du même côté de la vallée, les angles saillants et les angles rentrants alternent entre eux ; en sorte que chaque angle saillant est formé par deux angles rentrants, et chaque angle rentrant est formé par deux angles saillants. Il en est de même du côté opposé de la vallée ; mais les angles saillants d'un côté ne sont jamais opposés aux angles saillants de l'autre ;

---

(1) Ce mot allemand signifie *chemin de la vallée*.

les angles rentrants ne sont pas non plus opposés entre eux ; au contraire, tous les angles saillants d'un côté de vallée correspondent exactement aux angles rentrants de l'autre, et réciproquement ; de manière que si, par supposition, les deux versants d'une vallée venaient à se rapprocher, les angles saillants de l'un s'engrèneraient assez bien dans les angles rentrants de l'autre. Ces règles ne reçoivent guère d'exceptions que dans les vallées d'une très-grande largeur.

Quand les deux versants d'une vallée ou d'un vallon sont en pente douce, la vallée est en général très-évasée et assez régulière dans son cours ; le thalweg se trouve à peu près à égale distance des deux versants, mais si dans quelques endroits la pente devient plus rapide d'un côté, le thalweg s'infléchit vers ce point.

Les vallées formées par deux versants escarpés sont en général très étroites et très-irrégulières : on y remarque beaucoup de rétrécissements et d'élargissements ; la courbe du thalweg présente une infinité d'inflexions, mais elle se rapproche toujours du côté le plus escarpé.

On remarque dans chaque vallée une pente douce ou *talus*, qui va du pied de l'escarpement vers le thalweg, mais qui n'arrive que rarement jusqu'à lui, quoiqu'elle soit plus ou moins étendue, suivant la hauteur de la montagne et la largeur de la vallée.

Les *plaines* sont de grands espaces qui paraissent horizontaux, quoiqu'ils ne le soient jamais rigoureusement. On y remarque des arêtes ou crêtes de partage avec leurs rameaux, et de légères dépressions y forment les vallées dans lesquelles serpentent souvent des cours d'eau; lorsque leurs versants ont une pente un peu prononcée, on les appelle *coteaux*, et lorsqu'elle l'est faiblement, on les nomme *rideaux*.

CHAPITRE III.

EXAMEN DES HAUTEURS.

Afin d'être bien fixé sur toutes les dénominations qui viennent d'être expliquées, et d'en faire une application exacte toutes les fois que l'occasion s'en présentera, il ne suffit pas de les lire attentivement, ni d'en faire l'application de mémoire à des terrains connus, le lecteur doit indispensablement parcourir et bien examiner en détail plusieurs montagnes et collines de sa contrée. Si son département se compose de diverses espèces de sols, si, par exemple, une partie est granitique, l'autre calcaire, l'autre marneuse, etc., la configuration d'un terrain n'étant pas tout à fait semblable à celles des autres, il doit en étudier au moins deux ou trois dans chaque nature de sol.

Il y a en France une chaîne principale qui fait la séparation des eaux entre l'Océan et la Méditerranée. Après avoir traversé l'Asie et l'Europe, cette chaîne, sortant de la Suisse, entre en France par la commune des Rousses (Jura), suit à peu près la frontière jusqu'à Verrières-de-Joux (Doubs), où elle retourne en Suisse. Elle rentre en France près Ferrette, et traverse nos départements dans l'ordre qui suit : le Haut-Rhin, les Vosges, la Haute-Marne, la Côte-d'Or, Saône-et-Loire, le Rhône, l'Ardèche, la Lozère, le Gard, l'Aveyron, l'Hérault, la Haute-Garonne, l'Aude, l'Ariége et les Pyrénées-Orientales ; de là, elle suit le faîte des Pyrénées, et sert de frontière jusqu'au-dessus de Saint-Béat (Haute-Garonne), où elle entre en Espagne. L'étude de cette grande chaîne n'a d'importance que pour ceux qui ont à découvrir des sources non loin de son faîte.

Dans chaque département, on peut considérer comme chaîne principale celle qui le traverse entièrement : ainsi, dans le département du Lot, il y a deux chaînes de montagnes ou crêtes élevées, allant de l'est à l'ouest, qui servent à partager les eaux entre ses rivières. La principale de ces crêtes, celle qui partage les eaux entre le Lot et la Dordogne, vient du Cantal, et arrive dans le département à Labastide-du-Haut-Mont, passe à La Tronquière, à Saint-Médard-Nicourby, à Bouxal, à Puy-les-Martres, à Sonac, à Flaujac, à Reilhac, à Lunegarde, à Fontanes, à Labastide-Murat, à Montamel, à Montgesty, à Gindou, à Cazals, et enfin, à Boissiérette, où elle entre dans le département de la Dordogne ; celle qui vient de l'Aveyron et partage les eaux entre le Lot et la Garonne, entre dans le département du Lot à Puy-la-Garde, traverse les communes de Beauregard, Varayre, Bach, Vaylats, Lalbenque, l'Hospitalet, Labastide-Marniac, Villesèque, Fargues et Saux, où elle entre dans le département de Lot-et-Garonne.

C'est du haut de ces crêtes que partent ces innombrables rameaux, qui subissent en descendant tant de bifurcations, et les vallons principaux qui en reçoivent un si grand nombre d'autres, et qui vont se terminer à leurs rivières respectives.

Commençant son examen par les hauteurs, l'élève doit d'abord marcher pendant quelques lieues sur une chaîne principale, aller ensuite parcourir dans toute leur longueur quelques-uns des grands rameaux de sa contrée, se tenir sur le faîte, avancer lentement, examiner attentivement les deux versants, l'allure de tous les contre-forts et éperons qui s'en détachent, et donner à chaque élévation le nom qui lui est propre.

Placé d'abord sur la cime de la chaîne principale, au point d'où part le rameau qu'il veut explorer, il voit un autre rameau qui part du même point, et qui se dirige du côté opposé. A droite et à gauche, il voit sur le faîte de la chaîne principale d'autres cimes plus ou moins éloignées, d'où partent d'autres rameaux qui marchent à peu près parallèlement à celui qu'il va explorer, et qui vont se terminer, les uns aux confluents de divers ruisseaux, et les autres se prolongent jusqu'aux bords de la même rivière. Quoique leurs faîtes soient composés de cimes et de cols plus ou moins découpés, l'ensemble de chaque crête va toujours en s'abaissant jusqu'à ce qu'elle expire au bord de la rivière.

En partant de la chaîne principale, l'explorateur

descend ordinairement par une pente rapide jusqu'au premier col du rameau, et monte sur la première cime, d'où se détache un ou deux contre-forts; arrivé sur chaque nouvelle cime, il en voit se détacher de nouveaux, qui sont toujours moins élevés que le rameau principal, et vont en baissant jusqu'à leurs extrémités. Quelques contre-forts sont perpendiculaires à la crête du rameau ; mais la plupart ne le sont pas, et ils convergent vers l'aval de la vallée. Les cimes sont tantôt aiguës ou à arêtes vives, tantôt elles se composent de plateaux plus ou moins larges, plus ou moins longs, sur lesquels on peut toujours facilement distinguer le faîte. Certains cols sont très-courts, d'autres fort prolongés, et presque tous sont à arêtes vives. Il est à propos que l'observateur quitte de temps en temps la crête du rameau qu'il examine, pour aller parcourir les crêtes des principaux contre-forts, surtout lorsqu'ils sont fort longs, afin de reconnaître leur configuration, les formes de leurs éperons, leurs petites ramifications, ainsi que leurs relations avec les contre-forts voisins. Revenant ensuite sur la crête du rameau qui est le principal objet de son exploration, à mesure qu'il approchera de la rivière, il remarquera que les contre-forts deviennent plus rares et moins prolongés, et, qu'à l'approche de la rivière, le rameau se termine ordinairement par une croupe, le plus souvent escarpée ou fort rapide.

CHAPITRE IV.

EXAMEN DES VERSANTS.

Après avoir examiné le faîte d'une chaîne principale et les crêtes de plusieurs rameaux, l'observateur aura à examiner les versants qui sont entre ce faîte et la rivière adjacente, ainsi que les versants de plusieurs affluents.

Un *versant* est le flanc d'une montagne ou colline qui verse ses eaux dans la plaine voisine. Sa pente se compose le plus souvent de trois sortes de pentes, qui doivent être distinguées; savoir : *le plateau, le coteau* et *la plaine.*

Le *plateau* est la plaine qui est située sur la montagne ou colline. Il est ordinairement divisé longitudinalement en deux parties par la crête de partage, et ses eaux descendent dans deux vallons différents. La partie du plateau qui verse ses eaux dans un vallon, et qui, par conséquent, fait partie de son versant, a pour largeur l'espace qui est entre la crête de partage et le bord du coteau. Ces deux parties du plateau sont rarement égales en largeur, attendu que la crête de partage se rapproche plus d'un coteau que de l'autre; quelquefois même elle vient se confondre avec le bord d'un des deux coteaux, et alors le plateau verse toutes ses eaux dans le vallon vers lequel il est incliné.

Le *coteau* est la partie la plus rapide du versant. Il est limité en haut par le bord inférieur du plateau, sur les deux côtés par les ouvertures de deux vallons, et en bas par la plaine. La ligne qui sépare la pente douce du plateau de la pente bien plus rapide du coteau, est à peu près horizontale, et partout où elle rencontre des rochers, ils sont escarpés. Lorsque, sur un même côté de vallon, il y a plusieurs coteaux consécutifs, tous présentent à peu près la même hauteur, le même escarpement, et souvent les mêmes assises. Cette ligne n'ayant pas encore reçu de nom dans notre langue, je propose de l'appeler la *corniche du coteau*.

La ligne qui sépare le coteau de la plaine, et qui en suit la base visible, est appelée le *pied du coteau*.

Les pieds de tous les coteaux qui peuvent exister dans le bassin d'une rivière ne forment, à proprement parler, qu'une seule ligne, qui embrasse non-seulement la plaine de la vallée principale, mais encore elle fait le tour des plaines de tous ses affluents. Le nom de *pied* n'ayant aucune analogie avec une ligne si tortueuse, et dont la longueur est souvent centuple de celle de la vallée principale, je propose de la nommer *la ligne côtière* ou *la côtière*.

La *plaine* d'un versant est celle qui s'étend depuis le pied du coteau ou ligne côtière, jusqu'au thalweg. Cette partie du versant est d'ordinaire la moins inclinée.

Certains versants ne se composent que du plateau et du coteau; d'autres, du coteau et de la plaine; d'autres n'ont ni plateau ni plaine, et leur pente est uniforme depuis la crête de partage jusqu'au thalweg.

La crête de partage, la corniche, la côtière et le thalweg d'un versant observent entre eux un certain parallélisme, et décrivent à peu près les mêmes circuits.

En entrant dans la vallée, l'observateur trouvera ordinairement les deux coteaux escarpés ou à pentes rapides. Il remarquera que, dans des vallées et vallons, les deux coteaux sont à peu près parallèles sur de très-longs espaces, et laissent entre eux une plaine assez régulière qui se rétrécit peu à peu depuis l'embouchure de la dépression jusqu'à son origine. Dans d'autres vallées et vallons, les deux coteaux s'éloignent et se rapprochent alternativement. Durant certains trajets, leurs bases sont contiguës ou très-rapprochées; dans d'autres, les deux coteaux s'éloignent l'un de l'autre, et laissent entre eux une plaine plus ou moins large, plus ou moins longue, en sorte que la vallée ne se compose que d'une série de gorges et de bassins formés par ces rétrécissements et élargissements.

La pente d'un coteau est loin d'être uniforme : tantôt elle est douce, tantôt abrupte ou très-rapide;

ici elle présente un plan incliné assez régulier ; là des ondulations allant de haut en bas ; un peu plus loin, des gradins horizontaux et placés les uns au-dessus des autres.

L'observateur doit étudier aussi l'inclinaison des roches qui composent les deux coteaux. Si tous les deux sont à pentes douces, les assises des roches sont horizontales ou légèrement inclinées vers le fond de la vallée. Dans ce cas, il vérifiera si les assises qui sont sur un coteau se trouvent sur l'autre, et dans le même ordre de superposition. Si l'un des deux coteaux est à pente douce et l'autre à pente rapide ou escarpée, les assises du coteau à pente douce sont inclinés vers le fond de la vallée, et montrent leurs *têtes*, tandis que celles du coteau à pente rapide montrent leurs *tranches* et plongent vers le fond de la vallée voisine.

Les eaux pluviales, les gelées et la culture détachent continuellement, de tous les coteaux escarpés ou rapides, des blocs de rochers, des pierrailles et des terres végétales qui descendent à leurs pieds, et s'y déposent en forme de talus. Ce talus, que l'on nomme *éboulis*, a une pente moins rapide que celle du coteau. Les plus grosses pierres qui le composent en occupent la base, et les plus petites, la partie la plus élevée. Ce talus manque partout où un cours d'eau touche la base du coteau, parce que les débris qui le formeraient, tombant dans le lit du courant, sont, à chaque crue, entraînés et dispersés dans la plaine inférieure.

En continuant de monter dans la vallée, l'observateur voit arriver, des deux côtés, des vallons, des gorges, des ravins et des plis de terrain, qu'il ne manquera pas d'examiner successivement, l'un en montant jusqu'au point d'où il part, et l'autre en redescendant à la vallée principale.

Lorsqu'il sera près d'arriver à l'origine de cette vallée, qui ne sera plus qu'un petit vallon, il pourra être quelquefois embarrassé pour la distinguer des autres vallons, gorges, etc., qui partent comme elle de la chaîne principale, et ont à peu près les mêmes formes et dimensions ; mais il pourra la reconnaître facilement, en ce qu'elle vient de plus loin, que son thalweg est toujours plus bas et moins rapide que les thalwegs des affluents qui viennent s'y décharger. Après la réunion de quelques vallons et gorges, la vallée principale se distingue évidemment par sa largeur et sa direction générale.

CHAPITRE V.

EXAMEN DES BASSES PLAINES.

Les surfaces des plaines dans lesquelles serpentent nos rivières et ruisseaux, étaient jadis à des niveaux bien inférieurs. Il est telle plaine sous laquelle les deux coteaux vont se joindre à plusieurs centaines de pieds de profondeur, et qui sont recouverts par un terrain de transport jusqu'à une hauteur plus ou moins considérable. La vallée primitive a été comblée peu à peu par une masse de pierres, de sables et de terres que les eaux y ont déposée. Les eaux de la mer, pendant leur séjour sur nos continents, ont d'abord comblé les parties les plus profondes des vallées, et les cours d'eau actuels continuent de les combler en y transportant les débris des régions supérieures. Ces terrains sont nommés par les géognostes *antédiluviens*, *diluviens*, *clysmiens d'inondation*, *d'alluvion*, *d'atterrissement*, *de transport*, etc.; ils sont composés de fragments dont le volume et la forme sont extrêmement variés. Leur nature participe toujours des terrains qui composent la partie du bassin qui est au-dessus du dépôt. On peut y distinguer six modifications, savoir : les roches conglomérées, les gros débris, les dépôts caillouteux, le gravier, les sables et le limon ; mais ces modifications se lient et se mêlent si intimement entre elles, qu'il est difficile d'y établir des limites, et de les trouver séparées l'une de l'autre.

Tous les habitants des bords des rivières et des ruisseaux remarquent journellement que le sol s'exhausse successivement ; les portes de leurs maisons, bâties il y a deux ou trois cents ans au niveau du sol, sont aujourd'hui, en tout ou en partie, au-dessous de ce niveau. De loin en loin, ils sont obligés d'abandonner les appartements inférieurs pour se loger dans les étages supérieurs, et d'ajouter à leurs maisons exhaussements sur exhaussements. Dans les excavations qu'ils ont occasion de faire, ils trouvent, à des profondeurs plus ou moins considérables, des restes de constructions, de nombreux fragments de briques, de tuiles, de poterie, de verre, de fer, des ossements, des arbres renversés, etc. ; voici comment s'opère cet exhaussement.

Tout le monde sait que la culture, les pluies et les gelées désagrégent et brisent sans cesse les parties solides et superficielles des plateaux élevés et des coteaux ; que ces fragments sont entraînés par les eaux pluviales dans les bas-fonds ; que les ruisseaux et les rivières, lors de leurs débordements, les charrient et vont les déposer dans les plaines inférieures. Les plus gros blocs sont les premiers qui s'arrêtent, les moyens vont un peu plus loin, et les graviers encore plus loin ; enfin les débris les plus légers sont ceux qui vont se déposer le plus loin sous forme de vase. A leur départ, tous ces fragments étaient anguleux, et présentaient toutes sortes de formes ; mais comme en descendant ils ne se mouvaient qu'en roulant, bondissant et s'entrechoquant, leurs angles se sont peu à peu émoussés, et ils ont pris la forme plus ou moins sphérique que nous leur voyons actuellement. En remontant un cours d'eau et ses affluents, on peut presque toujours trouver la roche d'où a été détachée chaque pierre roulée qu'on rencontre dans la plaine.

Après chaque débordement, il reste sur toute la partie de la plaine, qui a été occupée par les eaux, une couche de pierres, de sable et de vase, plus ou moins épaisse, selon que l'inondation a été plus ou moins forte, plus ou moins prolongée. La plus grande épaisseur de cette couche est vers les bords du cours d'eau, et elle diminue à mesure qu'on s'approche des lignes côtières. Après un certain nombre de siècles, la différence de cette épaisseur devient si sensible, que le cours d'eau se trouve placé sur la partie la plus élevée de la plaine ; rompant alors les levées qu'on a construites pour l'y maintenir, il quitte ce faîte, qui n'est plus son vrai thalweg, et va dans la partie la plus basse de la plaine se creuser un nouveau canal, qu'il quittera encore plus tard, lorsqu'il aura exhaussé ses bords au-dessus du reste de la plaine.

Les progrès de cet exhaussement des plaines varient beaucoup d'une vallée à l'autre, et même dans les différents points d'une même vallée. Dans certains endroits, les plaines ne s'exhaussent que de quelques pouces par siècle, et, dans d'autres, elles s'élèvent de quelques pieds. A Figeac (Lot), dont la fondation remonte à l'an 755, il y a trois aqueducs, placés l'un sur l'autre, qui attestent que, depuis cette époque, la rivière du Cellé y a déposé un atterrissement de dix-huit pieds d'épaisseur, ce qui donne un exhaussement d'environ un pied et demi par siècle. Dans la ville de Saint-Céré, qui fut fondée vers l'an 1040, on découvre de temps en temps des bâtiments dont les anciennes portes d'entrée ont le seuil à huit pieds sous terre ; ce qui prouve que la Bave a exhaussé le terrain d'alluvion, sur lequel repose la ville, d'environ un pied par siècle.

Toute basse plaine a ordinairement trois pentes : une qui va depuis son origine jusqu'à son embouchure, et que je propose de nommer *pente longitudinale;* les deux autres, qui partent des deux lignes côtières adjacentes, et vont en s'abaissant se joindre au thalweg, peuvent être nommées *pentes latérales de la plaine.*

Les pentes longitudinales des basses plaines sont très-variables. Les unes ont leur commencement dans une plage élevée, très-peu inclinée, composée d'un creux arrondi et fort peu sensible, sans thalweg marqué, et dont cependant toutes les parties convergent vers un point de son extrémité inférieure ; les autres prennent naissance dans une plage pareillement élevée, très-peu inclinée, faiblement déprimée, mais qui présente un ou plusieurs plis de terrain avec thalweg. Chaque pli est composé de deux petites pentes ou versants qui épanchent leurs eaux dans le thalweg ; d'autres partent du fond d'un creux qui a la forme d'un vaste cirque plus ou moins profond. Ce cirque est parfois placé à l'extrémité supérieure du vallon, et n'est précédé d'aucun plateau. D'autres fois, il est précédé d'une plage élevée, disposée en forme de croissant et inclinée vers le cirque, dans lequel elle verse toutes ses eaux. Cette plage élevée a ordinairement une pente douce et assez uniforme jusqu'au bord du cirque ; mais, à partir de ce bord, elle devient tout à coup très-rapide jusqu'au fond du cirque, du moins beaucoup plus rapide que dans tout le reste du vallon.

La plus forte pente du fond d'un vallon est ordinairement vers son origine. Quoique dans le reste de son parcours elle soit loin d'être uniforme, on peut cependant réduire à deux ses variétés principales : l'une, qui se compose de pentes alternativement rapides et radoucies. Les pentes rapides et les cascades se trouvent partout où il y a étranglement, banc de roches ou terre compacte au niveau du sol ; les pentes radoucies se trouvent dans les élargissements, là où les deux coteaux sont écartés, laissant entre eux une plaine plus ou moins étendue, inclinée dans le même sens que la pente générale du vallon, et dont le fond est encombré de terres de transport. D'autres vallons ont la pente de leur fond presque uniforme, cependant tous l'ont plus rapide en commençant, moins rapide un peu plus bas, et moins rapide encore en continuant de descendre ; en sorte que leur pente va toujours en diminuant depuis leur origine jusqu'à leur embouchure. Dans les hautes montagnes, le fond de la plupart des vallons n'offre pas la moindre plaine ; les bases des coteaux se touchent, la pente est partout très-rapide et souvent interrompue par des cascades. Il y a encore des vallons qui redeviennent rapides vers leur embouchure, mais ils sont en petit nombre, et cela n'arrive que lorsque leur fond est rocheux.

Outre ces descentes naturelles, il en est encore qui sont formées de main d'homme. Tout mur bâti à travers un vallon pour clore un héritage ou pour en soutenir les terres, occasionne un encombrement qui se forme peu à peu vers le bas de la propriété. La simple limite entre deux héritages, l'un supérieur, l'autre inférieur, produit le même effet. Le propriétaire du fond supérieur, ne voulant jamais laisser descendre sa terre sur le fond inférieur, par le fait de la culture, il dégarnit le haut et accumule insensiblement la terre sur le bas de sa propriété, à tel point qu'en beaucoup d'endroits, qui sont cultivés depuis bien des siècles, on voit au bas des champs et des vignes des talus de terre végétale qui ont jusqu'à quatre ou cinq mètres de hauteur. Les eaux pluviales contribuent aussi à dénuder le haut de chaque héritage, et à faire descendre les terres meubles vers le bas.

CHAPITRE VI.

EXAMEN DES COURS D'EAU.

Il a été fait sur les fleuves, les rivières et les ruisseaux (1), un grand nombre d'observations qui leur sont communes avec les cours d'eau souterrains. Il est donc indispensable d'étudier et de se rendre familières les lois qui président à leur formation et écoulement, afin de pouvoir en faire l'application aux cours d'eau invisibles.

---

(1) Les fleuves, les rivières et les ruisseaux se forment, coulent et agissent de la même manière. L'analogie qui existe entre ces trois espèces de cours d'eau, qui ne diffèrent réellement entre eux que par leur grandeur, a empêché jusqu'ici d'assigner à chacun des caractères qui lui soient propres et qui puissent, dans tous les cas, servir à le distinguer des deux autres. Nul n'a pu, par exemple, fixer rigoureusement en quoi un fleuve diffère d'une rivière et une rivière d'un ruisseau. Ce qui fait que dans certains pays on appelle fleuve un cours d'eau qui est loin d'égaler celui qui dans d'autres est nommé rivière, et que dans certaines localités on nomme rivière un cours d'eau qui partout ailleurs ne porterait que le nom de ruisseau. Quelques-uns toutefois les distinguent de

Tout fleuve, toute rivière et même tout ruisseau a un bassin, une source, un lit, des berges, des talus, une droite, une gauche, un amont, un aval et un confluent que l'on nomme aussi embouchure.

Le *bassin* d'un fleuve, d'une rivière et d'un ruisseau se compose de toute les vallées, vallons, gorges et plis de terrain qui versent leurs eaux dans son canal ; sa *source* est celle qui est la plus éloignée de son embouchure ; son *lit* est le canal dans lequel coulent ses eaux, et dont elles ne sortent que lors de leurs débordements ; ses *berges* sont les parties de ses bords qui sont coupées verticalement ; ses *talus* sont les parties de ses bords qui sont en pente douce ; sa *droite* est la partie qui se trouverait à la droite d'un homme qui suivrait, en descendant, le milieu du canal ; sa *gauche* est la partie qui, dans le même cas, se trouverait à sa gauche ; son *amont* est la partie de son canal qui est au-dessus d'un point désigné ; son *aval* est la partie qui est au-dessous ; son *confluent* ou *embouchure* est le point où il se jette dans un autre cours d'eau.

Le mot *embouchure* est seul employé pour désigner le point où un cours d'eau se jette dans la mer.

Excepté dans quelques contrées calcaires, mar-

---

la manière suivante : si une eau courante n'est pas assez forte pour porter de petits bateaux, on l'appelle *ruisseau ;* si elle est assez forte pour porter bateau, on l'appelle *rivière ;* enfin, si elle peut porter de grands bateaux, on l'appelle *fleuve*. Ces définitions, comme on le voit, sont assez élastiques.

neuses ou crayeuses, toute vallée qui a une longueur considérable, renferme une rivière ou un ruisseau, et les affluents qu'elle reçoit sont d'autant plus nombreux et importants que son parcours est plus long. En commençant, le canal d'un cours d'eau n'est ordinairement qu'une rigole de quelques décimètres de largeur et de profondeur. Dans certains terrains sa source, ou point de départ, est dans une plage élevée, le plus souvent marécageuse, et dont l'inclinaison est à peine sensible; dans d'autres, il commence à la naissance d'un vallon qui est plus ou moins profondément creusé en forme de cirque. De distance en distance, il reçoit quelque nouveau ruisseau qui lui arrive du fond d'un angle rentrant, et vers lequel il s'infléchit pour aller le recevoir.

Si les deux cours d'eau qui se réunissent sont à peu près égaux, leur nouvelle direction ne continue celle de l'un ni de l'autre; s'ils sont inégaux, le plus petit quitte sa direction, et prend à peu près celle du plus grand. Celui-ci se dérange de sa direction d'autant moins qu'il est plus fort que l'autre.

Certains cours d'eau marchent en ligne à peu près droite et parallèlement aux deux coteaux adjacents sur des espaces assez longs; mais le plus souvent leur cours est très-sinueux, et ils décrivent d'autant plus de détours que leur pente est plus faible. On appelle *direction générale d'un cours d'eau* celle qui est indiquée par les deux coteaux qui l'accompagnent, abstraction faite de tous ses petits détours.

Le canal d'un cours d'eau s'agrandit à chaque nouveau cours d'eau qu'il reçoit; mais il n'augmente pas sa capacité à raison des nouvelles eaux qui lui arrivent ; par exemple, un cours d'eau qui en reçoit un autre qui lui est égal, augmente sans doute sa largeur et sa profondeur, mais elles ne deviennent pas doubles ; parce que les deux cours d'eau réunis, n'ayant plus qu'un fond et deux bords, éprouvent moins de frottements, et rencontrent moins d'obstacles que lorsqu'ils étaient séparés et avaient deux fonds et quatre rivages. Un cours d'eau augmente son volume depuis sa source jusqu'à son embouchure, et il entretient son canal dans des dimensions qui sont partout en rapport avec le volume ordinaire de ses eaux ; mais sa pente ainsi que sa vitesse vont en diminuant.

Si les deux coteaux qui forment un vallon ont leurs pentes égales, le cours d'eau marche à égale distance de l'un et de l'autre ; si l'un des deux est plus rapide que l'autre, le cours d'eau se tient plus près de celui qui est plus rapide ; et si l'un des deux coteaux est un escarpement, le cours d'eau en baigne le pied. Quoique cette pente rapide ou cet escarpement se prolonge beaucoup, le cours d'eau ne laisse pas d'en suivre la base jusqu'à ce qu'un angle saillant vienne l'arrêter et l'obliger de se porter vers le pied du coteau opposé. Si le lecteur se donne la peine d'examiner, ou de rappeler à sa mémoire, les cours d'eau dont la direction n'a pas été changée par la main de l'homme, il reconnaîtra que ces observations sont constantes.

Dans le canal d'un ruisseau et d'une rivière qui ne sont pas encaissés, les talus et les berges font en petit ce que les coteaux font en grand ; ils sont opposés les uns aux autres et alternent entre eux. Chaque talus forme un angle saillant et chaque berge un angle rentrant au fond duquel va expirer le talus ; en sorte que celui qui marche au bord d'un cours d'eau et du même côté voit alternativement le talus et la berge de son côté. Il peut remarquer aussi que le cours d'eau, creusant journellement au pied de la berge, rend cette partie de son canal de plus en plus profonde et va déposer les matières qui s'en détachent sur le premier talus inférieur qui est sur la rive opposée.

CHAPITRE VII.

STRUCTURE INTÉRIEURE DE LA TERRE.

Les diverses espèces de terrain qui composent l'écorce du globe ne sont pas placées confusément et au hasard ; elles observent un certain ordre de superposition, et le passage d'un terrain à l'autre, s'opère aussi selon certaines lois, qu'il est indispensable d'étudier et de se rendre familières pour pouvoir faire quelque progrès dans l'art de découvrir les sources.

Les espèces de terrain étant extrêmement nombreuses et leurs combinaisons variées à l'infini, les géologues, pour se faire comprendre, ont été obligés de donner un nom à chacune, de les diviser, subdiviser et de les décrire séparément. Pour traiter ce sujet à fond, il faudrait donner ici une description complète de chaque espèce de terrain, ce qui demanderait plusieurs volumes et nous écarterait trop de notre sujet. Ce serait d'ailleurs un travail superflu, puisque toutes ces nomenclatures, divisions et descriptions, se trouvent dans les traités élémentaires de géologie. Je me bornerai donc à expliquer ici un certain nombre de termes très-usités dans ce traité, ainsi que dans tous les ouvrages de géologie, et, dans les deux chapitres suivants, je donnerai les descriptions des espèces de terrain les plus nécessaires à connaître.

Une *roche* est une masse minérale d'un volume très-considérable, et ordinairement dure. Lorsque les roches ont des formes massives, et qu'elles présentent une épaisseur considérable sans être divisée par des joints ou fentes, on les appelle *masses non stratifiées;* mais d'ordinaire elles ne se présentent point en masses informes ; on y remarque presque toujours une structure particulière : les unes sont divisées en couches, les autres en prismes, les autres en feuillets, etc.

Une *couche*, que l'on nomme aussi *strate, banc, lit* ou *assise,* est une partie de roche beaucoup plus étendue en longueur et en largeur qu'en épaisseur. Elle est comprise entre deux fentes parallèles entre elles, et parallèles à toutes les autres fentes qui séparent les couches de la même roche. Les fentes qui séparent les couches sont appelées *fissures de stratification* et les deux surfaces de chaque couche sont *les plans de joint*. Outre les fissures de stratification, on en observe souvent dans chaque couche une infinité d'autres, qui sont verticales ou obliques par rapport à celles de la stratification, et que l'on nomme *fissures accidentelles;* mais au seul aspect il est facile de distinguer les unes des autres, en ce que les fissures de stratification séparent toujours les couches ou strates, s'étendent à de grandes distances en conservant le parallélisme dans toutes leurs inflexions et sont parallèles à la surface de superposition; ce que ne sont pas les fissures accidentelles.

Les roches schisteuses ne sont pas seulement divisées en strates ou couches, mais encore chaque couche est subdivisée en une infinité de feuillets plus ou moins étendus, parallèles entre eux, et parallèles aussi à la stratification de la roche.

La disposition de toutes les couches qui composent une roche est ce que l'on nomme sa *stratification*. Les stratifications des différentes roches sont disposées très-diversement: tantôt elles sont à peu près horizontales, tantôt plus ou moins inclinées et même verticales, et quelquefois contournées ou repliées. On est convenu d'appeler *stratification horizontale* celle dont les couches sont généralement peu inclinées, c'est la plus commune, et *stratification inclinée* celle dont les couches sont fortement inclinées ou verticales. On a désigné sous le nom de *stratification arquée*, celle dont les couches qui constituent une montagne ou une colline, s'élèvent d'un côté dans le sens de la pente, se courbent au sommet, et redescendent avec la pente opposée, ou qui descendent avec la pente d'un coteau, se courbent au bas du vallon et se relèvent avec la pente du coteau opposé. On appelle *couches contournées* celles qui présentent plusieurs courbures dans différents sens.

Comme les couches d'une roche ne sont presque jamais parfaitement horizontales, on y distingue une *inclinaison* et une *direction*. L'inclinaison d'une couche est l'angle que ses plans de joint forment avec l'horizon, et sa direction est celle d'une ligne horizontale menée sur son plan ; ainsi l'on dit que telle couche est inclinée de tant de degrés, ou qu'elle plonge sous tel angle et que sa direction est vers tel point cardinal.

Le bord supérieur d'une couche en est *la tête ;* quand cette tête se montre à la surface, on la nomme *affleurement*, et les autres bords en sont les *extrémités*. Lorsqu'une couche présente son épaisseur au jour, dans le sens de sa direction, on dit qu'elle est sur sa tranche. L'épaisseur d'une couche est appelée sa *puissance*.

Lorsque deux ou plusieurs roches, placées l'une sur l'autre ou l'une à côté de l'autre, ont leurs couches parallèles, on dit que *leurs stratifications sont concordantes ;* lorsque, au contraire, leur inclinaison est différente, *leurs stratifications sont discordantes* ou *transgressives*.

On dit que les couches forment un *escarpement* lorsqu'elles se terminent d'une manière abrupte.

On donne le nom de *faille* à une dislocation ou fracture des couches d'une roche, lorsque l'une des deux parties a été baissée ou haussée, et que ses assises ne correspondent plus aux assises de l'autre. Une faille peut être vide ou remplie.

Un *dike* est une masse pierreuse ou désagrégée qui est venue occuper l'espace que les deux parties d'une roche disloquée ont laissé entre elles. Sa nature et la disposition de ses parties diffèrent des deux roches qui se sont séparées. Un dike est quelquefois très-mince et peu étendu ; d'autres fois, sa longueur est de quelques kilomètres, son épaisseur de quelques hectomètres et sa profondeur très-considérable.

Le nom de *blocs* s'applique à des portions de roches cohérentes que l'on trouve sur le sol, ou enfouies dans des masses d'une nature différente et qui ont un volume assez considérable, par exemple, supérieur à une tête d'homme. Leur forme est quelquefois arrondie, d'autres fois anguleuse ou mamelonnée.

CHAPITRE VIII.

TERRAINS NON STRATIFIÉS.

Les différents terrains ne pouvant agir sur la formation et l'écoulement des sources que de deux manières différentes, à l'exemple de MM. Boué et Brongniart, je les divise simplement en *terrains non stratifiés* et *terrains stratifiés*. Cette division, qui est très-réelle dans la nature, est facile à saisir et suffit pour l'intelligence de ce qui va suivre. Dans l'impossibilité de les décrire tous, je me bornerai à en faire connaître quelques-uns des plus répandus, auxquels il sera facile de rapporter ceux qui leur sont subordonnés ou analogues.

On entend par *terrains non stratifiés*, ceux qui n'ont ni couches, ni joints parallèles, et ceux dont la stratification est tout à fait irrégulière ou peu sensible.

Il se trouve des terrains non stratifiés dans chacune des cinq grandes divisions qui sont assez généralement adoptées, savoir : dans les terrains primitifs, secondaires, tertiaires, diluviens et modernes.

Dans les terrains primitifs, on a les granites, les porphyres, les micaschistes, les gneiss, les syénites, les quartz, les trachites, les conglomérats, les calcaires primitifs, etc.

Les terrains secondaires non stratifiés sont : les calcaires compactes, les craies, les trapps, les ophiolites, etc.

Les terrains tertiaires non stratifiés sont : les marnes, les molasses, les gypses, les sels gemmes, etc.

Les terrains diluviens ou de transport non stratifiés sont : les sables, les dunes, les tourbes, et dans les terrains modernes, on trouve le terrain détritique, les éboulis, les tufs, les déjections des volcans en activité, les limons, etc.

Le *granite*, ou *granit*, est une roche composée de feldspath, de quartz et de mica. Ces trois matières, toujours cristallines et se pénétrant mutuellement, ont été fondues ensemble. Le feldspath y domine les deux autres, et le quartz est plus abondant que le mica. Les masses granitiques n'offrent aucune trace de stratification réelle. On n'y trouve ni cavernes, ni vides, ni débris d'êtres organisés. Les métaux y sont très-rares et fort peu abondants; les fissures, qui les divisent en blocs de toute forme et de toute dimension, prennent toutes sortes de directions et n'affectent aucun parallélisme entre elles. Le granite est, de tous les terrains anciens, le plus répandu à la surface du sol. Les contrées qu'il occupe présentent des plateaux plus ou moins étendus et des montagnes de moyenne hauteur à croupes arrondies.

Cependant, vers le milieu des chaînes, il forme quelquefois des montagnes très-élevées et à sommet aigu, d'où se détachent des blocs énormes qui roulent sur les versants et jusqu'au fond des vallons ; les uns sont encore anguleux et les autres arrondis par les agents atmosphériques. Dans ce terrain, les vallons commencent ordinairement par un cirque à parois verticales. La couleur du granite dépend de celle du feldspath : si celui-ci est rouge, le granite est rougeâtre, et s'il est blanc, le granite est gris.

Le *porphyre* est une roche composée d'une pâte de pétrosilex, renfermant des cristaux de feldspath blancs ou gris et parfois des grains de quartz et de pyroxène. Le porphyre a une grande ressemblance avec le granite ; ce qui sert principalement à le distinguer de celui-ci, c'est sa tendance à prendre la forme de dikes, qui se trouvent le plus souvent dans l'intérieur des masses granitiques, ou dans leur voisinage. On le trouve aussi intercalé dans les terrains de sédiment. Les petites cavités qui se rencontrent dans cette roche sont remplies de quartz ou de chaux carbonatée. Ce terrain est très-commun, mais il occupe rarement des contrées étendues. Presque toutes les montagnes du terrain porphyrique sont coniques ou à croupes arrondies. On distingue trois espèces de porphyres : le rouge ou quartzifère, le vert ou serpentineux, et le noir ou pyroxénique.

Le *gneiss* est, comme le granite, composé de feldspath, de mica et de quartz ; mais il en diffère en ce que le quartz y est en moindre proportion, qu'il est stratifié et à texture schisteuse. Ses feuillets et strates, d'épaisseurs très-variables, sont plissés et contournés dans toutes les directions ; ce qui le distingue des terrains de sédiment. Cette roche renferme des grenats, des pyrites de fer, du quartz hyalin, du cuivre, de l'argent, etc.; mais point de débris organiques. Sa couleur est ordinairement grise ; cependant, comme sa couleur dépend de celle du mica, elle varie du blanc au noir. Cette roche forme des masses fort étendues, très-puissantes, et occupe les parties supérieures des terrains primitifs.

Le *micaschiste* est une roche composée de mica et de quartz à structure schisteuse. Dans certaines de ces roches, le quartz n'est que peu ou point apparent ; dans d'autres, la masse est découpée par des veines de quartz pur. Comme c'est le mica qui domine dans cette roche, où il est disposé en feuillets continus, c'est lui qui la colore, et sa couleur varie du noir au blanc. Cette roche est stratifiée ; mais ses couches, composées de très-minces feuillets, sont presque toujours bouleversées, très-peu étendues, plissées, ondulées et même contournées. Les masses de micaschiste descendent à de très-grandes profondeurs et sont fort étendues ; elles forment des montagnes ordinairement peu élevées, à croupes arrondies, disposées par groupes, terminées par de vastes plateaux et séparées les unes des autres par de nombreux ravins. On y trouve parfois des grenats, du feldspath, du fer oligiste, du fer hydroxydé, etc.; mais point de débris organiques.

Le *trapp* est une roche composée d'un mélange intime de feldspath et d'amphibole, contenant parfois du pyroxène, de la leptinite et de l'eurite. Son nom lui vient du mot suédois *trappa*, qui veut dire escalier, parce que, dans les pentes des montagnes, il affleure ordinairement en forme de gradins ou terrasses; d'autres fois, il se présente en dikes, ayant les parties centrales plus cristallines que les extrémités. Cette roche est d'apparence homogène, dure, compacte, tenace, sonore et sans débris organiques. Sa couleur est grise, noire ou verdâtre, assez semblable à celle du basalte ; mais, au lieu de se diviser en prismes comme lui, elle se partage en fragments de diverses grandeurs et de toute forme. Lorsque ces fragments restent longtemps sur le sol, ils prennent la forme ronde et se couvrent d'une couche couleur de rouille. Cette roche est très-répandue sur toutes les parties du globe. Dans certains endroits, elle se montre en masses informes ou en cônes irréguliers ; dans d'autres, elle forme des collines entières.

Les *brèches*, *poudingues* et *conglomérats* sont des roches dites d'agrégation, composées de fragments de roches anciennes, agglutinées par un ciment plus récent. La plupart de ces fragments appartiennent à des roches primitives, telles que les quartz, les feldspaths, les granites, les porphyres, etc. Il y en a aussi qui ont été détachés des masses basaltiques, calcaires, etc. Certaines de ces roches sont composées de fragments anguleux, et on les nomme *brèches;* d'autres sont composées de galets arrondis, auxquelles on donne le nom de *poudingues*. Le volume de ces fragments varie depuis un centimètre jusqu'à un décimètre de diamètre. Lorsque leur diamètre est d'un décimètre à un ou plusieurs mètres, la roche prend le nom de *conglomérat*. Le ciment dans lequel ces fragments sont empâtés est composé de silice et de calcaire ferrugineux; sa force de cohésion varie beaucoup, et il se décompose plus facilement que les galets; aussi, chaque fragment faisant saillie, la surface de la roche est ordinairement très-inégale. Ces roches sont *homogènes* lorsque les fragments sont de même espèce et qu'ils sont agglutinés par un ciment de même nature; elles sont *hétérogènes*, lorsque les fragments sont de diverses natures. Peu de roches sont plus répandues, surtout dans la Provence. Dans certains endroits, elles remplissent de très-vastes vallées; dans d'autres, elles forment des collines de médiocre hauteur, et des plateaux très-étendus où les cours d'eau actuels n'ont jamais pu atteindre. Leur épaisseur varie depuis quelques décimètres jusqu'à des centaines de mètres.

Les descriptions de quelques autres terrains non stratifiés se trouvant dans des endroits de ce livre où elles sont indispensables, pour ne pas être obligé de les répéter, je vais indiquer ici les chapitres où on les trouvera; ce sont : *les éboulis*, chapitre IV; *les tufs*, chapitre XIX; *les terrains volcaniques*, chapitre XXI; *les craies* et *les marnes*, chapitre XXII.

CHAPITRE IX.

ROCHES STRATIFIÉES.

Les *roches stratifiées* sont celles qui ont été formées pendant que les eaux couvraient le globe. Les molécules qui les composent ont été longtemps tenues en dissolution et suspendues dans les eaux. En vertu de leur pesanteur spécifique, elles se sont déposées et consolidées peu à peu et ont formé des couches plus ou moins étendues, qui se sont successivement placées les unes sur les autres. Chaque couche diffère de celles qui lui sont superposées et de celles qui lui sont subordonnées par son épaisseur, sa constitution ou sa couleur. Ces couches sont généralement horizontales, parallèles entre elles, d'épaisseurs très-diverses, et renfermant des débris de coquilles ou de végétaux pétrifiés.

Cependant, comme la surface du sol primitif sur lequel ces couches se sont déposées et moulées présentait des hauteurs et des bas-fonds, on les voit suivre toutes les inégalités de ce terrain, s'abaisser et se relever, selon que sa superficie s'abaisse ou se relève. Des dislocations postérieures, produites par des soulèvements ou des affaissements du sol, ont aussi, dans beaucoup d'endroits, dérangé l'horizontalité et le parallélisme des couches, et en ont laissé un assez grand nombre reposant sur leurs tranches et même quelques-unes entièrement renversées.

Presque toutes les roches qui composent les terrains secondaires, telles que les grès, les calcaires, certaines craies, etc., sont distinctement stratifiées.

Les Grès.

Le *grès*, que certains auteurs nomment *psammite*, et d'autres *grauwacke*, est une roche ordinairement stratifiée, composée de grains plus ou moins agglutinés par un ciment, et dont la grosseur varie depuis un millimètre jusqu'à un ou deux centimètres de diamètre. Ces grains sont des fragments de granite, de porphyre, de quartz, etc., qui ont été détachés de leurs roches respectives et ont été transportés violemment par des courants de mer. Ceux qui sont partis de près ont leurs angles presque intacts ; les autres sont plus ou moins arrondis, selon qu'ils sont venus de plus ou moins loin. Ils sont liés et agglutinés entre eux par un ciment de quartz, ou de calcaire ferrugineux, ou d'argile ferrugineuse, et forment des assises ordinairement horizontales, qui sont tantôt tenaces, tantôt friables, variant beaucoup en étendue et en épaisseur. Les parties inférieures de chaque assise renferment des fragments plus gros que les parties supérieures.

On distingue trois espèces de grès, savoir : le *grès rouge*, le *grès bigarré* et le *grès tritonien*.

Le *grès rouge*, ou *vieux grès rouge*, est composé de fragments de quartz, de feldspath et de mica; sa couleur est rouge pourpré ou amarante. La stratification de cette masse est parfaitement concordante, et sa puissance varie de 60 à 300 mètres.

Le *grès bigarré*, qui se compose principalement de grains fins de quartz et de quelques paillettes de mica, est bariolé de diverses couleurs, telles que le rouge, le violet, le bleu, le vert et le blanc; cependant, c'est toujours le rouge qui domine. Les plus basses assises sont les plus épaisses et fournissent des pierres de taille. En s'élevant dans cette formation on trouve des couches plus ou moins minces dont on tire les meules à aiguiser; plus haut encore, on en trouve d'assez minces pour servir de dalles et d'assez fissiles pour servir d'ardoises. Ce grès renferme peu de débris organiques. Le gîte de grès bigarré le plus puissant et le plus étendu que l'on connaisse est celui des Vosges; ce qui lui a fait donner le nom de *grès vosgien*. Il s'étend sur cinq départements, et présente des vallées très-profondes où l'on ne voit pas d'autre roche. On en trouve aussi dans les arrondissements de Périgueux, Brives, Rodez, Saint-Affrique, Saint-Girons, Brignolles, etc. Ce grès forme des montagnes qui ont jusqu'à 300 ou 400 mètres de hauteur et sont terminées par des arêtes en d'os d'âne, ou par des sommets aigus. Les vallées qui les séparent sont ordinairement très-évasées.

Le *grès tritonien*, dit *de Fontainebleau*, est une

roche ordinairement très-épaisse et fort étendue, composée de grains de sable très-fins, purs et blancs, agglutinés par un ciment ferrugineux de quartz, de calcaire ou d'argile. Lorsque le quartz domine dans le ciment, cette roche est très-dure ; lorsque c'est le calcaire, elle l'est moins ; et lorsque c'est l'argile, elle est friable. Cette roche, au lieu d'assises régulières, est composée de bancs d'épaisseur très-inégale, variable à chaque pas, et les joints n'observent que rarement un certain parallélisme entre eux. Leurs surfaces offrent un grand nombre de saillies et de cavités arrondies. On n'y voit aucune trace d'êtres organisés. Quoique la couleur la plus ordinaire de ce grès soit blanche, néanmoins, dans certaines localités, il prend de légères teintes de vert, de jaune ou de rouge. Dans ce terrain, des blocs arrondis se sont successivement détachés du haut de tous les coteaux et se sont entassés sur leurs pentes, principalement vers leurs bases. Ceux de ces grès qui ont les grains assez fins et qui sont très-poreux sont employés pour filtrer l'eau : ceux qui sont doués d'une grande tenacité servent à bâtir, ou à paver les rues. Paris n'a pas d'autres pavés. Ce grès est très-répandu dans les environs de Fontainebleau, ce qui lui a fait donner le nom de cette ville. Ailleurs on n'en cite que de petits îlots, tels que ceux qu'on voit près de Nemours, entre Bergerac et Sarlat, etc.

Les Calcaires.

Les *calcaires* sont des roches plus ou moins compactes, composées de carbonate de chaux et faisant effervescence avec les acides. Leur composition est peu variée : le carbonate, l'argile et la silice en sont à peu près les seuls éléments. Tout calcaire qui est assez dur pour prendre un beau poli est appelé *marbre*. Les corps étrangers que l'on trouve empâtés dans ses assises, sont couchés parallèlement à leur plus grand axe. Ainsi les coquilles aplaties gisent sur l'une des deux faces; les galets, qui se rapprochent plus ou moins de la forme ovoïde, sont couchés dans le sens de leur longueur. La couleur la plus ordinaire des calcaires est la jaunâtre; d'autres sont bleuâtres, rougeâtres ou verdâtres; d'autres sont blancs, gris ou noirs. Ces deux derniers doivent leur couleur à des matières charbonneuses et bitumineuses dont ils ont été imprégnés, et, lorsqu'on les casse, ils en exhalent l'odeur; ce qui leur a fait donner le nom de *calcaire fétide*. Les roches calcaires sont les plus répandues, celles qui ont été le mieux étudiées et qui, à raison de leur régularité, fournissent les indices les plus certains pour reconnaître la présence des cours d'eau souterrains ; elles ont reçu de si nombreuses divisions et subdivisions, que je ne puis signaler que les principales, savoir : le calcaire oolitique, compacte, saccaroïde, siliceux, coquillier, marneux et grossier.

Le *calcaire oolitique*, ou l'*oolite*, est composé

d'une infinité de petits grains semblables à des œufs de poisson et agglutinés par un ciment calcaire. Chaque grain renferme ordinairement un petit noyau de sable autour duquel se sont déposées des couches concentriques de matière calcaire. Ces grains sont généralement ovoïdes et de grosseur variable, depuis celle du grain de millet jusqu'à celle d'un pois. Ce calcaire est ordinairement jaunâtre et de solidité très-variable.

Le *calcaire compacte* a le grain excessivement fin et très-serré, l'apparence homogène, et offre beaucoup de variétés. Sa cassure est inégale et rude au toucher. Il est tantôt fragmentaire et facile à briser, tantôt d'une dureté remarquable. Sa couleur est jaunâtre, bleuâtre, grise ou noire. Cette espèce est très-répandue, renferme beaucoup de fossiles et est quelquefois susceptible de prendre un beau poli.

Le calcaire oolitique et le calcaire compacte forment le *calcaire* dit *jurassique*, parce que presque toutes les montagnes du Jura en sont composées.

Le *calcaire saccaroïde*, ainsi nommé parce que sa texture ressemble à celle du sucre, est un marbre à texture cristalline ou semi-cristalline, à cassure raboteuse, plus dur que les autres calcaires, tantôt stratifié, tantôt en masses informes, prenant un beau poli, mêlé d'un grand nombre de minéraux qui lui impriment toutes les couleurs et nuances, et forment toutes sortes de dessins.

Le *calcaire siliceux* est composé de carbonate de chaux et de silice, si intimement mêlés qu'on ne peut

les distinguer. Il est d'autant plus dur et compacte
que la matière siliceuse y prédomine, et lorsque
cette matière s'y trouve dans une très-forte proportion, la pierre fait feu au briquet et cesse de
faire effervescence avec les acides. Ce calcaire est
quelquefois celluleux, même caverneux, et les parois des cavités sont tapissées de cristaux de quartz.
Il est blanc, gris ou jaunâtre.

Le *calcaire coquillier, conchylien* ou *muschelkalk*,
est un calcaire compacte, régulièrement stratifié,
quelquefois laminaire, paraissant entièrement composé d'une pâte de coquilles réduites en poussière,
et qui, lors de sa solidification aurait empâté un
grand nombre de coquilles plus ou moins brisées et
d'autres parfaitement conservées. Sa couleur ordinaire est le gris de fumée; quelquefois elle est jaunâtre, verdâtre ou rougeâtre. Lorsque les débris des
coquilles n'y sont pas nombreux, sa cassure est conchoïde ou plane, et lorsqu'ils sont très-nombreux,
elle est raboteuse. Quelques lits marneux, arénacés
et minces, sont interposés entre ses couches. Ce calcaire, répandu dans un grand nombre de contrées,
occupe des espaces généralement peu étendus. Dans
les Vosges il est borné, d'un côté par le grès bigarré
sur lequel il repose en stratification concordante, et
de l'autre par les marnes irisées. On le trouve près
d'Épinal, de Luxeuil, de Bourbonne-les-Bains, de
Lunéville, d'Aubenas en Vivarais, entre Cahors et
Labastide-Murat, au cap de Seine, au pied du Mont-
Faron près Toulon, dans le Dauphiné, le Jura, la
Bourgogne, etc. Les montagnes de Muschelkalk sont

assez semblables pour la forme à celles des terrains jurassiques. Les coquilles qu'on y trouve le plus communément sont : des térébratules, encrinites, plagiostomes, avicules, bélemnites, turbinites, entroques, etc. M. de La Bèche y compte quatre-vingt-onze espèces de coquillages. On y a trouvé aussi des os des grands sauriens, des empreintes de fougères et de fucoïdes. Une variété nommée *lumachelle*, qui est susceptible de prendre un beau poli, paraît entièrement composée de coquilles brisées, dont quelques-unes ont même conservé leur nacre brillante.

Le *calcaire marneux*, ou *lias*, est un mélange de calcaire à grains fins et d'argile. Plus il contient d'argile, plus il est tendre, friable et facile à altérer par les agents atmosphériques. Ce calcaire ne résonne pas sous les coups de marteau, n'est pas susceptible de poli, est facilement pénétré par l'eau et se fissure en se desséchant. Il est caractérisé par la présence d'une coquille nommée gryphée arquée. On y trouve aussi des entroques, des térébratules, des trilobites, des madrépores, etc. C'est dans ce calcaire que se trouve le plus grand nombre d'espèces de coquillages et de minéraux. C'est avec une de ses variétés que l'on fabrique la chaux hydraulique et les ciments de Pouilly. La silice y est rare.

Le *calcaire grossier*, ou *calcaire moellon*, est une roche à texture grenue, sableuse, lâche, impure, mêlée de marne ocreuse, etc., formant des masses considérables qui présentent des assises nombreuses, puissantes, horizontales et dont la texture varie depuis la plus fine et la plus compacte jusqu'à la plus grossière. Sa couleur est jaunâtre ou blanchâtre ; sa cassure est inégale et rude au toucher ; il contient une grande quantité de débris organiques, végétaux et animaux; ces derniers sont presque tous marins. C'est de ce calcaire que sont construites presque toutes les maisons de Paris, et la pierre à filtrer des environs de cette ville en est une variété.

Dureté des roches.

Tout le monde sait que c'est dans les rochers qu'on éprouve les principales difficultés, lorsqu'on est obligé d'y creuser pour mettre les sources au jour. Les uns sont plus ou moins tendres et faciles à casser, tels que les molasses, les marnes, les craies, les gypses, les calcaires marneux, lacustres, madréporiques, etc.; les autres sont d'une dureté moyenne, tels que les grès, les schistes, les calcaires oolitiques, liassiques, etc.; d'autres sont très-durs, tels que les quartz, les marbres, les gneiss, les granits, les porphyres, les trapps, les poudingues, les calcaires siliceux, etc. Ce n'est pas en quelques lignes, ni même dans quelques chapitres, qu'on pourrait faire connaître la dureté relative des différentes roches et les gisements probables de celles qui sont sous terre. Cette connaissance ne peut être acquise que par l'étude des traités complets de géognosie et par de longues et nombreuses observations faites sur le terrain même.

La plupart de nos départements ne renferment qu'un très-petit nombre d'espèces de terrains ; l'élève hydroscope pourra ordinairement apprendre leur configuration sans sortir de son département, puisqu'elle a été partout soumise aux mêmes lois, et que la forme des hauteurs et celle des dépressions présentent peu de variétés importantes. Mais quand il s'agira d'étudier sur place et sur de grands espaces la nature et la disposition des différents terrains dont il a été et dont il sera parlé dans cet ouvrage, il sera obligé de se rendre dans des contrées qui sont, pour la plupart, très-éloignées les unes des autres. Ainsi, pour étudier sur de grandes étendues les craies, il devra explorer la Champagne ; pour le grès bigarré, les Vosges ; pour les calcaires, la Franche-Comté et les Alpes ; pour les marnes, la Lorraine ; pour les terrains volcaniques, l'Auvergne et le Vivarais ; pour les terrains clysmiens, la Provence et l'Alsace ; pour les grands affaissements, la Charente, le Lot et Vaucluse ; pour les grands éboulements, glissements et bouleversements, les Alpes et les Pyrénées.

Espèces de terrains du département du Lot.

Celui qui voudra s'épargner de si longs voyages et étudier les terrains dans l'espace le plus réduit possible, pourra explorer le département du Lot, où il trouvera sur des sites, tantôt étendus et tantôt restreints, de presque toutes les espèces de terrains qui se voient en France. Quoique la liste qu'on va voir ne contienne que les noms des principaux terrains, et qu'elle ne présente ni leurs nombreuses subdivisions, ni la désignation de toutes les communes où on les trouve, néanmoins, elle suffit pour montrer que ce département renferme plus d'espèces de terrain qu'aucun autre, et que, par conséquent, il est le plus propre aux études géologiques et hydroscopiques; ainsi l'élève hydroscope trouvera :

Les *granites*, à Comiac, Sousceyrac, Sénaillac, Labastide-du-Haut-Mont, Bessonies, Lauresse, Saint-Cirgues, Saint-Bressou, Felzins ;

Les *porphyres*, à Latronquière, Lacapelle-Marival, Saint-Bressou, Cardaillac, Planioles, Figeac ;

Les *gneiss*, à Gagnac, Teyssieu, Frayssinhes, Latronquière, Terrou, Molières, Aynac, Lacapelle-Marival, Banhac ;

Les *micaschistes*, à Frayssinhes, Labastide-du-Haut-Mont, Latronquière, Gorses, Terrou, Molières, Leyme, Aynac ;

Les *quartzites*, à Saint-Cirgues, Sabadel, Cardaillac, Felzins, Montredon ;

Les *trapps*, à Saint-Céré, Lacapelle-Marival, Saint-Bressou, Latronquière ;

Les *arkoses*, à Saint-Céré, Saint-Vincent, Terrou, Labathude, Saint-Médard-Nicourby, Cardaillac, Planioles, Figeac, Cuzac ;

Les *grès*, à Aynac, Leyme, Anglars, Cardaillac, Planioles, Saint-Perdoux ; ils sont aussi très-communs dans les cantons de Catus, Cazals et Gourdon ;

Les *poudingues* et *conglomérats*, à Lacapelle-Marival, Saint-Bressou, entre Faycelles et Montbrun, dans la bande de terrain intermédiaire qui s'étend de la Dordogne au Lot;

Les *brèches,* à Luzech, Cabrerets, au pied de la plupart des montagnes calcaires, sous les éboulis;

Les *marbres,* à Marmignac, Floirac, Loubressac, Saint-Médard-de-Presques, Saint-Simon, Capdenac (non exploités);

La *serpentine,* à Cahus, Saint-Céré, Terrou (non-exploitée;

Le *calcaire compacte,* à Souillac, Cahors, Vers, Bouziès, Saint-Cyr-la-Popie, Faycelles;

Le *calcaire oolitique,* à Souillac, Saint-Denys, Carennac;

Le *calcaire coquillier,* à Gramat, dans la majeure partie du terrain entre Cahors et Labastide-Murat;

Le *calcaire saccaroïde,* au Bastit, Reilhac, Espédaillac;

Le *calcaire siliceux,* dans presque toute la partie occidentale du département;

Le *calcaire grossier,* à Catus;

Le *calcaire à gryphites,* à Cahors, Mercuès, Montvalent, Miers, Livernon, Assier, Lissac;

Le *calcaire ammonéen,* à Lavernhe, Alvignac, Belmont, Saint-Laurent-les-Tours, Boussac;

Le *calcaire à bélemnites,* à Alvignac, Assier, Béduer, Figeac;

Le *gypse,* quelques dépôts dans le canton de Castelnau-Montratier;

Le *calcaire lacustre,* près de Castelnau-Montratier;

Les *tufs*, à Autoire, Saint-Michel-Loubéjou, Lacapelle-Marival, Fons, Cajarc, Saint-Sulpice, Corn;

Les *calcaires à bétoires et caverneux*, dans toute la partie centrale du département, comprenant dix cantons ;

Le *calcaire cellulaire*, à Esclauzels, Caniac, Quissac, Espédaillac, Grialou, Issendolus, Saint-Médard-de-Presques, Saint-Jean-Lespinasse ;

Les *dolomies*, à Lacapelle-Mauroux, Baladou, Figeac;

Le *terrain volcanique*, une butte à deux kilomètres au sud de Lacapelle-Marival ;

Les *marnes* et *craies*, dans la plupart des communes des cantons de l'Albenque et de Castelnau-Montratier;

L'*argile*, très-étendue dans les communes d'Alvignac, Padirac, Thégra, Lavernhe, Mayrinhac-Lentour, Bios, Saignes, Aynac, Rueyres;

Le *minerai de fer*, abondamment répandu dans les cantons de Catus, Cazals, Salviac, Gourdon, Souillac;

Le *terrain houiller*, veines de houille qui atteignent rarement un décimètre d'épaisseur, à Teyssieu, Saint-Céré, Saint-Vincent, Lacapelle-Marival, le Bouissou, Fourmagnac, Cardaillac, Saint-Perdoux, Cadrieu (non exploitées);

Le *terrain clysmien*, dans les environs de Bretenoux et de Gourdon, sur les plateaux des cantons de Catus, de Saint-Géry, de Lauzès, de La-Bastide-Murat, de Limogne, de Livernon;

Les *terrains de transport récents*, dans toutes les

plaines qui forment le fond des vallées et vallons, recouvrant souvent les terrains clysmiens ;

La *tourbe*, à Souillac, à La Tronquière ;

Affaissements et écroulements de terrain, à Flaujac, Rilhac ;

Eboulements et glissements de terrain, à Carennac, Gintrac, Lavernhe, Saint-Michel-Loubéjou, Saint-Médard-de-Presques.

Après le département du Lot, c'est d'abord l'Aveyron, et ensuite le Gard, qui renferment le plus d'espèces de terrains.

CHAPITRE X.

CE QU'ON DOIT ENTENDRE PAR LE MOT SOURCE.

La signification du mot *source*, que les latins appelaient *fons, scaturigo*, est encore bien peu fixée dans notre langue : les uns appliquent ce mot à l'*eau qui sort de terre* (1); d'autres veulent de plus que l'eau, après être sortie de terre, continue de marcher à découvert, et définissent une source : l'*eau qui sort de terre pour commencer son cours* (2); d'autres encore la définissent : l'*orifice d'un canal souterrain qui verse au dehors l'eau que sa pente y conduit par une affluence ménagée* (3); ceux-ci entendent par ce mot : *le canal qui conduit l'eau hors de terre* (4); ceux-là, les amas ou réservoirs d'eau qu'ils supposent sous terre et qui s'épanchent peu à

---

(1) Dict. de l'Acad.; Dict. de Trévoux, au mot *Source*.
(2) Dict. de M. Landais, au même mot; d'Homalius-d'Halloy, chap. II.
(3) *Géographie physique*, par Desmarest, art. *Sénèque*.
(4) Encyclop., art. *Fontaine*.

peu au dehors (1); il y en a qui donnent ce nom au creux ou bassin qui reçoit les eaux à leur sortie de terre (2); il s'en trouve qui le donnent à l'eau contenue dans ce creux ou bassin; ce qui les autorise à dire : *troubler, empoisonner une source* (3).

Il faut avouer que ces définitions, et plusieurs autres qu'on a données, sont bien loin d'être exactes; attendu qu'elles ne s'appliquent qu'à cette partie de la source qui est à découvert, et ne disent rien qui ait rapport à sa formation ni à sa marche sous terre. La partie visible, dont parlent ces définitions, est toujours bien minime si on la compare au corps entier de la source, qui ne se met au jour qu'après avoir parcouru une distance plus ou moins considérable, et, lorsqu'elle est très-forte, après un trajet de plusieurs lieues. L'apparition d'une source n'est pas même une condition essentielle de son existence; puisqu'il y en a une infinité qui marchent souterrainement depuis leur origine jusqu'aux rivières dans lesquelles elles se rendent, et ne se montrent sur aucun point de leur parcours. Les auteurs qui, pour nous faire connaître les sources, se sont bornés à parler de leur issue, ont donc imité celui qui, pour expliquer ce que c'est qu'une rivière ou un ruisseau, se contenterait de définir ou de décrire son embouchure.

---

(1) D'Aubuisson, t. I, note vii.
(2) Encyclop., art. *Fontaine*.
(3) Dict. de l'Acad., au mot *Empoisonner;* Huot, *Géologie*, chap. viii.

Il y a un très-grand nombre d'auteurs qui confondent mal à propos le mot *fontaine* avec celui de *source*.

Par le mot *fontaine*, j'entends le bassin peu profond, bâti ou non, qui tient en réserve une certaine quantité d'eau produite par une ou plusieurs sources.

Par le mot *source*, j'entends *un cours d'eau souterrain*. Ces mots : *cours d'eau*, énoncent que pour former une véritable source, l'eau doit : 1° être réunie en un courant assez gros pour être sensible, ce que ne sont pas l'humidité ou les humeurs qui circulent dans la terre; 2° elle doit être en mouvement, et on ne pourrait pas appeler source un amas d'eau, ni un conduit prolongé qu'on trouverait sous terre plein d'eau immobile; 3° le mouvement de ce courant doit avoir une certaine durée; en sorte que les courants d'eau, qui ne se forment sous terre que pendant les temps pluvieux et qui cessent aussitôt ou peu après, pour ne reparaître qu'aux premières pluies, ne sont pas des sources. Toutefois, il n'est pas nécessaire que cette continuité soit absolue; car il s'ensuivrait qu'on ne pourrait appeler *sources* que celles qui sont indéfectibles; cependant, on dit tous les jours, dans les temps de sécheresse, *telle source a tari* ou *a cessé de donner*, ce qui fait voir que le nom de source est conservé à des cours d'eau dont l'écoulement discontinue une partie de l'année. On sent bien qu'il me serait impossible de fixer avec précision quelle durée doit avoir, chaque année, un courant d'eau souterrain pour mériter le nom de *source*; je me borne à dire qu'il doit durer au moins plusieurs semaines après que les pluies ont cessé, et produire de l'eau pendant la majeure partie de l'année.

Le cours d'eau doit enfin être *souterrain ;* d'où il suit qu'on ne peut pas appeler source un courant d'eau marchant sur terre, quand même il proviendrait d'une ou de plusieurs sources ; ces courants prennent alors les noms de *rigoles, ruisseaux* ou *rivières.*

Le volume d'un cours d'eau souterrain ne lui fait pas changer de nom : qu'il soit mince comme un fil, gros comme le doigt, comme le bras, comme le corps d'un homme ; qu'il soit aussi puissant qu'un grand ruisseau ou même une rivière, il constitue toujours une véritable *source,* que l'on désigne souvent par le nom de ruisseau, torrent, courant, cours souterrain, jet, rameau, filet, veine et veinule d'eau.

La forme qu'il a sous terre ne change pas non plus son essence : ainsi, il est des sources qui marchent en jet fort étroit, d'autres qui forment des lames ou nappes d'eau d'une faible épaisseur, et qui néanmoins occupent une très-grande largeur.

Il y a certaines sources qui ont un écoulement continuel et toujours à peu près égal ; on les nomme *permanentes.* Il y en a d'autres dont l'écoulement, sans jamais cesser entièrement, éprouve des retours d'augmentation et de diminution, dépendants des pluies et des sécheresses ; on les nomme *variables.* D'autres qui cessent de sourdre une partie de l'année, et que l'on nomme *temporaires.* Quelques-uns prétendent qu'il y a des sources *uniformes,* c'est-à-dire, qui produisent constamment la même quantité d'eau ; je ne crois pas qu'il en existe dans la nature.

CHAPITRE XI.

OPINIONS ERRONÉES SUR L'ORIGINE DES SOURCES.

Avant d'établir comment les sources se forment et marchent sous terre, il ne sera pas inutile d'exposer quelques-unes des opinions erronées qui ont eu cours sur ce sujet. Les anciens, et la plupart des modernes qui ont écrit avant le dix-huitième siècle, ne nous ont laissé que des hypothèses ou des systèmes, si dénués de preuves satisfaisantes, que l'on est profondément étonné de ce que la vérité a tant tardé à se faire jour. Je vais donner une courte analyse des principaux écrits qui contiennent ces aberrations, sans m'arrêter à les refuter chacune en particulier, espérant qu'elles le seront suffisamment par ce qui sera dit dans le chapitre suivant et dans tout le reste de ce traité.

PLATON, dans son dialogue intitulé *Phédon*, dit que tous les fleuves vont se rendre dans une vaste ouverture qui traverse toute la terre et qu'on nomme le Tartare, d'où sortent toutes les eaux qui vont former en différents lieux les mers, les lacs, les rivières et les fontaines ; que les quatre principales issues de ce gouffre sont : l'Océan, l'Achéron, le Pyriphlégeton et le Cocyte, et qu'ensuite toutes ces eaux retournent par divers chemins au Tartare d'où elles étaient venues.

Aristote pense que le froid, qui règne toujours dans les cavernes de la terre, condense l'air et le résout en eau, et que cette eau engendre les fleuves et les fontaines; que, comme les vapeurs que le soleil attire en haut se convertissent en humidité, dont les parties se joignant l'une à l'autre forment des gouttes qui tombent en pluie, de même les vapeurs qui sont dans la terre sont résolues en humidité par le froid, forment des gouttes d'eau qui s'unissent ensemble, coulent ensuite et produisent les fontaines, les rivières et les fleuves; il croit aussi que sous terre il y a de grands lacs qui peuvent fournir des eaux aux rivières et aux fontaines.

Épicure, dans sa lettre à *Pytoclus*, dit que les fontaines peuvent provenir d'une quantité d'eau amassée à leur *source* et *suffisante* pour fournir à leur écoulement continuel, ou être formées par des eaux qui, venant de plus loin et coulant en petits filets, se rassemblent continuellement au lieu où sont leurs sources.

Sénèque, qui est de tous les anciens celui qui a parlé le plus au long sur l'origine des fontaines, croit que dans la terre il y a de grandes concavités pleines d'air; que cet air, n'ayant aucun mouvement, est converti en eau par la profonde obscurité et par le grand froid qui règne dans ces lieux, ce qui donne naissance au cours continuel des fontaines et des rivières ; que ce changement se fait de la même manière que sur terre où l'air, qui est dans des lieux inhabités et humides, se convertit en eau ; il croit de plus que certaines parties de terre se changent en eau.

Pline, le naturaliste, sans s'arrêter à expliquer comment les eaux sont dans les montagnes, tâche d'assigner les causes qui les élèvent jusqu'à leurs sommets ; ces causes sont le vent qui les pousse en haut et le poids de la terre qui, agissant sur l'eau, la fait monter. Thalès, au rapport de Sénèque, était du même sentiment.

Joseph-Jules Scaliger dit qu'au commencement la terre était exactement ronde et environnée d'une masse d'eau qui était partout d'une égale épaisseur ; que Dieu creusa certaines parties de la terre pour y faire venir les mers, et qu'avec les déblais de leurs bassins il forma les montagnes dans lesquelles restèrent des cavernes et concavités ; que l'eau étant déplacée par ces nouvelles masses fut obligée de s'élever au-dessus du niveau qui lui était naturel, et pesa ainsi sur les eaux inférieures qui, trouvant dans la terre des ouvertures et des canaux, montèrent jusqu'aux embouchures des sources qu'elles firent couler, et que c'est ainsi que sont produites toutes les sources et fontaines de la terre.

Jérôme Cardan est d'avis que la principale cause qui engendre l'eau sous terre est l'air qui se change facilement en eau ; que l'impétuosité du flux de la mer pousse certaines eaux dans la terre, les fait passer à travers plusieurs espèces de terrains et produit ainsi des sources d'eau douce, et que les pluies, les neiges, les rosées des matinées d'été et les frimas de l'hiver, contribuent aussi beaucoup à la formation des sources.

D'Obrzenzki de Nigro Ponte, dans son *Traité de la nouvelle philosophie*, imprimé à Ferrare en 1657, admet le changement d'air en eau et le flux de la mer comme cause principale des sources; mais il ajoute que cette quantité prodigieuse d'eau qui, à tout moment, est engloutie dans des cavernes spacieuses, telles, par exemple, que celles de Charybde et de Scylla, n'entrent pas dans la terre inutilement et sans se rendre en quelques autres endroits, comme sont les fontaines; que les eaux de toutes les fontaines ont un léger goût de sel, qui augmente à mesure qu'elles sont plus près de la mer.

Jean-Baptiste van Helmont, dans le traité qu'il a intitulé : *Principes inouïs de physique*, nous représente le noyau de la terre comme entièrement composé de sable pur, mêlé dans toutes ses parties d'une quantité d'eau inépuisable, et recouvert d'une simple croûte de terre, de pierres et de certains filons de ce sable qui, en quelques endroits, se prolonge jusqu'à la surface de la terre. Selon lui, ce sable est le crible ou filtre par lequel la nature *percole* les trésors inépuisables de ses claires fontaines pour l'usage de l'univers; il a une vertu vivifiante qui fait que tant que les eaux y demeurent, elles ont un mouvement général, mais exempt des lois de situation haute ou basse, en sorte qu'elles se meuvent indifféremment vers quelles parties de ce sable que ce soit.

Toutes les parties de ce sable, celles même qui s'élèvent jusqu'à la surface de la terre et jusqu'aux sommets des montagnes, possèdent cette propriété vivifiante, et donnent partout des eaux vives, que les chaleurs de l'été ne peuvent diminuer ; mais, dès que les eaux sont sorties de ce sable, elles perdent cette propriété, deviennent sujettes aux lois de la pesanteur, et sont obligées de couler sur la terre dans les lieux les plus bas, jusqu'à ce qu'elles soient arrivées dans la mer. C'est ainsi que dans le corps humain le sang qui est à la tête et aux pieds coule indifféremment sans égard au haut ou au bas, et aussitôt qu'il en est sorti, il devient sujet aux lois de la pesanteur. Les eaux de la mer pénètrent sans cesse leurs fonds pour descendre dans ce sable pur, et pour remplacer celles qui en sortent continuellement.

Lydiat, académicien anglais, dans un traité qu'il fit imprimer à Londres en 1605, attribue l'origine des fleuves à la mer, d'où ils tirent leurs eaux par divers canaux et par de nombreuses veines qui sont sous terre. Il soutient que, comme la chaleur du soleil résout l'eau de la mer en vapeurs et l'élève jusqu'à la moyenne région de l'air, de même la chaleur qui est dans la terre résout en vapeurs les eaux qui s'y trouvent et les élève jusqu'aux sommets des montagnes, où elles forment les fontaines et les fleuves.

Pierre Davity, dans son livre intitulé : *Empire du monde,* imprimé en 1635, croit que les fontaines viennent de la mer; car il ne peut croire qu'elle puisse recevoir tant d'eaux sans déborder, ni que le soleil et le vent puissent en faire évaporer autant qu'il y en entre. La terre étant ronde, pleine d'ouvertures et de canaux, la mer, par sa grande pesanteur, pousse ses eaux dans ces canaux et les fait élever au haut des montagnes. Les vapeurs de la terre s'épaississant dans les concavités qui s'y trouvent, peuvent se convertir en eau et se joindre à celles de la mer pour rendre les sources plus abondantes.

Descartes, dans son livre des *Principes de la philosophie*, croit que les fontaines tirent leur origine de la mer, dont les eaux pénétrent, par des conduits souterrains, jusqu'au dessous des montagnes, d'où la chaleur qui est dans la terre, les élevant en vapeurs vers leurs sommets, elles y vont remplir les sources des fontaines et des rivières. Voici comment il le prouve : au commencement du monde, la terre ayant été rompue et disloquée, il y resta de nombreuses et larges ouvertures par lesquelles il retourne toujours autant d'eau de la mer vers le pied des montagnes qu'il en sort par les sources qui sont sur ces mêmes montagnes. Les particules d'eau douce, étant déliées et flexibles, peuvent seules se vaporiser et s'élever en haut, tandis que celles de sel, roides et dures, ne peuvent être changées en vapeur, ni passer par les conduits obliques de la terre, ni monter; ce qui fait que les eaux de la mer entrent dans la terre salées et en sortent douces.

Nicolas Papin, médecin à Blois, a fait un petit

traité de l'*Origine des sources*, imprimé à Blois en 1647, dans lequel il dit que la mer est la véritable origine des sources et des fontaines ; qu'au commencement du monde il fut créé un *esprit concrétif*, qui a la vertu d'unir et de resserrer les corps auxquels il est uni, principalement les liquides, et de leur faire prendre une forme sphérique ; que les eaux de la mer, resserrées par la force de cet esprit, prennent une rondeur telle que, dans les endroits où l'Océan a le plus de largeur, sa convexité représente à peu près un demi-globe posé sur celui de la terre ; que vers le milieu elles sont beaucoup plus élevées que les plus hautes montagnes du monde, et qu'il est facile à ces eaux, ainsi élevées dans le milieu de l'Océan, d'en faire monter d'autres, par les canaux souterrains, jusqu'au haut des montagnes.

Jean-Baptiste Duhamel, dans son *Livre des météores*, imprimé à Paris en 1660, distingue deux sortes de fontaines : les unes, qui cessent de couler en été et ont pour principe les eaux de la pluie et de la neige ; les autres qui coulent toujours et proviennent des eaux de la mer, qui, par des conduits souterrains, se répandent partout sous la surface de la terre ; ces eaux quittent leur salure en passant par différentes terres, et sont élevées en vapeurs jusqu'au haut des montagnes, par la chaleur qui existe toujours dans la moyenne région de la terre ; ces vapeurs doivent s'élever facilement dans les conduits de la terre qui sont étroits et les empêchent de descendre, puisqu'elles s'élèvent dans l'air qui est fluide et toujours en mouvement.

Pour ne pas tomber dans de fastidieuses répétitions, je ne pousserai pas plus loin l'analyse des auteurs qui ont adopté et soutenu des opinions analogues à celles qu'on vient de voir, attendu qu'elles sont toutes à peu près les mêmes et appuyées sur les mêmes raisonnements. Ceux qui désireraient connaître ces systèmes plus à fond, pourront lire les ouvrages qui viennent d'être cités, ainsi que les suivants :

Mundus subterraneus, 2 vol. in-fol., par Kircher, 1678.

De origine fontium, per Robertum Plot, 1 vol. in-8°, *Oxonii*, 1696.

Traité de Physique, par Rohault, 2 vol. in-12, Paris, 1676.

Indications sur l'origine des fontaines et l'eau des puits, par Kulm, 1 vol. in-4°, Bordeaux, 1741.

Architecture hydraulique, par Bélidor, 4 vol. in-4°, Paris, 1737.

CHAPITRE XII.

RÉPONSES AUX OPINIONS ERRONÉES SUR L'ORIGINE DES SOURCES.

Quelques-unes des opinions qui viennent d'être exposées portent avec elles un tel degré d'invraisemblance, que tout lecteur un peu instruit en a déjà vu la fausseté, et ce serait employer du temps en pure perte que de s'arrêter à les discuter ; telle est l'opinion de ceux qui ont prétendu que l'eau sous terre est exempte des lois de la pesanteur, et qu'elle y monte ou descend indifféremment, comme le sang dans le corps humain ; et celle plus invraisemblable encore de ceux qui, pour l'entretien des sources, ont imaginé que l'air et la terre se changent en eau. Exposer de telles opinions c'est les réfuter ; mais il en est une qui, comme on vient de le voir, a été soutenue par un certain nombre de physiciens renommés, qui l'ont appuyée par des raisons plus ou moins spécieuses, et qui, par conséquent, mérite d'être discutée sérieusement : c'est celle qui attribue l'origine des sources aux eaux de la mer.

Les innombrables sources que, dans toutes les contrées, on voit sortir de terre, se réunir, former des ruisseaux, des rivières et des fleuves qui, depuis tant de siècles, versent leurs eaux dans la mer sans la faire déborder, sans même en élever le niveau, ont amené tous les savants à conclure que la mer doit renvoyer une partie de ses eaux dans les terres pour y produire les sources. D'accord sur ce point, ils ne l'ont pas été sur les moyens que la nature emploie pour transporter ces eaux et les répandre sur tous les continents.

Les uns ont dit que la terre est assez poreuse pour transmettre les eaux depuis la mer jusqu'au milieu des terres, attendu qu'une infinité de petits canaux partent du fond de la mer et vont alimenter les sources ; les autres ont prétendu que tous les continents sont sillonnés à l'intérieur par d'innombrables et vastes canaux qui, partant de la mer, se divisent et se subdivisent en une infinité de ruisseaux qui vont alimenter sur terre chacun sa source ; les autres soutiennent que les pluies et autres météores aqueux, qui tombent sur les continents, entretiennent seuls l'écoulement des sources. Cette dernière opinion, qui est la mienne, sera exposée dans le chapitre suivant.

Pour détruire l'opinion de ceux qui croient que l'eau de la mer vient alimenter les sources par des voies souterraines, je poserai et résoudrai brièvement les trois questions suivantes :

1° Existe-t-il des canaux souterrains allant de la mer dans l'intérieur des terres ? 2° l'eau de la mer peut-elle monter jusqu'aux sources, attendu qu'elles sortent de terre à toutes les hauteurs, depuis un jusqu'à plusieurs milliers de mètres ? 3° l'eau de la mer étant salée, comment peut-elle, sous terre, se dépouiller de ses sels et produire des sources d'eau douce ?

Première question. — Existe-t-il des canaux souterrains allant de la mer dans l'intérieur des terres?

Les auteurs qui ont soutenu l'existence des petits canaux souterrains ont attribué à la terre une porosité universelle qu'elle n'a pas; car il est généralement reconnu que les terrains imperméables forment la plus grande partie de sa masse, et, qu'en général, elle est assez compacte pour conserver chaque amas d'eau dans son bassin. Si l'on veut pour un moment supposer cette grande porosité, on est forcé d'admettre que toute la terre est percée d'autant de petits canaux qu'il y a de sources à la surface; que ces petits canaux partent de la mer, marchent parallèlement sans jamais se jeter l'un dans l'autre, diminuent en nombre à mesure qu'ils avancent, et que chacun d'eux s'arrête au débouché de la source qu'il entretient. Il s'ensuit encore que, près de la mer, ces petits canaux seraient incomparablement plus nombreux et moins profonds que dans les montagnes qui en sont éloignées.

Cependant on voit tout le contraire; les sources sont en général plus nombreuses, plus abondantes et moins profondes dans les pays de montagnes que vers les bords de la mer ; et un très-grand nombre de puits qu'on y a creusés, même à plusieurs douzaines de mètres au-dessous de son niveau, n'ont pas rencontré le moindre filet d'eau. J'ai dit que ces petits canaux, quoique marchant très-près, ne doivent jamais se jeter l'un dans l'autre ; car, si cela arrivait, celui dont le débouché se trouverait plus bas recevrait toute l'eau et l'autre resterait à sec, ainsi que sa source. On voit, il est vrai, quelques sources disparaître ; mais on n'a jamais vu qu'une source ait tout à coup doublé son volume. Ces innombrables filets d'eau partant de la mer et traversant les terres pour aller alimenter chacun sa source, ne sont donc prouvés par aucun fait et ont été imaginés gratuitement.

Les auteurs qui ont soutenu que les eaux de la mer sont conduites dans les terres par de très-grands canaux ont cité, comme gouffres absorbants, Scylla, sur les côtes de la Calabre, le Maël-Stroom, près de la côte de Norwége, et comme canaux conducteurs quelques grottes dans lesquelles on voit, en effet, des ruisseaux, et enfin des centaines de grottes qui sont toujours à sec.

Scylla n'est qu'une assez vaste grotte à fleur d'eau qui s'avance horizontalement sous terre jusqu'à 160 mètres, et dans laquelle entrent et sortent à grand bruit les eaux de la mer toutes les fois qu'elles y sont poussées par les vents.

Le Maël-Stroom n'est pas un gouffre qui absorbe l'eau de la mer et la conduise dans les terres ; c'est un simple remous ou tourbillon (1) d'eau, de sept ou huit lieues de diamètre, et d'une profondeur considérable. Toutes les fois que le vent du N.-O. est opposé au courant que forme la marée montante, la masse d'eau qui est entre les îles de Wéro et de Laffouren, prend un mouvement circulaire très-rapide, forme vers le milieu un abîme ouvert, dans lequel sont irrésistiblement entraînés, engloutis et brisés tous les bâtiments de mer qui ont le malheur d'entrer dans le cercle de ce tourbillon. Pendant la marée descendante le tournoiement cesse, la mer s'aplanit, les barques la traversent paisiblement, et l'on voit surnager les débris des objets qui ont été engloutis.

Pour que les ruisseaux qu'on voit dans certaines cavernes vinssent appuyer l'opinion des partisans de la circulation souterraine, ils auraient à prouver : 1° leur continuité jusqu'à la mer, lors même qu'elle est à des centaines de lieues ; car leur longueur

---

(1) Ceux qui n'ont pas vu de tourbillon semblable sur mer peuvent se former une idée du Maël-Stroom par les petits tourbillons qui se forment en beaucoup d'endroits de nos cours d'eau. « On voit souvent, dit Buffon, t. II, p. 44, dans les ri-
« vières rapides, à la chute de l'eau, au delà des arrière-becs
« des piles d'un pont, qu'il se forme de petits gouffres, ou
« tournoiements d'eau, dont le milieu paraît être vide et
« former une espèce de cavité cylindrique autour de laquelle
« l'eau tournoie avec rapidité. Cette apparence de cavité cy-
« lindrique est produite par la force centrifuge, qui fait que
« l'eau tâche de s'éloigner, et s'éloigne en effet du centre du
« tourbillon causé par le tournoiement. »

connue est toujours bien minime, si on la compare à ce qu'elle devrait être pour s'étendre jusqu'à la mer; 2° que ces ruisseaux et cavernes existent dans toutes les contrées où il y a des sources; cependant on n'en trouve que dans les terrains calcaires et marneux, qui sont précisément les plus dépourvus de sources visibles; 3° qu'ils se dirigent tous vers la mer et ne présentent pas, comme ils le font, toutes sortes de directions; 4° qu'ils ne peuvent pas provenir des montagnes supérieures; 5° qu'ils sont au-dessous du niveau de la mer, pour que les eaux de celle-ci puissent y descendre; et c'est ce qu'on ne prouvera jamais par des faits authentiques.

Pour ce qui est des cavernes qui sont à sec, et qui sont incomparablement plus nombreuses que celles qui sont suivies ou traversées par des ruisseaux souterrains, leur seul état de siccité montre évidemment qu'elles ne servent pas à conduire l'eau de la mer dans les terres. Il est même certain que les cavernes qu'on découvre de temps en temps, qui sont terminées à leurs deux extrémités par des roches solides et dépourvues de toute issue, n'ont jamais pu servir de passage à des cours d'eau.

Si la mer entretenait les sources, elles produiraient invariablement la même quantité d'eau; car la mer ne hausse ni ne baisse jamais selon les saisons. Cependant toutes les sources augmentent dans les temps de pluie et diminuent en temps de sécheresse. Il n'y en a pas une qui ne subisse alternativement quelque légère augmentation et diminution. Il y en a même beaucoup qui tarissent; la mer n'entretient donc pas ces sources, et encore moins celles qui tarissent.

Deuxième question. — L'eau de la mer peut-elle monter jusqu'aux sources qui sortent de terre à toutes les hauteurs, depuis un jusqu'à plusieurs milliers de mètres?

Après avoir entassé suppositions sur suppositions pour établir l'existence de ces innombrables canaux destinés à conduire les eaux de la mer dans les terres, les partisans de la circulation souterraine n'ont pas été plus heureux quand ils ont entrepris d'expliquer comment ces eaux peuvent s'élever sous terre jusqu'aux plus hautes sources qu'on voit dans les montagnes. Les uns, comme on vient de le voir, ont dit que ces eaux étaient élevées dans les canaux souterrains par le flux de la mer ; — mais dans les plus hautes marées le flux n'élève les eaux de l'Océan que d'une dixaine de mètres, et de quelques décimètres seulement les eaux des mers qui sont dans les terres, telles que la Méditerranée, la mer Baltique, la mer Noire, la mer Caspienne, etc. Les autres ont prétendu que le noyau de la terre est composé d'un sable pur qui, par sa grande capillarité, élève jusqu'aux sources les eaux dont il est imprégné ; — dans les tubes capillaires les mieux construits, l'eau ne s'est jamais élevée à 32 pieds, et elle n'a jamais coulé par leurs orifices supérieurs. D'autres ont avancé que des vents s'introduisent dans les canaux souterrains et poussent les eaux qui s'y trouvent vers la surface du sol ; — si les canaux partent de dessous les eaux de la mer, comme ils le disent, les vents ne peuvent pas s'y introduire pour en faire monter les eaux, et il faudrait qu'il y eût sous terre autant de courants d'air qu'il y a de courants d'eau ; que ces courants d'air fussent continus, et leur action assez puissante pour pousser les colonnes d'eau à plusieurs milliers de mètres de hauteur. D'autres ont imaginé que la terre exerce sur les eaux qui sont contenues dans les canaux souterrains une pression qui les force à s'élever et à s'épancher hors de terre ; — les voûtes de ces canaux, quelque lent que fût leur mouvement descendant, seraient affaissées depuis bien longtemps. D'autres ont soutenu que les courants d'eau souterrains sont poussés hors de terre par la chaleur intérieure du globe ; — dans cette supposition toutes les sources devraient être thermales.

Un des principes les plus incontestables de l'hydrostatique, et qui seul détruirait toutes ces hypothèses si elles n'étaient déjà renversées par le défaut de preuves, c'est que *toutes les parties d'un même liquide sont en équilibre entre elles, soit dans un seul vaisseau, soit dans plusieurs qui communiquent ensemble*. En considérant la mer comme un vaste bassin et tous les canaux qu'on suppose sous terre comme des bassins en communication avec elle, les eaux de ceux-ci pourraient bien se mettre en équilibre avec celles de la mer, mais elles ne pourraient pas s'élever au-dessus de son niveau. D'autres, enfin, ont supposé que les eaux souterraines étaient d'abord converties en vapeur et ensuite poussées en haut par la chaleur intérieure du globe ; et comme l'eau ne peut être réduite en vapeurs sans un espace capable de contenir au moins 800 fois son volume, ils ont supposé sous tous les continents d'immenses cavernes, à la voûte desquelles les vapeurs vont s'attacher, se rafraîchir, se condenser, comme dans les chapiteaux de nos alambics, et se répandre au dehors sous forme de sources. Les sources de Vaucluse, du Loiret, de la Touvre, près d'Angoulême, et de Louysse, près Souillac (Lot), qui forment chacune une rivière d'une vingtaine de mètres d'eau courante, paraissent être autre chose que de simples soupiraux, exhalant chacun les vapeurs d'une caverne qui ne pourrait avoir moins de dix ou douze lieues de diamètre. Quelle capacité dans ces innombrables alambics! quelle régularité dans tous les chapiteaux et les becs qui conduiraient les eaux au dehors! Tous ces vastes alambics, la chaleur qui en entretient le travail, le froid qui condense les vapeurs, la parfaite régularité de tous les chapiteaux et de leurs issues, ne sont donc que de pures suppositions, imaginées pour expliquer comment l'eau de la mer peut s'élever jusqu'aux sources qui sont toutes au-dessus de son niveau.

On voit, il est vrai, un certain nombre de sources qui sortent de terre par un mouvement ascensionnel. Les plus considérables montent du fond d'un puits naturel et à peu près vertical, comme les sources du Gourg, près Souillac, de Lantoy, près Cajarc, de Touzac, près Puy-l'Évêque (Lot), etc., et celles qui sont faibles sortent de terre en bouillonnant et soulevant le sable ; mais il est aisé de se convaincre que ces sortes de sources ne s'élèvent de bas en haut que parce qu'elles partent de terrains plus élevés, et que, depuis le point de départ, leur canal va toujours en descendant jusqu'au fond du creux où elles prennent le mouvement ascensionnel pour s'épancher au dehors ; ce mouvement est, comme dans les jets d'eau, déterminé par la pression qu'exerce latéralement la colonne d'eau descendante sur la colonne ascendante. Partout où l'on a voulu suivre le cours d'une de ces sources au moyen d'une tranchée pratiquée vers l'amont, on a toujours trouvé qu'elle provenait des terrains supérieurs et que son conduit allait en montant. Il est à remarquer que c'est toujours une roche ou une couche imperméable, formant barrage, qui arrête ces sources et les oblige à marcher en contre-haut pour sortir de terre.

Lorsqu'on découvre une source et qu'on la conduit hors et loin de son canal naturel, on voit souvent tarir la fontaine qui est placée au-dessous ; parce que la source, étant interceptée plus haut, ne peut plus sourdre plus bas ; mais on n'a jamais vu une de celles qui s'épanchaient dans le terrain supérieur cesser de couler pour cette cause. Des milliers de galeries ont été pratiquées sous terre pour en extraire des métaux, du charbon, du sel, des pierres, etc.; elles ont été poussées jusqu'à plus de mille mètres de profondeur (1) et étendues horizontalement à de bien plus grandes distances ; on a

---

(1) A Kuttemberg, en Bohême; à Kitzpühl, en Tyrol; à Freyberg, en Saxe, etc.

creusé aussi des millions de puits. Dans ces différentes excavations, on a souvent rencontré des cours d'eau, quelquefois même très-puissants ; mais on n'y en a jamais intercepté un seul qui eût un mouvement ascensionnel et qui ait fait tarir les fontaines des terrains supérieurs.

La persuasion que toutes les sources proviennent des terrains supérieurs, et qu'elles descendent dans le même sens que la surface du sol, est si généralement répandue, que, guidés par le simple bon sens, tous les paysans qui veulent couper une source connue, la cherchent dans le terrain supérieur, et ne vont jamais pratiquer la fouille dans le terrain inférieur. Pour croire que, sous terre, les cours d'eau vont en montant, il a fallu des hommes à systèmes, tels que Cardan, Papin, Davity, etc.

Pour soutenir que l'eau de la mer va former les innombrables sources visibles et invisibles qui se trouvent dispersées sur tous les continents, les inventeurs des canaux sont forcés de supposer qu'il y a sous terre un vaste réseau de fleuves, de rivières, de ruisseaux et de filets d'eau qui partent de la mer, se divisent et se ramifient à l'infini pour aller répandre ses eaux partout; que ces courants d'eau sont à peu près aussi gros, aussi longs et aussi ramifiés que ceux qu'on voit à la surface du sol, avec cette différence que sur terre les petits versent leurs eaux dans les grands, tandis que, sous terre, ce seraient les grands qui se déchargeraient dans les petits. Comme l'eau ne peut pas marcher sur un plan tout à fait horizontal, ils sont encore forcés d'admettre que ces fleuves, ces rivières et ces ruisseaux souterrains, ont une pente qui va depuis les bords de la mer jusqu'au-dessous des montagnes. En supposant que cette pente soit à peu près la même que celle des cours d'eau superficiels, il s'ensuivra que les eaux de la mer étant parvenues sous les montagnes qui ont, par exemple, leurs sources visibles à 2,000 mètres au-dessus de son niveau, les cours d'eau souterrains se trouvent à 4,000 mètres au-dessous de ces sources, et d'après ceux qui supposent que les fleuves souterrains partent du fond de la mer, leurs dernières ramifications, arrivées sous les hautes montagnes, se trouveront à une profondeur de 7 ou 8,000 mètres. Les eaux devraient donc s'élever d'autant pour venir alimenter nos sources.

Troisième question. — L'eau de la mer étant salée, comment peut-elle se dessaler sous terre et produire à la surface des sources d'eau douce?

On ne peut pas admettre l'opinion évidemment fausse de ceux qui ont soutenu que toutes les sources sont salées, et que leur salure augmente à mesure qu'on s'approche de la mer, puisque, sur les bords mêmes de la mer, toutes les sources qui s'épanchent au-dessus de son niveau sont aussi douces que celles qui en sont fort éloignées; les bassins remplis d'eau que l'on a rencontrés dans le sein des montagnes n'ont présenté aucun indice de communication avec la mer : les eaux qu'ils renferment sont douces, et on les voit constamment arriver des terres supérieures. On ne peut pas non plus admettre l'opinion de ceux qui ont prétendu que l'eau de la mer dépose tous ses sels en traversant les terres ; car il est prouvé, par de nombreuses expériences, que des *percolations* réitérées, au travers de différentes matières sablonneuses, ont bien adouci son amertume, mais elles ne l'ont point entièrement dessalée. On est également forcé de rejeter l'avis de ceux qui veulent que l'eau salée, s'élevant en vapeurs du fond des conduits souterrains, y laisse tous les sels dont elle est imprégnée ; car ce transport du sel de la mer dans les terres aurait pour effet : 1° de dessaler peu à peu toutes les mers ; cependant, depuis plusieurs siècles qu'on fait des observations sur la salure des eaux de la mer, on n'a pas remarqué qu'elle ait éprouvé la moindre diminution ; 2° de répandre ce sel partout où il y a des sources ; néanmoins, dans toute la France, où les sources sont innombrables et où l'on a fait de si nombreuses et profondes fouilles, on n'a encore rencontré que quatre ou cinq dépôts de sel gemme ou de terrains salifères, tous très-peu étendus et situés dans la Franche-Comté et la Lorraine ; 3° les dépôts de sel dont les eaux de la mer se seraient dégagées, soit par distillation, soit par filtration, auraient depuis longtemps obstrué tous les canaux, comblé tous les alambics souterrains, et par conséquent arrêté toutes les sources.

Les expériences de Marsigly, de Halley et de Halès, établissent qu'une livre d'eau de la mer tient en dissolution quatre gros de sel, c'est-à-dire un trente-deuxième de son poids ; ainsi 32 livres d'eau produisant 1 livre de sel, 64 en donneront 2. Le pied cube d'eau pesant 70 livres (on peut, pour faciliter le calcul, compter seulement 2 livres de sel dans ces 70 livres), chaque pied cube d'eau douce qui arrive à une source a donc déposé sous terre 2 livres de sel ; or, s'il passe sous le pont Royal à Paris, suivant la détermination de Mariotte, 288,000,000 de pieds cubes d'eau en vingt-quatre heures, cette quantité d'eau aura déposé sous terre 576,000,000 de livres de sel. Cependant, comme ceux qui soutiennent la circulation intérieure de l'eau de la mer, conviennent que les pluies grossissent les eaux des rivières, on peut réduire ce produit à la moitié ; l'eau de la Seine laissera encore chaque jour dans les entrailles de la terre 288,000,000 de livres de sel, et nous aurons plus de 100 milliards de livres pour l'année. Mais qu'est-ce que la Seine comparée à toutes les rivières de l'Europe, et enfin du monde entier ? Quels amas prodigieux de sel aura donc formés dans les canaux souterrains la masse immense d'eau que les fleuves et les rivières déchargent dans la mer depuis tant de siècles !

En voyant tous ces auteurs et plusieurs autres imbus de systèmes si erronés sur l'origine des sources, on ne trouvera pas étonnant qu'aucun d'eux n'ait songé à rechercher les moyens de les *découvrir* pour les faire servir aux besoins des hommes. Prévenus que la mer envoie des cours d'eau sous tous les continents, au moyen de canaux souterrains placés à des profondeurs effroyables et d'autant plus profonds qu'ils sont plus éloignés de la mer; que ces eaux réduites en vapeurs s'élèvent verticalement depuis ces canaux jusqu'à la surface du sol, ces auteurs devaient croire que pour atteindre ces cours d'eau il fallait creuser jusqu'à ces canaux, et qu'à de moindres profondeurs on ne pouvait rencontrer que des vapeurs montantes et provenant de plusieurs milliers de pieds de profondeur.

CHAPITRE XIII.

LA VRAIE ORIGINE DES SOURCES.

Des vapeurs s'élèvent tous les jours de la mer, de toutes les eaux stagnantes et courantes et même de la première couche de terre. Ces vapeurs forment dans les airs des nuages que le vent condense, raréfie, disperse et transporte à son gré. Ces nuages retombent sur la terre en pluie, en neige, en grêle, en frimas, en brouillards et en rosée. Ces divers météores se résolvent en eau, pénètrent et imbibent plus ou moins profondément la terre, et produisent toutes les sources. En prouvant chacune de ces propositions, j'aurai établi la vraie origine des sources.

Les *vapeurs* sont des particules d'eau d'une petitesse et d'une légèreté extrêmes, que la chaleur dissout et fait élever dans l'atmosphère. Celles qui s'élèvent des eaux portent le nom de vapeurs, et celles qui se dégagent des corps solides, comme la terre, le bois, etc., sont appelées *exhalaisons*. Dès que ces dernières sont reçues dans l'atmosphère, elles se confondent avec les vapeurs proprement dites et en prennent le nom. Ces émanations aqueuses ne sont visibles que lorsque l'air qui les reçoit en est déjà saturé et ne peut plus les dissoudre ; elles forment alors une espèce de fumée qui tend à se porter en haut.

Le mouvement ascensionnel des vapeurs est déterminé par la différente densité des diverses couches de l'air atmosphérique. Celles de ces couches qui sont à la surface du globe sont les plus denses ; celles qui sont immédiatement au-dessus le sont un peu moins, et cette densité diminue à mesure qu'elles sont plus hautes. Les plus basses couches de l'air étant spécifiquement plus pesantes que les vapeurs, exercent sur elles une pression qui les force à monter jusqu'à ce qu'elles soient parvenues à une couche d'air plus légère qu'elles.

Cette diminution de densité de l'air, et par conséquent de pression, que les vapeurs éprouvent dans l'atmosphère à mesure qu'elles s'élèvent, fait qu'elles diminuent de vitesse en montant et qu'elles s'arrêtent à différentes hauteurs, où, par leur réunion, elles forment les nuages.

Lorsqu'on mêle ensemble deux liquides de densités différentes, on voit toutes les parties du plus léger quitter le fond du vase et s'élever au-dessus du plus pesant ; de même les vapeurs, étant ordinairement plus légères que les basses couches de l'atmosphère, s'élèvent jusqu'à ce qu'elles soient arrivées au-dessus de toutes les couches qui sont plus pesantes qu'elles. Les choses se passent ainsi toutes les fois que l'air atmosphérique est à peu près calme ;

mais lorsqu'il est troublé par le vent, la densité respective de ses différentes couches est intervertie, et les vapeurs y flottent au gré de ses courants.

La quantité d'eau qui s'évapore dépend : 1° du degré de chaleur qui dissout l'eau et la convertit en vapeurs ; 2° du degré de siccité de l'air qui la reçoit : plus il est sec, plus l'évaporation est prompte et abondante ; 3° de l'agitation de l'atmosphère : un courant d'air, qui entraîne la vapeur à mesure qu'elle se forme, met continuellement en contact avec un air plus sec la surface évaporante. Dalton a remarqué que, tout étant d'ailleurs le même, l'évaporation par un très-grand vent est plus que double de celle qui a lieu dans un air calme.

Pour connaître la quantité d'eau qui s'évapore chaque année, on se sert du *bassin évaporatoire* ou *atmidomètre,* qui est un simple vase cylindrique, d'environ 60 centimètres de diamètre et d'un mètre 30 centimètres de hauteur. On établit ce vase en plein air dans un lieu qui soit exposé au soleil toute la journée ; on le recouvre d'un petit toit en métal pour empêcher la pluie d'y tomber et on le remplit entièrement d'eau. Après que l'année est révolue, la partie du bassin qui se trouve vide fait connaître l'épaisseur de la lame d'eau qui, pendant ce même temps, s'est élevée par évaporation de tous les amas d'eau qui ont été également exposés au soleil et au vent.

Les physiciens ont multiplié les expériences, afin de connaître approximativement la quantité d'eau qui se convertit en vapeurs et s'élève continuellement de toutes les eaux stagnantes et courantes. Halley a trouvé que l'épaisseur moyenne de la lame d'eau qui s'évapore est d'un dixième de pouce par jour, ou 36 pouces et demi par an. Muschenbroek et Sédilau ont constaté qu'année moyenne l'eau contenue dans un bassin de plomb diminuait, par la seule évaporation, de 28 pouces de hauteur (1). Des observations faites avec soin nous apprennent qu'à Paris l'épaisseur de la lame, que l'évaporation enlève en un an à une masse d'eau, est d'environ 32 pouces. La légère différence que présentent ces résultats, peut provenir de quelques inexactitudes dans les expériences, ou être due à la différente température des années, ou encore à la diversité des climats dans lesquels elles ont été faites; car on sait que l'activité de l'évaporation va en diminuant depuis l'équateur jusqu'aux pôles.

Les Nuées.

Les vapeurs et les exhalaisons, après s'être élevées dans l'atmosphère, sont poussées horizontalement les unes contre les autres par les courants d'air, se mêlent, se condensent et forment ces masses flottantes que l'on nomme *nues*, *nuées* ou *nuages*. Les diverses nuées, ainsi que les couches de l'atmosphère, ayant des densités différentes, chaque nuée se forme et nage au-dessus de toutes les couches d'air qui sont plus pesantes qu'elle. On peut

---

(1) Musch., Ess. de Phys., § 1455.

facilement remarquer leurs différentes hauteurs, toutes les fois qu'elles se dirigent du même côté et que leur vitesse est sensiblement inégale. On le peut encore plus facilement dans les moments où les vents changent de direction : on voit alors des nuages placés les uns au-dessus des autres dont les directions se croisent, et d'autres qui suivent des directions opposées. Certains nuages marchent fort lentement et d'autres si rapidement, qu'ils parcourent de deux à trois lieues dans une heure (1). La hauteur à laquelle voguent les nuées les plus élevées ne dépasse guère 7 ou 8,000 mètres au-dessus des bas-fonds; celles qui produisent la pluie et les autres météores aqueux, ne sont généralement qu'à quelques centaines de mètres au-dessus du sol. L'air dans lequel les nuées sont suspendues n'étant jamais parfaitement calme, elles s'entre-mêlent, se condensent, se séparent, se raréfient, prennent toutes sortes de figures, changent continuellement de volume, de couleur, et parfois se dissipent entièrement. Il y en a de très petites, de moyennes et de si grandes, qu'elles ont des centaines de pieds d'épaisseur et s'étendent à plusieurs lieues dans tous les sens. Leur couleur varie depuis le blanc de neige jusqu'au brun obscur, et parfois elle est d'un rouge de feu.

---

(1) On peut connaître la vitesse d'un nuage isolé en se plaçant sur une hauteur, et en observant combien de temps son ombre met à parcourir sur terre une distance que l'on connait ou que l'on mesure.

Les nuages que les vapeurs forment dans l'atmosphère n'y restent pas un seul instant immobiles. Les courants d'air ou vents, tantôt lents et tantôt rapides qui y règnent continuellement, les poussent et les entraînent à des distances plus ou moins considérables, jusqu'à ce qu'ils se résolvent en eau et retombent sur la terre sous forme *de pluie, bruine, brouillard, serein, rosée, neige, grêle, grésil et givre ou frimas.* Un grand nombre de lecteurs, peu versés dans la connaissance de ces divers météores, seront apparemment bien aises qu'il leur soit dit, en passant, quelques mots sur la formation et la chute de chacun.

La Pluie.

Lorsque les nuages sont poussés les uns contre les autres par les vents, ils se compriment ou se pénètrent mutuellement et augmentent leur densité. Il se forme alors dans le nuage ainsi condensé une infinité de petites gouttes, qui se mettent à descendre dès qu'elles ont acquis assez de densité pour vaincre la résistance que l'air oppose à leur chute. Pendant leur descente elles rencontrent un grand nombre d'autres gouttes et molécules aqueuses qu'elles s'adjoignent et entraînent avec elles; leur grosseur va en augmentant, et elles finissent par former les gouttes de pluie telles que nous les voyons arriver sur la terre. Les nuées se résolvent donc et retombent en pluie toutes les fois qu'elles deviennent plus compactes, et par conséquent plus pesantes que l'air qui les soutient, ou lorsqu'elles sont poussées en bas par les vents.

Comme il se forme incomparablement plus de nuages sur la mer que sur les terres, les vents qui viennent de la mer sont ordinairement accompagnés de pluie ; c'est pour cette raison qu'en France le vent d'Ouest, venant de l'Océan, est celui qui amène les plus longues et les plus fortes pluies, et que les vents du Nord et de l'Est n'en produisent que dans les moments où ils rencontrent des nuages chargés d'eau et venant du couchant. Le vent du Midi ne produit que des pluies faibles ou de courte durée, à cause du peu de largeur de la Méditerranée. Il pleut rarement lorsqu'il fait un gros vent, à moins que sa direction ne soit de haut en bas.

La grosseur des gouttes de pluie, dépendant de la densité, de l'épaisseur et de la hauteur des nuages qui les produisent, est fort variable. La plus ordinaire est de deux ou trois lignes de diamètre. Lorsqu'il arrive que plusieurs gouttes se réunissent en descendant, la résistance de l'air les divise aussitôt et les réduit à la grosseur ordinaire. Les gouttes de pluie sont ordinairement plus grosses et plus éloignées les unes des autres en été qu'en hiver ; parce que, en été, l'air étant plus raréfié par la chaleur, les gouttes de pluie qui le traversent éprouvent moins de résistance dans leur chute ; tandis que, en hiver, l'air étant plus dense, fait plus de résistance à la chute des gouttes de pluie et les désunit davantage. Les gouttes de pluie tombent rarement dans une direction perpendiculaire ; elles se précipitent communément en décrivant dans l'air une ligne oblique, suivant le côté vers lequel les vents se dirigent.

La Bruine.

La *bruine* est une petite pluie qui tombe fort lentement et en très-petites gouttes. Lorsqu'une nuée peu épaisse se dissout partout également, que les particules aqueuses dont elle est composée ne se réunissent pas en trop grand nombre et ne forment que de très-petites gouttes, dont la pesanteur spécifique n'est presque pas différente de celle de l'air, ces petites gouttes forment ce qu'on appelle la bruine, qui dure quelquefois des journées entières. La bruine a lieu aussi lorsque la dissolution d'une nuée commence en bas et quelle gagne peu à peu vers le haut. Dans ce cas, les petites gouttes d'eau, se formant au-dessous de la nuée, ne grossissent pas dans leur chute, parce qu'elles n'en rencontrent pas d'autres, et arrivent sur la terre avec le même volume qu'elles avaient en quittant la nuée. Les gouttes de bruine tombent lentement, avec une vitesse presque uniforme, décrivent en descendant des lignes plus ou moins sinueuses, et ne tombent presque jamais perpendiculairement. Les gouttelettes de bruine sont quelquefois assez grosses pour qu'on puisse les distinguer pendant leur chute; d'autres fois on ne peut les apercevoir que quand il y a derrière elles un corps noirâtre ou un vide obscur.

Les Brouillards.

Les *brouillards* ne sont que des nuages suspendus dans la plus basse région de l'air, ou roulant très-lentement sur terre. Ils se forment tantôt des vapeurs et exhalaisons qui s'élèvent insensiblement de la terre, tantôt de nuées descendues des régions supérieures de l'atmosphère, et souvent du mélange des unes et des autres. Lorsqu'il y a des brouillards, l'air est sensiblement calme, et ils se dissipent dès que le vent vient à souffler. Le mouvement le plus ordinaire de leurs masses est horizontal, et leurs parties paraissent se mouvoir indifféremment vers le haut ou vers le bas. Les brouillards paraissent plus fréquemment le soir et le matin que dans le reste de la journée, et en hiver plus que dans les autres saisons. Les objets qu'on voit à travers un brouillard paraissent plus grands ou plus éloignés qu'ils ne le sont réellement.

La Rosée.

On appelle *rosée* les gouttes d'eau très-fines et fort déliées qui, pendant les temps chauds, tombent de l'atmosphère depuis le coucher du soleil jusqu'à son lever du lendemain. Pour que la rosée tombe pendant la nuit, il faut que la journée précédente ait été chaude, que l'atmosphère soit fraîche, sans nuage, et qu'il ne souffle pas un gros vent; parce que, lorsqu'il est fort, toutes les particules aqueuses, qui formeraient la rosée, sont emportées et dissipées fort au loin. La plupart des vapeurs et exhalaisons qui partent de terre dans les saisons chaudes s'élèvent, comme je l'ai déjà dit, dans les régions supérieures de l'atmosphère et forment les nuages; mais celles qui ne partent que sur la fin de la journée et qui, lorsque le soleil disparait, se trouvent n'avoir encore acquis qu'une faible hauteur, cessent de monter, se refroidissent, se condensent, deviennent spécifiquement plus pesantes que l'air et redescendent sur la terre sous forme de rosée, humectent tous les corps sur lesquels elles tombent et mouillent les habits des personnes qui se trouvent en plein air. La rosée flotte dans l'air comme les brouillards; elle paraît monter ou descendre indifféremment. C'est pendant le crépuscule du matin que la rosée tombe en plus grande abondance; parce que, lorsque le soleil se lève, la chaleur de ses rayons raréfie l'air, et celui-ci laisse les exhalaisons qu'il tenait suspendues se précipiter vers la terre. La première rosée qui tombe au commencement de la nuit, à laquelle on a donné le nom de *serein*, est encore plus abondante que celle qui tombe dans le reste de la nuit. Il tombe beaucoup plus de rosée dans le mois de mai que dans aucun autre, dans le printemps et dans l'automne que dans l'été; parce que l'excessive chaleur de cette saison fait monter une plus grande quantité de vapeurs jusqu'aux nuées. La rosée est plus fréquente et plus abondante dans les campagnes que dans les villes; dans les pays qui sont près de la mer, d'une rivière ou d'un lac, que dans ceux qui en sont éloignés ; dans les pays humides, que dans ceux qui sont arides.

Les rosées produisent beaucoup plus d'eau qu'on ne le croit communément. Certains observateurs en ont recueilli trois pouces dans une année, d'autres quatre, et Dalton estime à près de cinq pouces la rosée qui tombe annuellement à Manchester.

Il y a une autre sorte de rosée qui ne tombe point de l'atmosphère, mais elle provient des humeurs de la terre qui, étant sucées par les racines des plantes, s'élèvent dans leurs tiges et branches, et sont sécrétées par les feuilles, sur lesquelles elles s'arrêtent et se mêlent à la rosée tombante. Pour s'assurer de ce fait, on n'a qu'à couvrir le soir une plante quelconque avec une cloche de verre, le lendemain matin, on la trouvera couverte de rosée, mais en moindre quantité que les plantes voisines, qui auront reçu les deux rosées.

Les eaux qui tombent de l'atmosphère subissent parfois diverses transformations occasionnées par le froid ; les unes pendant leur chute, les autres après qu'elles sont tombées.

La Neige.

La *neige* est de l'eau congelée qui tombe des nuées sur la terre sous la forme d'une multitude de flocons très-légers, séparés les uns des autres, et de la plus parfaite blancheur qu'on connaisse. Un flocon de neige est composé de petits glaçons allongés ou de filaments d'eau congelée qui se sont réunis pendant leur chute, et comme ils ne se touchent que par quelques points de leurs surfaces, leur agrégation est toujours très-imparfaite. Les flocons sont d'autant plus petits que la température est plus froide. La neige ne peut se former que dans un air refroidi à un degré convenable, et lorsque les particules d'eau qui sont répandues dans l'air sont saisies par la congélation avant qu'elles soient réunies en grosses gouttes. La neige qui vient de tomber a dix ou douze fois plus de volume que l'eau qu'elle produit étant fondue ; en se fondant, elle fournit une grande quantité d'eau aux ruisseaux et aux rivières, et sa fonte trop subite cause souvent des inondations considérables.

La Grêle.

La *grêle* est de l'eau de pluie congelée dans la moyenne région de l'atmosphère, et qui tombe sur la terre en forme de globules de glace. Ces globules sont ordinairement sphériques, d'un tissu compacte et serré. Les grains de grêle, étant formés dans la nuée de très-petites gouttes de pluie, sont d'abord très-menus ; mais comme il ont plus de pesanteur et de vitesse que les gouttes et particules d'eau qu'ils rencontrent dans leur chute, ils les congèlent, se les approprient et s'accroissent en descendant jusqu'à leur sortie du nuage. Dans certains orages, plusieurs grains de grêle, encore peu solidifiés, s'agglutinent ensemble, et les gouttes de pluie qu'ils rencontrent et congèlent remplissent leurs interstices, les enveloppent, les couvrent de nouvelles couches de glace, et ils finissent par former des grêlons qui pèsent quelquefois un quart de livre, une demi-livre et même plus d'une livre chacun. Les gros grêlons qui sont ainsi formés sont presque toujours anguleux, et ne sont jamais d'une densité uniforme. La grosseur la plus ordinaire des grains de grêle est à peu près celle d'une noisette ; cette grosseur étant dépendante de l'épaisseur du nuage et de la hauteur d'où ils sont partis, ceux qui tombent sur les montagnes sont moins gros que ceux qui descendent dans les vallées. Tous les grains qui tombent dans le même orage ont à peu près la même forme et la même grosseur. La grêle n'est presque jamais précédée, mais elle est souvent mêlée et ordinairement suivie de pluie. Lorsqu'elle est sur le point de tomber, et pendant qu'elle tombe, on entend dans l'air un grand bruit causé par le choc des grains que le vent pousse avec impétuosité les uns contre les autres. Après que la grêle est arrivée à terre, elle se résout en eau en très-peu de temps.

Il y a une sorte de grêle menue, connue sous le nom de *grésil*, dont la blancheur égale celle de la neige. Elle tombe en différentes saisons de l'année, mais principalement dans les premiers jours du printemps, et on lui donne alors le nom de *giboulée*.

La Gelée blanche.

La *gelée blanche* est une rosée congelée. Dans certaines matinées de l'automne, de l'hiver, et quelquefois dans le printemps, on la voit sur les feuilles des végétaux, sur les toits des bâtiments et autres corps, où elle forme une très-légère couche semblable à de la neige, dont elle ne diffère réellement qu'en ce que celle-ci se forme dans l'air, et que la gelée blanche ne se concrétionne qu'à la surface même des corps terrestres. Tant que les particules d'eau qui composent la rosée sont dans l'atmosphère à l'état de vapeurs, elles sont invisibles et ne se gèlent point ; mais dès que les gouttelettes de rosée trouvent sur les surfaces des corps solides où elles se déposent un froid assez considérable, elles perdent leur liquidité et se changent en autant de petits glaçons. Les premières gouttes qui se déposent sont les premières à se geler, celles qui viennent ensuite se déposent et se glacent de même l'une après l'autre. Dès que le soleil commence à faire sentir sa chaleur, la gelée blanche ne manque pas de se fondre ; une partie entre dans la terre, l'autre se réduit en vapeurs et s'élève dans l'air.

Les Givres ou Frimas.

Le *givre* ou *frimas* est une sorte de gelée blanche qui, en hiver, lorsque l'air est froid et humide tout ensemble, s'attache assez fortement à différents corps. Le givre et la gelée blanche se forment de la même manière et se ressemblent parfaitement. Cependant on est dans l'usage de les distinguer : on donne le nom de *gelée blanche* à la rosée du matin congelée, au lieu que le *givre* doit son origine, non à la seule rosée du matin, mais à toutes les vapeurs aqueuses qui tombent et se congèlent sur terre à quelque heure du jour ou de la nuit que ce soit.

Lorsqu'un grand brouillard répandu dans l'air mouille considérablement tout ce qui s'y trouve exposé, et que la température est au degré de congélation ou au delà, les particules aqueuses que répand le brouillard se déposent sur certains corps en molécules sensibles, distinctes, fort déliées, et qui se gèlent dès qu'elles y sont déposées. Sur ces premiers glaçons il se dépose successivement de nouvelles molécules aqueuses qui se gèlent pareillement et augmentent leur épaisseur. Le givre s'attache en très-grande quantité aux arbres, et y forme souvent des glaçons pendants, qui fatiguent beaucoup les branches par leur poids et en font rompre certains rameaux. Le givre s'attache aussi très-fréquemment aux cheveux, au menton et aux habits des voyageurs, aux crins des chevaux, etc.

Quantité d'eau que produisent les météores aqueux.

La quantité d'eau que produisent annuellement tous les météores aqueux varie d'une année à l'autre, et d'un lieu à un autre, plus que du simple au double. Les principales causes des différences qu'on trouve d'un lieu à un autre sont : la proximité ou l'éloignement de la mer, des lacs ou des rivières, la situation des lieux, selon qu'ils sont plus élevés ou plus bas, le voisinage ou la disposition de certaines montagnes, etc. Pour connaître cette quantité on se sert d'un appareil nommé *udomètre*, qui se compose d'un entonnoir, d'un récipient et d'un tuyau, le tout de métal. L'entonnoir est un vase cylindrique de 20 à 40 centimètres de diamètre et d'un demi mètre de profondeur au moins, afin que les gouttes de pluie qu'il reçoit ne puissent rejaillir au dehors. Le récipient est un autre vase cylindrique d'un mètre 30 centimètres de hauteur, qui a exactement le même diamètre que l'entonnoir, et est fermé en haut et en bas. On établit l'entonnoir en plein air sur le toit d'un bâtiment, et le récipient dans un appartement placé au-dessous. Le fond de l'entonnoir et le dessus du récipient ont chacun une petite ouverture à laquelle on ajuste un tuyau qui traverse le toit, et conduit l'eau pluviale de l'entonnoir au récipient à mesure qu'elle tombe. Le tuyau doit avoir tout au plus un centimètre de diamètre, et l'appartement être exposé à la moindre chaleur possible, afin que l'évaporation n'enlève point l'eau du récipient. Quand l'année est révolue, on mesure la hauteur de l'eau qui se trouve dans le récipient, on en prend note et on le vide.

Cette expérience, ainsi que celle du bassin évaporatoire, dont il a été parlé plus haut, doivent être répétées pendant un certain nombre d'années; car, une, ni deux, ne suffisent pas pour connaître la quantité d'eau qui s'évapore, ni celle qui tombe dans un endroit, attendu qu'on ne trouve pas deux années qui produisent exactement les mêmes quantités; c'est pourquoi on réitère communément ces expériences pendant une période de dix ou de vingt ans. On additionne les quantités d'eau élevées ou tombées chaque année; et en divisant le total par le nombre des années qui ont été employées à l'expérience, on trouve au quotient l'épaisseur moyenne de la lame d'eau qui s'élève ou qui tombe annuellement dans le pays.

Voici le résultat de quelques observations qui ont été faites sur ce sujet en des temps et en des lieux différents.

Perrault est le premier qui ait eu recours à l'udomètre pour constater la quantité d'eau que les météores aqueux versent annuellement sur la terre, et il trouva que la quantité moyenne qui était tombée à Paris pendant les années 1668, 1669, 1670 était de 19 pouces 2 lignes et 1/3. Suivant des observations faites avec soin pendant dix ans à Padoue, par Poléni, la quantité moyenne fut, pour cette ville, de 45 pouces, et à Pise, de 43. A Lyon, on a trouvé, terme moyen, 37 pouces; à Londres, 37; à Rome, 20; à Alger, 28; à Upsal, 15; à Figeac (Lot), 19; à Paris, on a eu, en 1711, 26 pouces d'eau, et en 1723, 7 pouces 1/2; à Toulouse, dans des années pluvieuses, on a eu 32 pouces d'eau, et dans des années sèches, 15 pouces. M. Cotte, ayant recueilli 147 observations sur la quantité de pluie qui tombe annuellement, en a conclu, pour la moyenne, à 35 pouces.

Mais, dira-t-on, en admettant l'exactitude de ces observations, serait-il possible de prouver qu'il tombe, chaque année, assez d'eau pour fournir à l'écoulement des sources, des ruisseaux, des rivières et des fleuves, qui en envoient à la mer de si prodigieuses quantités?

Perrault et Mariotte, membres de l'Académie des sciences sous Louis XIV, ont trouvé que l'eau qui coule dans le canal de la Seine n'est qu'une très-faible partie de celle que les pluies versent sur son bassin. Comme leurs calculs ont obtenu l'assentiment général, et qu'il ne leur a encore été opposé rien de solide, je crois devoir donner une analyse de leurs opérations.

Perrault a examiné et mesuré le bassin de la Seine depuis sa source jusqu'à Aignay-le-Duc, en Bourgogne. Ce bassin s'est trouvé avoir environ trois lieues de long et deux de large ; ce qui donne une superficie de six lieues carrées, faisant 31,245,140 toises carrées. En supposant que, pendant une année, toutes les eaux pluviales qui tombent sur ce bassin s'y accumulent, restent en place et ne fassent aucune perte par évaporation ni autrement, au dernier jour de l'année cette superficie sera couverte d'une lame d'eau épaisse de 19 pouces, 2 lignes 1/3, ce qui fera 224,899,942 muids (1) d'eau.

Le sixième de cette quantité serait suffisant pour fournir pendant toute l'année suivante à l'écoulement ordinaire de la Seine à Aignay-le-Duc, quand même, par supposition, le bassin ne recevrait pas une nouvelle goutte d'eau ; car, en cet endroit, la rivière a, terme moyen, environ 1,200 pouces d'eau courante, qui donnent 99,600 muids d'eau en

---

(1) Un muid est une mesure de 8 pieds cubes ; en sorte qu'un vase de 2 pieds de haut, de long et de large, contient un muid.

24 heures, et 36,453,600 dans l'année. Ainsi, la quantité d'eau contenue dans ce bassin supposé étant de 224,899,942 muids, et la quantité écoulée dans un an n'étant que de 36,453,600 muids, il s'ensuit que l'eau qui passe pendant un an dans le canal de la Seine, à Aignay-le-Duc, n'est, à peu de chose près, que le sixième de celle qui, pendant le même temps, tombe sur son bassin.

A l'imitation de Perrault, Mariotte a mesuré toute la partie du bassin de la Seine qui est au-dessus de Paris, et, réduction faite des nombreuses courbes qui forment son périmètre, il a évalué sa surface à 60 lieues de long sur 50 de large, qui font 3,000 lieues carrées. Abandonnant les quantités avantageuses que lui fournissaient les observations déjà faites, il s'est contenté de supposer qu'il tombait sur ce bassin 15 pouces d'eau chaque année, ce qui fait 45 pieds cubes d'eau par toise carrée. La lieue étant de 2,300 toises de long, une lieue carrée contient 5,290,000 toises superficielles, qui, multipliées par 45, donnent 238,050,000 pieds cubes d'eau par an, et les 3,000 lieues de superficie produisent 714,150,000,000 de pieds cubes d'eau par an.

Afin de constater ensuite quelle quantité d'eau passe à Paris tous les ans dans le canal de la Seine et la comparer avec celle qui tombe sur son bassin, Mariotte a vérifié que quand l'eau de cette rivière est à sa moyenne élévation, elle a 400 pieds de largeur et 5 de profondeur. En jetant dans l'eau un corps assez léger pour flotter, tel qu'un petit bloc de bois sec, une boule de cire, etc.; il trouva, après de nombreuses expériences, que le corps flottant, et par conséquent l'eau de la rivière, parcourait, en moyenne, 100 pieds par minute, qui font 6,000 pieds par heure. En multipliant les 400 pieds de large par les 5 de profondeur, on a une section d'eau courante de 2,000 pieds cubes par minute, de 12,000,000 (1) par heure, de 288,000,000 par 24 heures, et de 105,120,000,000 pour l'année ; ce qui n'est pas, conclut-il, la sixième partie de l'eau qui tombe dans un an sur les terres qui fournissent l'eau de la Seine, à Paris. Si, au lieu des 15 pouces qui ont été pris dans ce calcul, on en prend 18, on aura pour toute l'année 856,930,000,000 de pieds cubes, ce qui donnera 8 fois plus d'eau que la rivière n'en conduit à Paris.

La voie pour connaître assez exactement la quantité d'eau qui tombe annuellement sur le bassin d'une rivière et celle qui, pendant le même temps, s'écoule dans son canal, étant ainsi ouverte par ces deux académiciens, d'autres observateurs ont, à leur exemple, opéré de même sur d'autres fleuves et rivières. L'activité de l'évaporation et la quantité d'eau pluviale variant considérablement d'un endroit à l'autre, les résultats obtenus ne peuvent que présenter des différences ; cependant, il est à remarquer que tous concourent à prouver ce fait capital que

---

(1) Je rapporte ici les chiffres de l'auteur tels que je les trouve dans l'édition de 1700, in-12, quoique j'aie remarqué que certains nombres sont inexacts, soit par erreur de calcul, soit par quelque faute typographique.

les météores aqueux versent sur la terre beaucoup plus d'eau que les cours d'eau existants n'en déchargent dans la mer.

En rapprochant les différents chiffres qui ont été cités pour représenter la quantité d'eau qui s'élève annuellement en vapeurs, celle qui retombe en pluie ou sous d'autres formes, celle qui descend dans les canaux des rivières et celle que produisent les sources, on trouve que les météores aqueux ne versent sur la terre que les deux cinquièmes de l'eau qui s'élève en vapeurs, et les autres trois cinquièmes retombent sur la mer ; que les lits des rivières ne reçoivent que le sixième des eaux que les météores aqueux répandent sur leurs bassins ; que les autres cinq sixièmes sont enlevés par l'évaporation ou servent à la nourriture des végétaux, et que si l'on suppose, à défaut de preuves directes, que la moitié de l'eau qui coule dans le lit des rivières est fournie par cette partie d'eau pluviale qui, pendant les grosses pluies, ne fait que glisser sur la terre sans la pénétrer, *toute l'eau que produisent les sources n'est que le douzième de celle que les pluies et les autres météores aqueux versent sur la terre.*

Pour appuyer mon sentiment sur l'origine des sources, j'aurais pu citer des auteurs qui ont soutenu la vraie cause de leur origine ; tels que Vitruve, *Architecture* ; Gassendi, *Commentaire sur Diogène de Laërce* ; Palissy, *De la Nature des Eaux et Fontaines* ; le P. François, *la Science des Eaux* ; Perrault, *De l'Origine des Fontaines* ; Mariotte, *Du Mouvement des Eaux* ; Pluche, *Entretiens* XX et

XXI; Valisneri, *Annot.* ; Buffon, art. *Génésie des Minéraux* ; l'Encyclopédie, article *Fontaine* ; Nollet, *Physique expérimentale*, xii° leçon; Bordeu, *Eaux minérales du Béarn* ; Brisson, *Physique*, n° 1044 ; Héricart de Thury, §. 191, et un grand nombre d'autres physiciens et naturalistes récents ; mais comme ces citations prolongeraient démesurément une discussion déjà trop longue, je me contente d'en indiquer quelques-uns pour les personnes qui jugeront à propos de les lire. Ce qui vient d'être dit, et ce qui sera ajouté dans la suite de ce traité, me paraît suffire pour prouver jusqu'à l'évidence que *les sources ne tirent pas leur origine de la mer par des conduits souterrains; mais que ce sont les pluies, les bruines, les brouillards, les rosées, les neiges, les grêles, les gelées blanches, les grésils et les givres, qui fournissent à la terre toutes les eaux qu'elle rend sous forme de sources.*

CHAPITRE XIV.

FORMATION DES SOURCES.

Lorsqu'il tombe de longues et fortes pluies, que d'épaisses couches de neige se fondent, ou que le terrain est imperméable, il s'établit sur terre des courants d'eau qui n'ont qu'une courte durée. La terre ne pouvant, dans aucun de ces trois cas, absorber instantanément toute l'eau qui se répand à sa surface, la partie qui ne peut être absorbée, ruisselle sur le terrain, descend dans les ruisseaux et les rivières, les fait déborder, et retourne à la mer sans avoir contribué en rien à humecter la terre.

La quantité d'eau qui se rend ainsi à la mer sans avoir pénétré la terre en aucun endroit, est toujours bien faible, si on la compare à toute celle qui ne s'y rend qu'après l'avoir pénétrée ; car la fonte des neiges et les fortes pluies ne durent ordinairement que quelques jours. Supposé que pendant deux ou trois jours une rivière ait son volume d'eau ordinaire décuplé, ces jours de crue n'équivalent qu'à vingt ou trente jours d'écoulement ordinaire, et ne produisent pas la douzième partie de l'eau que la rivière amène à la mer dans le reste de l'année.

Les grands orages qui transforment subitement tous les plis de terrain en ruisseaux, et tous les ruisseaux en fleuves, n'étant que locaux et momentanés, n'envoient point, ou presque point, de leurs eaux jusqu'à la mer. Presque toute la partie de cette eau qui n'est pas absorbée sur place, se répand sur les terres inférieures qui se sont trouvées en dehors de l'orage, et y est successivement absorbée.

Celle qui peut arriver dans le canal du ruisseau voisin, s'il est à sec, y est peu à peu absorbée, et, s'il en arrive une partie jusqu'à la rivière, elle n'y cause, le plus souvent, qu'une crue à peine sensible et de très-peu de durée.

Excepté dans les cas qu'on vient de voir, toutes les eaux que les pluies (1), les bruines, les brouillards, les rosées, les neiges, les grêles, les grésils, les gelées blanches et les givres versent sur la terre, la pénètrent plus ou moins profondément, et en ressortent sous trois formes différentes : Une partie de ces eaux s'élève en vapeurs ; l'autre nourrit les plantes ; l'autre forme et entretient les sources.

---

(1) Pour ne pas être obligé de répéter sans cesse la nomenclature de tous les météores aqueux qui versent de l'eau sur la terre, et dont on a vu la description dans le chapitre précédent, je ne nommerai le plus souvent que la pluie, attendu que c'est elle qui en fournit la plus grande quantité, et que tous les autres météores, dès qu'ils sont résolus en eau, détrempent et pénètrent la terre de la même manière que la pluie.

1° La terre perd une partie considérable de l'eau qu'elle absorbe par une voie à laquelle peu de personnes font attention ; c'est celle qui s'en élève par exhalaison. Les eaux qui sont retenues près de la superficie du sol, et ce sont ordinairement les dernières tombées, s'exhalent, s'élèvent dans l'atmosphère avec une activité proportionnée à la porosité de la terre et à l'ardeur du soleil, et vont augmenter les nuages. Dans les beaux jours d'été, en tournant ses regards vers un corps noirâtre ou obscur placé à l'horizon, on voit continuellement sortir de terre des molécules d'eau ou exhalaisons qui s'élèvent rapidement et par élans précipités. Il est impossible de connaître, et même d'évaluer approximativement, la quantité d'eau qui s'exhale de la terre dans un temps donné. On observe seulement qu'elle diminue journellement depuis une pluie jusqu'à l'autre.

2° Une partie de l'eau que la terre absorbe est encore employée à l'accroissement et à la nutrition des végétaux. Peu de personnes se font une idée de la quantité d'eau que pompent les racines, et qu'exhalent, par transpiration, le tronc, les branches, et surtout les feuilles des plantes et des arbres. Halès, après des expériences réitérées et faites avec tout le soin dont pouvait être capable ce savant investigateur de la nature, trouva que, pendant douze heures d'un jour fort sec et fort chaud, la transpiration moyenne d'un tournesol était de 20 onces (1 livre et un quart), et de 3 onces pendant une nuit chaude, sèche et sans rosée ; un pommier nain exhala en dix heures de jour 15 livres d'eau, etc. Si ces expériences, et un grand nombre d'autres qui ont été faites principalement pour connaître le *maximum* d'eau que sécrètent les pores de certains végétaux dans un temps donné, ne peuvent nous servir à connaître celle qu'ils exhalent dans le cours ordinaire de la végétation, elles nous donnent du moins une idée de la grande quantité d'eau que la terre doit perdre par cette voie, quantité qu'il est aussi difficile d'évaluer, que de compter tous les pieds des végétaux, et de mesurer toutes leurs surfaces.

3° Après avoir ainsi rendu compte des eaux pluviales qui ne font que glisser sur la terre, et de celles qui la pénètrent sans contribuer à la formation des sources, il nous reste à parler de la partie de ces eaux qui, après avoir pénétré la terre, sert à former et à entretenir les sources.

La profondeur à laquelle la terre est mouillée lors de chaque pluie est fort variable, et cette variation dépend de la quantité de pluie qui tombe, de sa durée et de la porosité du terrain. Tout le monde a observé, qu'à durée égale, une forte pluie pénètre la terre plus profondément qu'une faible ; mais qu'une faible pluie qui tombe, par exemple, pendant dix heures, pénètre la terre bien plus avant qu'une forte pluie qui ne dure qu'une heure, supposé que pendant ces deux temps les deux pluies versent autant d'eau l'une que l'autre. Les différents degrés de porosité du terrain contribuent beaucoup à laisser descendre les eaux pluviales plus ou moins profondément. Aussi toutes les observations et expériences, qui ont été faites sur ce sujet, n'ont abouti qu'à constater l'impossibilité de déterminer à quelle profondeur l'eau pluviale descend d'abord dans la terre. Après de fortes pluies les uns n'ont trouvé la terre mouillée qu'à quelques centimètres de profondeur; tandis que les autres l'ont trouvée mouillée jusqu'à plusieurs mètres (1). Le désaccord de ces auteurs sur le plus ou moins de profondeur à laquelle sont arrivées les eaux pluviales, provient du degré de porosité de la terre sur laquelle chacun d'eux a fait ses expériences, ou du temps qui s'était écoulé entre la pluie et l'expérience. Il est à remarquer que ces observateurs et plusieurs autres ne par-

---

(1) « *Ego vinearum diligens fossor*, dit Sénèque, *affirmo « nullam pluviam esse tam magnam quæ terram ultra decem « pedes madefaciat.* Quest. nat., lib. III. — *Pluvia non ultra « decem pedum profunditatem humectat terram.* Varenius, « *Géogr.*, lib. I, cap. xvi. — J'ai fait ouvrir la terre sur des « montagnes, sur la pente des collines, dans le bas des plaines, « dans des jardins cultivés, après de grandes et longues pluies, « je n'ai jamais trouvé la terre mouillée plus avant qu'un « pied et demi ou 2 pieds. Perrault, page 167. — Après une « pluie des plus fortes qui dura près d'une heure, en quelques « endroits j'ai trouvé la terre trempée d'un demi-pied au plus : « presque partout elle l'était beaucoup moins. Pluche, *Spect. « de la Nat.*, Entret., XXI. — J'ai remarqué en examinant « de gros monceaux de terre de jardin de 8 ou 10 pieds d'é- « paisseur, qui n'avaient pas été remués depuis quelques « années et dont le sommet était à peu près de niveau, que « l'eau des pluies n'a jamais pénétré à plus de 3 ou 4 pieds « de profondeur. Buffon, *Théorie de la terre*, deuxième dis- « cours. »

lent que de la profondeur à laquelle ils ont trouvé l'eau immédiatement ou peu après les pluies ; mais ils ne nous disent pas qu'avec du temps de grandes quantités d'eaux pluviales descendent dans la terre à toutes sortes de profondeurs (1), qu'on en trouve au fond de certaines mines et grottes qui n'ont pu y parvenir qu'en traversant des masses de terrain de plusieurs centaines de pieds d'épaisseur.

Tout ce qu'on peut dire de général à ce sujet c'est que, toutes les fois que les météores aqueux viennent de verser leurs eaux sur la terre, ces eaux pendant les premières heures ne descendent qu'à une très-faible profondeur. La première couche est la plus imbibée, la seconde l'est un peu moins, et la troisième encore moins ; de sorte que les couches de terre sont d'autant moins humectées qu'elles sont plus profondes.

La quantité d'eau que peut recevoir intérieure-

---

(1) Pluche, par un de ces écarts dont les bons auteurs ne peuvent pas toujours se préserver, avance sans aucune restriction que *les eaux de la pluie qui pénètrent la terre, s'en vont à la mer bien au-dessous de son niveau.* Peu après il répète deux autres fois la même assertion en termes différents, et cite quelques cours d'eau souterrains qui dégorgent en effet leurs eaux au-dessous du niveau de la mer. *Spectacle de la nature*, Entretien, XXI. Si ce naturaliste eut observé les choses de près, il aurait vu, comme moi, que les eaux de la pluie qui tombent au sein des continents et qui imbibent la terre, ne vont pas sortir plus loin qu'aux ruisseaux voisins ou aux rivières les plus proches, et qu'il n'y a que celles qui tombent sur les terres peu distantes de la mer, qui se rendent souterrainement dans son bassin.

ment une masse de terrain déterminée, est aussi très-variable, et ne peut être comparée à celle que peut contenir une autre masse de mêmes dimensions, mais qui est plus ou moins poreuse. Par exemple, un mètre cube de terrain fort spongieux peut absorber cent fois, mille fois plus d'eau qu'un autre mètre cube très-compacte; aussi voit-on souvent que de deux montagnes qui ont à peu près la même hauteur et la même étendue, l'une produit vingt fois, cent fois et mille fois plus d'eau de source que l'autre.

Il y a encore une cause extérieure qui met de l'inégalité entre les sources que produisent deux terrains de même nature et égaux en étendue; c'est lorsque l'un des deux est boisé et que l'autre ne l'est pas. Ainsi, la surface, la constitution, la configuration et la quantité d'eau pluviale qui tombe sur deux terrains, peuvent être à peu près les mêmes et le volume des sources qu'ils produisent être différent; car, tout terrain boisé produit des sources plus abondantes ou plus nombreuses que celui qui est dénudé (1). Cette cause est bien réelle, mais elle

---

(1) « Le voisinage des forêts exerce une très-grande in-
« fluence sur l'état de l'atmosphère, comme elles en exercent
« une très-grande sur les sources qui sont situées dans leur
« sol. La destruction des forêts, en facilitant l'évaporation des
« eaux, suspend leur infiltration et détermine par suite le des-
« séchement des sources. » Héricart de Thury, § 199.

« On remarque dans les lieux où il y a des défrichements
« un peu étendus, que les ruisseaux diminuent de vo-
« lume, parce que, depuis que les gazons ont été déchirés, les

n'est que secondaire, et généralement on en exagère les effets ; en sorte qu'on ne doit pas croire qu'un terrain est dépourvu de sources parce qu'il n'est pas boisé. Les déboisements diminuent sans doute les sources; mais ils ne les détruisent pas, ou ne détruisent que celles qui sont extrêmement faibles.

Les pluies et les autres météores aqueux en tombant sur la terre rencontrent dans certaines localités des terrains imperméables, et dans d'autres, des terrains perméables.

Les terrains imperméables sont ceux que l'eau ne peut pénétrer et sur lesquels elle est obligée de glisser ou de séjourner dans les creux qu'elle rencontre. Les principaux de ces terrains sont les roches massives, certaines roches d'agrégation, les argiles et les glaises. Ces deux dernières espèces, mêlées en certaine quantité à des terrains naturellement perméables, les rendent imperméables.

Toutes les roches massives, stratifiées ou non, qui sont fort étendues, sans fissures verticales ni

---

« terres mouvantes entraînées dans les bas-fonds, ont laissé à
« nu les assises de roche dont sont formées les montagnes.
« La pluie ne fait qu'y passer rapidement pour aller grossir
« tout à coup les rivières, tandis que, reçue auparavant par les
« terres gazonnées de la surface des chaînes, ce n'était que
« peu à peu et lentement qu'elle sortait de leurs flancs pour
« former des sources qui, en s'épanchant graduellement, en-
« tretenaient les ruisseaux pendant toute l'année. Ce qui pa-
« raît le mieux constaté, c'est que les sources tarissent plus tôt
« qu'autrefois dans les cantons où les montagnes sont à nu par
« l'effet des défrichements. » *Statistique du département du Lot*, par Delpon, tome Ier, pages 117 et 121.

obliques, ou qui en ont de si serrées que l'eau ne peut les pénétrer, sont des roches imperméables. De ce nombre sont les granites, les porphyres, les gneiss, les quartz, les syénites, les grès, les protogynes, etc. La connaissance approfondie de ce petit nombre de roches peut mettre à même de discerner les autres roches imperméables. Ces terrains, étant impénétrables aux eaux pluviales, ne peuvent jamais produire des sources par eux-mêmes; cependant, lorsqu'ils sont recouverts ou entremêlés de couches perméables, qui peuvent seules recevoir, *percoler* et rendre les eaux pluviales, les couches imperméables concourent puissamment à la formation des sources ; car elles les empêchent de descendre à de trop grandes profondeurs, les recueillent, les supportent et les transmettent hors de terre.

On appelle *terrains perméables* ceux que les eaux pluviales peuvent pénétrer plus ou moins profondément. Ces terrains sont de trois sortes. Les uns se composent de roches non stratifiées, divisées en blocs et fragments de toutes formes, séparés les uns des autres par des fentes ou crevasses qui ont toutes sortes de directions; les autres se composent de roches à stratification à peu près horizontale, divisées par des fissures verticales en blocs prismatiques et peu étendus; les autres sont des terrains désagrégés ou détritiques ; les eaux pluviales pénètrent chacun de ces trois terrains d'une manière différente.

1° Les principaux terrains qui se composent de roches non stratifiées, fendillées dans tous les sens et assez désunies pour donner passage à l'eau, sont :

certains bancs de gneiss, les schistes micacés, les phyllades, les serpentines, les trapps, certaines craies, les gypses, etc. Les eaux pluviales qui tombent sur ces roches, ne pouvant pénétrer dans l'intérieur des blocs ou fragments solides qui les composent, mouillent seulement les surfaces et les contours des blocs, s'insinuent dans toutes les fentes verticales ou obliques qu'elles rencontrent, quelque bizarres que soient leurs directions, descendent constamment et lentement jusqu'à la couche imperméable qui se trouve toujours dessous à des profondeurs très-variables.

2° Les eaux pluviales qui tombent sur des roches à stratification à peu près horizontale et divisées par des fissures verticales en blocs de peu d'étendue, ne peuvent pas non plus humecter l'intérieur de ces blocs; elles ne peuvent en mouiller que la superficie et les côtés. Comme il n'existe presque pas d'assises qui soient parfaitement de niveau, et que toutes celles d'une même stratification sont d'ordinaire concordantes, les eaux courent sur les blocs, en suivent la déclivité jusqu'à ce qu'elles rencontrent une fissure verticale qui leur permette de descendre sur l'assise inférieure. Chaque fissure verticale de l'assise supérieure tombant ordinairement vers le milieu d'un bloc de l'assise inférieure, les eaux suivent l'inclinaison des nouveaux blocs jusqu'à leur extrémité inférieure, où elles trouvent une nouvelle fissure verticale qui leur permet de descendre sur l'assise inférieure, et ainsi de suite d'assise en assise, jusqu'à la couche imperméable qui supporte toute la masse stratifiée. Les principales roches stratifiées perméables sont : les grès, les calcaires, les craies solides, etc.

On se persuade trop communément que les sources inconnues sont à des profondeurs extraordinaires, et cette erreur est accréditée, en beaucoup d'endroits, par la profondeur qu'on a été obligé de donner à certains puits placés au hasard. Cependant, en choisissant l'emplacement d'une fouille avec discernement, et d'après les règles qui vont être tracées, on trouvera généralement que les eaux, qui circulent dans le sein de la terre, ne sauraient pénétrer à de grandes profondeurs sans rencontrer une, et même souvent plusieurs couches imperméables, qui les empêchent de descendre indéfiniment. Quoique ces couches ne se montrent pas partout à la surface du sol, leur présence, à une médiocre profondeur, n'en est pas moins probable, puisque, selon le sentiment de Buffon : « La glaise forme l'enveloppe de
« la masse entière du globe ; les premiers lits se
« trouvent immédiatement sous la couche de terre
« végétale, comme sous les bancs calcaires, auxquels
« elle sert de base; c'est sur cette terre ferme et
« compacte que se rassemblent tous les filets d'eau
« qui descendent par les fentes des rochers, ou qui
« se filtrent à travers la terre végétale. Les couches
« de glaise comprimées par le poids des couches
« supérieures, et étant elles-mêmes d'une grande
« épaisseur, deviennent impénétrables à l'eau qui
« ne peut qu'humecter leur première surface ; toutes
« les eaux qui arrivent à cette couche argileuse, ne

« pouvant la pénétrer, suivent la première pente qui
« se présente, et sortent en forme de sources entre
« le dernier banc des rochers et le premier lit de
« glaise. » (Buffon, *Min.*, *Argiles et Glaises*.) Ce savant exprime le même sentiment dans sept autres endroits de ses ouvrages.

3° *Le terrain détritique* est composé de débris de roches et de corps organisés. Il forme la couche superficielle, désagrégée, ordinairement très-mince, qui couvre presque toute la surface du globe et dans laquelle croissent tous les végétaux. Quelques géologues l'ont nommé *terre végétale*; mais le nom de détritique lui convient mieux, attendu que dans beaucoup d'endroits on n'y voit absolument aucun végétal. La composition de ce terrain n'a rien de constant : elle dépend principalement de la nature des roches qu'il recouvre ou qui l'environnent, et varie comme elles d'une localité à l'autre; car c'est de leurs débris qu'il est presque entièrement composé. Lorsque les roches, en se décomposant, se réduisent en sable, ce terrain est appelé *terre sablonneuse*; si ces roches sont calcaires, il prend le nom de *terre calcaire*, etc. Ce terrain reçoit encore un nombre infini de modifications par les déplacements et mélanges que la culture y opère, les engrais qu'on y apporte et les débris que les eaux courantes y déposent. Il contient aussi beaucoup de débris d'animaux, de végétaux, et des objets produits par l'industrie humaine.

Lorsque les eaux pluviales tombent sur des terrains désagrégés ou détritiques, qui sont très-poreux et spongieux, chaque goutte est absorbée au point même où elle touche le sol. Ces eaux pénètrent les premières couches de la terre, où elles portent le nom d'*humeur, humidité*, se mêlent intimement à elles, en remplissent tous les pores et paraissent n'avoir aucun mouvement. Cependant, toutes celles qui échappent à l'évaporation et à la succion des plantes ne restent pas un instant immobiles. En vertu de leur liquidité et de leur pesanteur, elles descendent continuellement. Leur mouvement est lent, insensible et dirigé par les interstices de la terre qu'elles rencontrent. Les particules d'eau, descendant avec des vitesses inégales, se rencontrent, s'associent les unes aux autres, forment d'abord d'innombrables et imperceptibles veinules qui s'accroissent peu à peu et deviennent des filets perceptibles. Ces filets d'eau, continuant de s'enfoncer sous terre, en reçoivent d'autres à divers intervalles, rencontrent des couches imperméables qui leur font prendre une direction oblique de moins en moins inclinée, et finissent par former des cours d'eau souterrains dont le volume augmente à mesure qu'ils s'éloignent du lieu de leur origine.

En voyant sourdre une source, on ne doit donc pas, ainsi que le font un grand nombre de personnes, se la représenter comme formant sous terre un cours d'eau unique, horizontal et de même volume dans tout son parcours. Toute source est le produit d'une infinité de veinules et de petits filets d'eau qui se sont jetés les uns dans les autres, se sont accrus à mesure qu'ils ont avancé, et ont formé le cours d'eau que l'on voit se montrer à la surface du terrain.

La formation d'une source et sa circulation sous terre sont assez semblables au mouvement de la sève dans la racine rampante d'un arbre : cette racine s'allonge et s'étend presque horizontalement, se divise et se subdivise en nouveaux rameaux à mesure qu'elle se prolonge, jette sur toute sa longueur et à ses extrémités une infinité de petits filaments qu'on appelle *le chevelu*, dont l'office est de pomper les humeurs de la terre. Dès que ces humeurs sont reçues dans les filaments, elles prennent le nom de *sève*, passent successivement et en se concentrant de plus en plus, du chevelu aux petites racines, de celles-ci aux moyennes, et des moyennes à la mère racine, qui les transmet au pied de l'arbre ; de même l'humidité que la terre contracte pendant les pluies se condense, s'écoule insensiblement par les pores et interstices qu'elle trouve ouverts par les eaux précédentes, et forme de petits filets ; ces petits filets, obéissant aux lois de la pesanteur, descendent et tendent constamment à se réunir les uns aux autres dans leur course, et se réunissent en effet jusqu'à ce qu'ils rencontrent une couche compacte qui les empêche de s'enfoncer davantage, les force à marcher sur une pente peu inclinée, et le plus souvent à se produire au dehors.

La formation d'une source sous terre est encore mieux représentée par la formation et la circulation des ruisseaux, des rivières et des fleuves qui courent sur terre. On peut s'en former une très-juste idée en jetant les yeux sur une carte qui représente très-exactement toutes les ramifications d'un de ces cours d'eau. Un fleuve se forme de plusieurs rivières, les rivières d'un grand nombre de ruisseaux, et les ruisseaux d'une infinité de rigoles et de sources. Comme un fleuve ne reçoit pas seulement des rivières et des ruisseaux considérables, mais qu'il reçoit encore dans tout son parcours une infinité de sources et de faibles veines d'eau ; de même une source reçoit en marchant non-seulement d'autres sources qui sont à peu près de même volume qu'elle ou d'un volume moindre, mais encore elle reçoit une infinité de veines et veinules d'eau qui contribuent incessamment à la grossir.

Cette manière d'expliquer la formation et l'écoulement des sources sous terre est beaucoup plus naturelle, mieux confirmée par toutes les fouilles qui se font journellement, que la supposition de ces *lacs, réservoirs, bassins et amas d'eau souterrains*, que personne n'a jamais vus fonctionner et dont parlent un grand nombre d'auteurs (1), sans en citer un exemple. Tout en admettant que ce sont les eaux pluviales qui produisent les sources, ces auteurs n'ont pu concevoir la formation et l'écoulement d'une source sans imaginer un réservoir rempli d'eau et placé dans l'intérieur de la montagne pour l'alimenter. Ils nous représentent ces *réservoirs* comme se remplissant au temps des pluies, percés

---

(1) Voyez Sénèque, *Quest. nat.*, liv. III ; Buffon, *Théorie de la terre*, deuxième discours ; d'Aubuisson, t. Ier, note VII ; Héricart de Thury, *Consid. géol.*, § 314 ; Huot, *Géol.*, ch. VIII.

dans leur fond pour laisser sortir peu à peu l'eau qu'ils contiennent, et entretenant chacun sa source jusqu'à ce qu'ils soient à sec. L'abondance et la durée de chaque source est proportionnée à la capacité de son bassin et au diamètre de l'orifice par lequel elle s'échappe. D'autres, en voyant plusieurs sources s'épancher autour de certaines montagnes, se sont imaginés qu'il y a au cœur de chaque montagne un réservoir unique qui fournit l'eau à toutes ses sources; d'autres, sans se demander comment cela peut se faire, croient qu'une grande source, qu'ils appellent la *source mère*, existe au cœur de chaque montagne; qu'elle se divise et se subdivise en descendant, et fournit l'eau à toutes les sources qui surgissent à son pourtour. Aussi ai-je vu, dans un très-grand nombre de localités, des gens imbus de ces fausses idées, qui, pour augmenter le volume d'une source qu'ils voyaient sortir de terre, pratiquaient de longues et profondes tranchées pour arriver à cette prétendue source mère. Ils prenaient pour point de départ le débouché de la source et en suivaient le conduit vers l'amont; mais plus ils la poursuivaient, moins ils la trouvaient abondante, comme cela devait être. Tous ces réservoirs et toutes ces sources mères qu'on a supposés au cœur des montagnes pour alimenter les sources, doivent donc être relégués parmi les chimères.

Je ne nie pas, sans doute, que les sources dans leurs cours souterrains ne puissent quelquefois traverser des bassins remplis d'eau; cela arrive principalement dans les terrains caverneux. Je ne nie pas non plus qu'une source, en sortant d'un de ces bassins, ne puisse être plus forte qu'en y entrant, parce que le bassin peut recevoir d'autres sources par ses côtés; c'est ainsi qu'un grand nombre de cours d'eau visibles traversent des lacs et s'y accroissent par des affluents latéraux; mais il y a loin de ces deux hypothèses, que j'admets sans peine, à l'existence de ces innombrables bassins qui se rempliraient tout à coup lors des pluies, et qui se videraient peu à peu pour entretenir les sources. Autant vaudrait dire que c'est le lac de Genève qui fournit les eaux du Rhône, le lac de Constance, celles du Rhin, etc.

CHAPITRE XV.

LIGNES QUE SUIVENT LES SOURCES SOUS TERRE.

Les innombrables filets et veines d'eau qui se forment dans les montagnes et collines perméables, descendus sur les couches imperméables, ne marchent pas du tout au hasard. Ils se partagent sous terre de la même manière que les eaux pluviales à la surface ; en sorte que le faîte extérieur indique et suit assez exactement la ligne qui sépare les eaux souterraines. Chacun des deux versants conduit tous les petits cours d'eau qui peuvent s'y former dans le vallon vers lequel il est incliné (1). La largeur des collines étant généralement peu considérable, les filets d'eau que

---

(1) *Les couches plongent des deux côtés vers le fond du thalweg.* (Mém. géol. de M. Boué). Cette assertion, vraie dans le plus grand nombre de cas, souffre bien des exceptions ; aussi Buffon (addition à l'article des tremblements de terre), n'exprime le même sentiment qu'avec restriction : *L'on trouve souvent*, dit-il, *entre deux éminences voisines, des couches qui descendent de la première et remontent à la seconde, après avoir traversé le vallon.*

chaque moitié épanche dans son vallon sont ordinairement peu importants ; mais le thalweg du vallon, recueillant tous les filets d'eau que lui envoient les plateaux, les coteaux et les deux parties de la plaine qui forment son bassin, peut réunir un cours d'eau de quelque importance. Aussi, c'est presque toujours au fond des vallons et à leur thalweg qu'on voit les sources sortir de terre, et lorsqu'il n'y en a point d'apparentes, elles y sont cachées et coulent sous le terrain de transport. Appuyé sur la connaissance de plusieurs milliers de fontaines naturelles que j'ai observées, et sur le grand nombre de fouilles qui ont été faites d'après mes indications, je puis donc avancer que, sauf quelques exceptions qui seront indiquées plus tard, *dans chaque vallée, vallon, défilé, gorge et pli de terrain, il y a un cours d'eau apparent ou caché.* Celui qui est apparent marche à la surface du sol, parce qu'il y est soutenu par une couche imperméable ; celui qui est caché marche aussi sur une couche imperméable, mais il est recouvert d'un terrain perméable qui ne peut le soutenir à la surface du sol. Celui qui connait bien les lois qui président aux cours d'eau apparents, peut connaître et suivre pas à pas un cours d'eau caché ; car ils obéissent aux mêmes lois et se conduisent de la même manière.

Je dis que le cours d'eau qui existe dans chaque vallon est apparent ou caché : en effet, il y a des vallons qui ont un cours d'eau permanent et visible dans toute leur longueur ; d'autres où le cours d'eau ne coule qu'en temps de pluie ou peu après, et qui sont à sec tout le reste de l'année ; d'autres où le cours d'eau ne se manifeste que vers l'origine, parcourt extérieurement un certain espace et disparaît absolument, ou ne reparaît qu'au bord de la rivière voisine ; d'autres dont la plus haute partie est absolument sèche et qui, après un certain parcours, épanchent une ou plusieurs sources importantes qui continuent de marcher à ciel ouvert jusqu'à leur embouchure ; d'autres dans lesquels le cours d'eau paraît et disparaît un certain nombre de fois ; d'autres enfin dans lesquels il ne se forme jamais aucun cours d'eau visible, et qui, quelque fortes que soient les pluies, restent toujours à sec dans toute leur longueur.

Presque tout ce qui a été dit au chapitre VI d'un cours d'eau visible peut s'appliquer à un cours d'eau invisible ; ainsi le point de départ d'un cours d'eau invisible, ou source, est tantôt dans une plage élevée, sèche, peu déprimée et peu inclinée, tantôt dans un vallon plus ou moins profondément creusé en forme de cirque.

Lorsqu'une source prend naissance dans une plage élevée qui se compose d'un seul pli de terrain, tous les premiers filets d'eau convergent vers un centre commun qui en occupe le point le plus bas. Si cette plage se compose de plusieurs plis de terrain, ces plis n'étant pas égaux entre eux, on en distingue toujours un qui part de plus loin, qui est plus profond que les autres et dans lequel chacun de ceux qui sont moins profonds vient conduire le filet d'eau qu'il a recueilli. Afin de se faire une idée exacte de la manière dont se forme une source sous terre dans un pli de terrain, on n'a qu'à s'y trouver pendant une forte pluie, et bien observer comment les *eaux sauvages* (1) y marchent et se réunissent pour former le courant d'eau qui s'établit momentanément à la surface; on peut tenir pour certain que le petit cours d'eau permanent et caché se forme et marche sous terre de la même manière, et que ses veinules et veines suivent sous terre les mêmes lignes que les eaux superficielles (2). Hors les temps de pluie, on peut également se représenter la formation, la marche et le point de réunion des eaux pluviales, pour se rendre compte de la formation et de l'écoulement du cours d'eau caché.

Lorsqu'une source prend naissance au bout d'un vallon qui a la forme d'un cirque, tous les filets d'eau que peuvent produire les plateaux et les coteaux qui le dominent, convergent à peu près comme les rayons d'un demi-cercle vers le centre de ce cirque, et viennent y former la source. Le point central d'un cirque est toujours au pied de la pente rapide et demi-circulaire qui en forme les parois.

A partir du fond du pli de terrain, ou du centre du cirque, le thalweg commence à se dessiner, la

---

(1) On appelle *eaux sauvages*, celles qui ne courent sur terre que pendant les pluies, la fonte des neiges et des glaces.

(2) Ce principe était connu de Sénèque, et toutes mes observations et expériences l'ont pleinement confirmé; les cours d'eau observent sous terre les mêmes lois que dessus : *Sunt et sub terra minus nota nobis jura naturæ, sed non minus certa; crede infra quidquid vides supra.* Sen., lib. III. *Quæst. nat.*

pente du fond du vallon se radoucit, la source, qui
a déjà un certain volume, suit toujours le thalweg du
vallon et marche en ligne à peu près droite. C'est
ainsi que se forment et marchent les sources à la
naissance de tous les vallons, tant principaux que
secondaires. La source qui se trouve dans le vallon
principal, de distance en distance en reçoit d'autres
plus ou moins importantes, qui lui sont amenées par
les vallons secondaires et vers l'embouchure desquels elle s'infléchit pour aller les recevoir (1). Plus
la source qu'elle reçoit est importante, plus elle se
détourne de sa droite ligne. Les pieds des escarpements et des coteaux non ondulés lui fournissent
aussi quelques filets d'eau, qui sont ordinairement
faibles, et vers lesquels elle ne fait point d'inflexion
pour les recevoir.

On ne saurait se faire une idée du nombre prodi-

---

(1) C'est par suite de cette observation et de ce qui a été
dit au chap. vi, sur l'inflexion que fait un cours d'eau pour
aller en recevoir un autre lorsqu'il est important, que toutes
les fois qu'on a mis sous mes yeux une carte de Cassini, représentant un pays que je n'avais jamais vu, j'ai pu y indiquer
le point précis où chaque source importante sort de terre, le
long d'une rivière ou d'un ruisseau. Sachant que toutes les
fois qu'un cours d'eau permanent et visible fait un coude
vers un vallon sec, qui est toujours très-exactement représenté sur ces cartes, j'ai annoncé, au grand étonnement de
ceux qui connaissaient les localités, qu'à l'embouchure de tel
vallon il y avait une source apparente ou cachée et de tel volume; car le volume d'une source est toujours proportionné
à la longueur du vallon, et presque toutes les fois cette source
était apparente.

gieux de sources, grandes et petites, que chaque cours d'eau, tant souterrain que visible, reçoit des deux côtés dans tout son parcours, et dont personne n'a jamais soupçonné l'existence ; car chaque vallon, gorge et pli de terrain lui en amène une. Tout réduit même qui forme un petit angle rentrant ou un demi-cercle au pied d'un escarpement dont la base limite la basse plaine, recèle d'ordinaire une source ; cela arrive indubitablement toutes les fois qu'on voit, sur le plateau qui domine ce réduit, un vallon ou même une série de bétoires qui se dirigent en droite ligne vers ce réduit.

Toutes les fois que le terrain dont se compose le fond d'un vallon est assez solide pour que, pendant les grosses pluies, il puisse se former un cours d'eau à la surface, le cours d'eau souterrain et permanent suit assez exactement la même ligne que le cours d'eau superficiel et momentané, partout où les bases des deux coteaux sont contiguës. Cela arrive encore dans les plaines, lorsque les deux pentes latérales sont inclinées vers le canal du cours d'eau temporaire.

Cependant cette concordance des deux cours d'eau, marchant l'un sur l'autre pendant les pluies, est souvent dérangée 1° par la stratification des coteaux, 2° par les travaux faits de main d'homme ; 3° par les cours d'eau visibles livrés à eux-mêmes dans les plaines. C'est ici que l'hydroscope doit être attentif.

1° Le thalweg visible ne concorde pas avec le thalweg invisible lorsque les rochers, qui composent les deux coteaux, sont à stratification concordante, et que les assises du coteau à pente douce vont plonger sous les assises du coteau opposé, qui est le plus rapide. Dans ce cas, le cours d'eau passe au pied du coteau le plus rapide, et quelquefois même, quoique assez rarement, il abandonne le thalweg que forment les deux coteaux et va marcher sous les strates du coteau le plus rapide. Cette déviation se continue tantôt sur une partie, tantôt sur toute la longueur du vallon. Aussi voit-on quelquefois ce cours d'eau sortir de terre au bord de la rivière, non vis-à-vis le milieu du vallon qui l'a conduit, mais il s'épanche au pied d'un escarpement, tantôt en amont de l'embouchure du vallon, tantôt en aval, selon que la stratification des deux coteaux est inclinée d'un côté ou de l'autre. D'autres fois, le cours d'eau ainsi dévié s'épanche des flancs du coteau le plus rapide, et même au-dessus du niveau que forme le terrain alluvien du vallon; et celui qui ne remarquerait pas qu'il y est conduit par la stratification concordante des deux coteaux, croirait qu'il provient du cœur de la colline d'où il sort.

2° On remarque très-souvent dans les vallons secs que certains propriétaires, pour réunir deux champs qui étaient séparés par un ruisseau qui ne coule que momentanément ou temporairement, ont comblé son canal et lui en ont creusé un nouveau plus ou moins éloigné du véritable; d'autres, pour économiser le terrain, au lieu du lit sinueux que suivait le ruisseau, lui en ont creusé un autre en ligne droite; d'autres ont déplacé insensiblement le lit de ce ruisseau, en construisant des digues le long de leurs propriétés, et faisant corroder peu à peu les berges de la rive opposée.

3° Dans les plaines, les ruisseaux momentanés et temporaires, lorsqu'ils sont livrés à eux-mêmes, forment, pendant les orages, des atterrissements le long de leurs bords qu'ils exhaussent peu à peu, et lorsque, après un certain temps, leur canal se trouve plus élevé que le reste de la plaine et placé sur une espèce de faîte, ils l'abandonnent pour aller s'en creuser un autre dans la partie la plus basse.

Le cours d'eau souterrain, n'étant jamais dérangé par les travaux des hommes, ni par les atterrissements qui ont lieu à la surface du sol, suit toujours le vrai thalweg, et le ruisseau qui coule temporairement à la surface ne peut, dans aucun de ces cas, servir de guide pour connaître la ligne que suit le cours d'eau souterrain ; on est donc obligé alors de chercher les traces de l'ancien canal, supposé que la culture ou les atterrissements ne l'aient pas entièrement effacé, ou de recourir aux moyens suivants :

Toutes les fois que l'on reconnaît que, dans l'endroit où l'on veut creuser pour trouver l'eau, le thalweg visible est en désaccord avec le thalweg invisible, ce qui n'arrive que dans les parties des vallons qui sont en plaine, il faut observer attentivement les deux plans inclinés que forment les deux coteaux opposés, et savoir que le cours d'eau suit sous terre leur ligne d'intersection ; ainsi, si la pente des deux coteaux est égale, le cours d'eau souterrain marche à égale distance des deux lignes côtières ; si la pente des deux coteaux est inégale, par exemple, si la pente de l'un est double de la pente de l'autre, le cours d'eau souterrain sera au quart de la distance qu'il y a entre sa ligne côtière et la ligne côtière du second. Si l'un des deux coteaux est un escarpement, le cours d'eau souterrain passe à sa base.

Le thalweg souterrain est encore indiqué par des épanchements d'eau temporaires : en beaucoup d'endroits, il sort sur la ligne du thalweg, et toujours dans des rochers, un cours d'eau chaque fois qu'il pleut considérablement; dans d'autres, des pluies peu abondantes ou de peu de durée déterminent la même éruption. Ce cours d'eau ne s'épanche hors de terre chaque fois qu'il pleut que parce que son volume ordinaire est augmenté, et que son conduit se trouve alors insuffisant pour lui donner passage. Toute la partie du cours d'eau qui ne peut pas passer par ce conduit s'épanche au dehors pendant les pluies et même quelque peu de temps après. Dans certains endroits, cette éruption a lieu par un boyau ou conduit vertical qui reste toujours ouvert; dans d'autres, l'eau s'élève à travers les pierrailles ou le terrain détritique, qui cache l'ouverture du rocher par où elle s'échappe. On n'a donc, en creusant, qu'à suivre ce boyau pour être assuré de trouver le cours d'eau permanent, et le plus souvent à une faible profondeur, à moins qu'il ne soit un de ceux qui ne viennent pas d'assez loin, ou qui, à raison de la trop grande pente de leur canal, ne coulent que lors de chaque pluie et sont bientôt épuisés.

Ainsi dans tout vallon sec, long de quelques centaines de mètres, à fond rocheux ou couvert de terre de transport, peu ou fort profond, large ou étroit, il y a un cours d'eau qui suit son thalweg souterrain, et l'on peut, à peu près partout, connaître exactement la ligne droite ou tortueuse qu'il décrit.

CHAPITRE XVI.

POINTS OU LES FOUILLES DOIVENT ÊTRE PRATIQUÉES.

Il s'en faut bien que tous les points de la ligne que parcourt une source sous terre soient également avantageux pour la mettre au jour. A certains points de son parcours elle est très-près de la surface du sol, à d'autres elle est très-profonde, et souvent si profonde qu'on ne pourrait l'exploiter ; sous certains points elle est très-forte, sous d'autres elle est très-faible ; ici son passage est certain, là il est incertain ; il est des endroits où l'on ne trouvera en creusant qu'un terrain très-friable, tandis que dans d'autres il faudrait percer des rochers fort durs et quelquefois inattaquables. Il ne suffit donc pas de connaître la ligne que parcourt une source sous terre, il faut encore savoir quels sont les points de son parcours qui peuvent réunir le plus d'avantages et offrir le moins d'inconvénients pour la fouille ; c'est ce que je vais tâcher de faire connaître en signalant les points où une source a la moindre profondeur, et ceux où elle a la plus grande abondance d'eau.

Points où les sources ont les moindres profondeurs.

Si une source marchait partout sous terre parallèlement à la surface du sol, en quelque endroit de son parcours que l'on creusât, on serait assuré de la trouver à la même profondeur ; mais il s'en faut bien qu'il en soit ainsi : le thalweg invisible, où gît le cours d'eau souterrain, n'observe souvent aucun parallélisme avec le thalweg qui est sur terre ; les pentes de l'un ne concordent que fortuitement, et dans de courts trajets, avec les pentes de l'autre. Là où l'on voit une plaine à la surface, le cours d'eau qu'elle recèle peut avoir une pente assez rapide, et là où la surface du sol a une pente assez forte, le cours d'eau caché n'en a souvent presque pas.

Les points où une source a les moindres profondeurs sont : 1° le point central du premier pli de terrain où se réunissent sur la plage élevée tous les filets d'eau qui forment son commencement ; 2° le centre du cirque où elle commence ; 3° le bas de chaque pente du thalweg visible ; 4° l'approche de son embouchure.

1° Lorsqu'une source a son commencement dans une plage élevée, le point le moins profond est celui vers lequel convergent et où se réunissent tous les premiers filets d'eau qui concourent à sa formation. Ce point est reconnaissable en ce qu'il est vers le milieu du pli de terrain, et que le thalweg commence à s'y manifester. Si on veut laisser ce point et creuser plus en aval sur le thalweg, la source s'y trouvera, et même plus abondante si quelque autre pli de terrain y décharge ses eaux ; mais elle sera plus profonde, attendu que les deux petits versants du pli devenant de plus en plus rapides, la culture et les eaux sauvages déposent sur la source un encombrement dont l'épaisseur va en augmentant à mesure qu'on s'éloigne de l'origine du thalweg.

2° Lorsqu'une source prend naissance au bout d'un vallon qui a la forme d'un cirque, le point le moins profond est le centre même de ce cirque. Si on veut creuser plus en aval sur le thalweg, on la trouvera, mais elle sera plus profonde.

3° Dans tout le parcours souterrain d'une source, les points où elle est moins profonde sont les pieds des descentes. Ordinairement les pentes longitudinales des vallons se composent de plages à pentes radoucies et de pentes rapides ou chutes de terrain, alternant entre elles. Chaque fois qu'un banc de rocher, une couche de terre dure, ou même un mur, sont placés à travers un vallon et y forment barrage, il y a au-dessus une plage à pente douce qui a été formée par les terrains de transport, et à chaque barrage il y a une pente rapide, ou une cascade. Celui qui dans ce cas creuserait au haut de la descente aurait, pour surcroît de profondeur, toute la différence qu'il y a entre le haut et le bas de la descente ; et de plus il aurait souvent à percer un banc de rocher, qu'il évitera en creusant au bas de la pente. On doit aussi, pour trouver moins de profondeur, creuser toujours au pied du mur ou du talus qui traverse le vallon. Les preuves que les sources sont moins profondes aux pieds des descentes que partout ailleurs, c'est que c'est là que s'épanchent presque toutes les sources qui sortent de terre d'elles-mêmes; c'est là que toutes mes expériences m'ont montré que les sources se trouvent le plus près de la surface du sol.

Il est vrai que les sources s'épanchent parfois précisément au haut de la descente, ou dans la descente même, parce qu'un banc de rocher ou d'argile imperméable les conduit au dehors; mais toutes les fois qu'elles ne s'y montrent pas d'elles-mêmes, il s'ensuit que le banc de rocher ou de terre dure, qui fait barrage et forme la descente, est percé ou fendillé et qu'il laisse descendre la source plus profondément que le bas de la descente; on ne doit donc jamais chercher une source au haut d'une pente ni dans la pente même.

4° Lorsqu'une source dégorge ses eaux dans un cours d'eau visible et permanent, et que le fond du vallon qui la conduit est en pente douce, en creusant non loin de son embouchure on peut compter de la trouver à une assez faible profondeur, attendu qu'elle ne peut jamais être au-dessous du niveau du cours d'eau dans lequel elle se jette.

Quoique l'eau d'une source qu'on met au jour près d'un cours d'eau visible hausse et baisse en même temps que lui, on ne doit pas s'imaginer, comme le font les personnes qui ne connaissent pas l'hydrographie souterraine, que la source provient du cours d'eau visible. Toutes les sources vont de la montagne au cours d'eau visible. Ce n'est que pendant les crues de celui-ci qu'elles sont momentanément arrêtées et quelquefois refoulées, parce que ces deux sortes d'eau, étant alors en communication, se mettent en équilibre entre elles ; mais, dès que la crue cesse, les eaux de la source reprennent leur descente ordinaire.

Lorsque le thalweg d'un vallon est inculte, et qu'on y voit croître naturellement des saules, des peupliers, des aulnes, des osiers, des marseaux, des joncs des roseaux, et autres arbres ou plantes aquatiques, on doit présumer que le cours d'eau n'est pas profond en cet endroit. Cependant, comme ces végétaux croissent dans tous les terrains qui conservent l'humidité, ils ne peuvent servir à indiquer la présence des sources, qu'autant qu'ils sont sur un thalweg, ou au fond d'un réduit.

Points où les sources ont la plus grande abondance d'eau.

Une source s'accroissant sous terre à mesure qu'elle avance, il ne peut pas être question ici de comparer le volume qu'elle a vers son origine avec celui qu'elle a vers son embouchure ; je veux parler seulement de la différence de volume qu'on peut lui trouver en la prenant, par exemple, à quelques dizaines de mètres plus en amont ou plus en aval.

Les points où les sources ont la plus grande abondance d'eau ne sont, comme pour la plus faible profondeur, que les pieds des descentes. En effet, elles ne traversent ordinairement les bancs de rocher ou de terre dure, que par un seul conduit qui les vomit sous terre au pied de la descente ou de la cascade. A partir de ce point, les eaux de la source entrent sous une nouvelle plaine encombrée de terrain de transport, dans laquelle ses eaux se répandent en formant une nappe d'eau plus ou moins large; ou bien elle se divise et se subdivise en courants ou en innombrables filets. Celui qui n'est pas propriétaire du pied de la descente, ou qui en est trop éloigné, ou qui n'a pas besoin de tout le cours d'eau, peut creuser dans le thalweg de la plaine, en observant, toutefois, de se rapprocher autant que possible du pied d'une descente, afin de s'épargner une partie de la profondeur et de trouver une plus grande quantité d'eau.

Il y a des plaines à pente douce et uniforme, sous lesquelles existent des nappes d'eau courante, peu profondes, s'étendant d'une côtière à l'autre, et où l'art d'indiquer les sources est tout à fait inutile. Dès qu'on sait que quelques fouilles y ont été faites çà et là avec plein succès, chacun peut y creuser à sa commodité, avec l'assurance de trouver l'eau à la même profondeur que ses voisins. Pour qu'il en soit ainsi, la plaine doit réunir trois conditions : 1° recevoir du vallon, ou des vallons qui s'y déchargent, une ou plusieurs sources très-considérables ; 2° être composée, jusqu'à une certaine profondeur, de cailloux, de gravier et de sable, qui laissent à l'eau la liberté de se répandre partout ; 3° avoir sous le terrain désagrégé une couche imperméable, parallèle à la surface, et d'une grande étendue.

Dans les plaines composées de terrain de transport, entrecoupées de couches alternativement perméables et imperméables, non-seulement les sources s'étendent en nappes plus ou moins larges, mais encore en creusant profondément on trouve plusieurs nappes d'eau superposées les unes aux autres, et marchant séparément chacune dans sa couche perméable. Celui qui en creusant a déjà atteint une nappe d'eau qu'il trouve insuffisante, n'a qu'à continuer de creuser jusqu'à ce qu'il en ait trouvé une ou plusieurs qui lui fournissent toute l'eau qu'il désire; car, généralement parlant, plus on descend dans ces sortes de terrains, plus on trouve les nappes d'eau abondantes (1).

---

(1) C'est ce que j'ai éprouvé dans un très-grand nombre d'endroits, et ce que l'on peut remarquer dans le Mémoire, qui fut publié par M. Nadault sur un puits creusé, au temps de Buffon, dans un petit vallon de Montbard. « A 8 pieds de pro-
« fondeur, dit le Mémoire, on s'aperçut d'une petite source
« d'eau. A la profondeur de 16 pieds, l'eau se répandit dans la
« fouille, et elle paraissait sortir de toute la circonférence par de
« petites sources qui fournissaient 10 à 11 pouces d'eau pen-
« dant la nuit. L'eau continuait toujours à se répandre, et
« l'ouvrage ayant été discontinué pendant huit jours, la fouille
« étant alors profonde de 36 pieds, elle s'éleva à la hauteur
« de 10. Lorsqu'on l'eut épuisée pour continuer le travail, les
« ouvriers en trouvaient le matin un peu plus d'un pied, qui
« tombait pendant la nuit au fond de la fouille. A cette pro-
« fondeur (50 pieds), on cessa de creuser, et l'eau s'éleva peu
« à peu à la hauteur de 30 pieds. »

« Nous pensons qu'on trouvera plusieurs niveaux d'eau
« dans chaque formation. » Héricart de Thury.

Dans les basses plaines qui ont un cours d'eau visible, soit permanent, soit temporaire, ce cours d'eau est ordinairement beaucoup plus sinueux que le thalweg invisible qui conduit la source. En se portant alternativement d'un pied de coteau à l'autre, il traverse et retraverse bien des fois le thalweg invisible, et ne concorde avec lui que dans de courts trajets (voyez ce qui a été dit au chapitre précédent). Celui qui, pour mettre une source au jour, se trouve obligé de placer la fouille dans le canal même du cours d'eau visible, doit préalablement creuser pour celui-ci un autre canal qui passe à plusieurs mètres de la fouille, et même établir le long du nouveau canal une digue assez élevée pour préserver de toute inondation la source ainsi que le creux qui sera fait pour la maintenir au jour. Pour épargner les frais de ce fossé de dérivation, il est beaucoup mieux, lorsqu'on est propriétaire du terrain qu'embrasse un des tournants du cours d'eau visible, d'en profiter pour placer la fouille vers le milieu de l'espace qu'il comprend, afin qu'elle soit à la plus grande distance possible des bords du cours d'eau visible, et que ses eaux ne puissent jamais venir se mêler à celles de la source, soit par inondation, soit par filtration.

Il y a de basses plaines, d'une grande largeur et fort prolongées, dans lesquelles on ne peut creuser sur le thalweg longitudinal et principal, parce qu'il se trouve occupé par un cours d'eau permanent. Lors même qu'il n'y a pas de cours d'eau visible, il arrive souvent que ce thalweg passe hors de la propriété de celui qui veut la source, ou qu'il est trop éloigné de son habitation. Il faut dans ces trois cas placer la fouille sur un des thalwegs latéraux. Quoique les vallons, les gorges et les plis de terrain s'arrêtent tous à l'arrivée de la plaine, les cours d'eau souterrains qu'ils amènent ne s'y arrêtent pas; mais ils continuent de marcher sous la plaine jusqu'au cours d'eau principal. Le thalweg, que chacun de ces cours d'eau latéraux suit dans la plaine, est ordinairement reconnaissable, quoiqu'il soit parfois très-peu déprimé. S'il est entièrement effacé, il est du moins visible à l'issue du vallon et au point où il se réunit au thalweg principal, et ces deux points suffisent pour faire connaître la ligne qu'il suit dans la partie de la plaine où il est entièrement effacé. On peut encore s'aider de l'axe du vallon latéral qui a conduit la source, et placer la fouille sur la ligne qui est indiquée par cet axe et par ce qui a été dit sur les lois qui régissent les cours d'eau visibles.

Sources sur les montagnes.

Les sources ne se trouvent pas seulement au thalweg de chaque vallée, vallon, gorge, etc.; elles se trouvent encore sur les montagnes et collines de toute hauteur et sur leurs versants. Dans ces deux cas leur découverte demande quelques observations spéciales.

Toute montagne et colline est terminée en haut par un sommet aigu, par un sommet arrondi en forme de dôme, par une crête de partage prolongée et plus ou moins aiguë, ou par un plateau.

Lorsqu'une montagne ou colline est terminée par une arête aiguë, ou par un sommet aigu ou arrondi en forme de dôme, il est impossible qu'il existe une source sur l'arête ou au sommet absolument pris (1). Si le terrain est imperméable et qu'il y ait un creux, il peut, sans doute, s'y trouver une flaque d'eau ou même un lac rempli d'eaux pluviales, mais ce creux n'est jamais alimenté par une source. Curieux de vérifier un fait qui m'avait toujours paru impossible, j'ai visité plus de cent montagnes, grandes ou petites, sur lesquelles on m'avait assuré qu'il y avait une source tout à fait au sommet. Je n'ai pas trouvé une seule fois que cela fût vrai; partout la source a été dominée par un terrain de quelques mètres d'épaisseur, et dont l'étendue était proportionnée au volume de la source.

Tout ce que de modernes hydrographes ont débité sur les prétendus *siphons renversés* qui, partant de montagnes plus élevées, traverseraient des vallées, souvent très-nombreuses et très-profondes, tout exprès pour venir verser une petite source au sommet d'une montagne moins élevée, n'est appuyé d'aucun fait. On n'a jamais intercepté un cours d'eau souterrain qui ait fait tarir une fontaine placée vers le haut

---

(1) *Nulli unquam fontes in summo montis vertice erumpunt, aut adeo prope cacumen, quin semper superemineat portio aliqua superior.* Rob. Plot, *de origine font.* — *Il ne peut pas arriver*, dit Pluche, *qu'une source coule du haut d'une montagne, s'il ne se trouve au moins quelques toises de terre plus élevée.* Entret. XXI.

d'une montagne, et on n'a jamais vu une source sortir de terre au point le plus élevé.

Dans les chaines de montagnes on trouve quelquefois une cime qui verse une source sur l'arête d'un col ; mais ce n'est pas sur l'arête même du col que la source se forme ; elle provient de toute la masse de terrain qui compose la cime voisine, qui souvent formerait, elle seule, une véritable montagne, et qui verse ses eaux sur le col parce que ses assises sont inclinées de ce côté.

Lorsqu'une montagne est terminée par un plateau spacieux, faiblement incliné, recouvert de quelques mètres de terrain perméable reposant sur une couche imperméable, il est rare qu'il n'y ait pas une source qui vient se produire vers le milieu ou au point le plus bas du plateau. Les pluies qui tombent beaucoup plus fréquemment sur les montagnes que dans les basses plaines, la grande étendue des plateaux et la constitution ordinairement favorable du terrain superficiel, y produisent parfois des sources très-considérables, qui n'ont réellement au-dessus du niveau de leur débouché que quelques mètres de terrain. On y voit même des lacs qui reçoivent de l'amont et des deux côtés, des sources dont ils versent le produit dans des ruisseaux permanents. Les débouchés de ces sources et ces lacs n'étant dominés que par quelques mètres de terrain, ont fait supposer à un grand nombre de personnes, plus avides de merveilleux que propres à faire des observations exactes, que ces sources sont placées tout à fait au sommet des montagnes, et qu'elles ne peuvent provenir que de montagnes plus élevées au moyen d'un siphon renversé.

Si les plateaux qui ont une largeur suffisante, par exemple, de 5 ou 600 mètres, et un terrain propice, peuvent fournir des sources proportionnées à leur étendue, il n'en est pas de même de ceux qui sont étroits et qui n'ont qu'une cinquantaine de mètres de traversée ; on n'y voit pas de source, quand même la constitution et la disposition du terrain seraient favorables, parce que le défaut d'espace l'empêche de s'y former.

Les montagnes coniques et isolées qui ont à leur base moins de 4 ou 500 mètres de diamètre, quelles que soient leur hauteur et constitution, ne peuvent produire à leur pourtour que de très-faibles sources, et le plus souvent elles n'en produisent pas du tout. Il en est de même des collines prolongées qui n'ont, par exemple, que 4 ou 500 mètres d'épaisseur à la base. Si la stratification ainsi que les eaux se partagent à l'axe de la colline, quelque élevée qu'elle soit, elle ne peut produire que des sources petites et peu nombreuses ; souvent même, si le terrain est défavorable, elle peut ne pas en produire du tout ; mais si la stratification de la colline amène toutes les eaux d'un côté, cet espace peut suffire pour en former d'assez volumineuses.

Sources sur les versants.

Ce n'est que dans les versants des montagnes et des collines prolongées et qui ont plusieurs kilomètres d'épaisseur, qu'on peut trouver des sources importantes. Avant d'indiquer les points les plus favorables qui peuvent s'y trouver, il est une observation qui doit précéder et même dominer toutes les autres : c'est l'inclinaison de leur stratification.

Lorsqu'une montagne ou colline prolongée est surmontée d'un plateau et placée entre deux vallons, le plateau est ordinairement plus incliné vers l'un que vers l'autre, et ses assises, lorsqu'il y en a, sont parallèles à la surface du plateau. Lorsque la crête de partage se trouve vers le milieu du plateau, les deux versants ont chacun ses assises inclinées différemment, leurs pentes sont à peu près égales, et ils amènent, chacun dans son vallon, la même quantité d'eau ; et si la crête est sur ou vers une extrémité, le coteau sous-jacent est le plus rapide, et quelquefois il est escarpé. Les assises ont, dans ce coteau, leurs têtes disposées en forme de gradins. Tantôt elles s'y montrent à découvert, et tantôt elles sont couvertes par le terrain détritique. Toutes les eaux pluviales qui tombent sur le plateau suivent le versant qui a la pente la plus douce, et vont dans le vallon qui est le plus éloigné de la crête. On ne doit donc jamais chercher de sources dans le coteau le plus rapide, parce que ses assises, au lieu d'amener les eaux de l'intérieur à l'extérieur de la colline, recueillent non-seulement celles qui tombent sur le plateau, mais encore celles qui tombent sur les gradins qui forment leurs affleurements, et les amènent toutes à travers l'épaisseur de la montagne jusqu'au pied du coteau à pente douce. Sachant donc que les eaux qui tombent sur un plateau descendent entre les strates et en suivent la pente, du plus loin qu'on l'aperçoit on peut annoncer de quel côté plongent les assises qui composent toute la montagne ; de quel côté il y a des sources, et de quel côté il n'y en a point (1).

---

(1) C'est après avoir observé attentivement pendant plusieurs années cette disposition des couches, et avoir approfondi cette autre observation qui est consignée dans le chapitre Ier : *Chaque cime d'une crête de montagne est le point de départ de deux rameaux qui prennent des directions opposées, et chaque col est le point de départ de deux vallées opposées*, que, partout où je me suis trouvé en face d'un versant d'une montagne, j'ai pu, au moyen du côté que je voyais, décrire assez exactement le versant opposé que je n'avais jamais vu, et annoncer ce qui suit : « Du haut de telle cime il « part un rameau ou une colline qui prend telle direction vers « la pente que nous ne voyons pas ; un vallon part de tel col, « il a à peu près telle pente et suit telle direction dans le re- « vers de la montagne, » et même lorsque le terrain était favorable aux sources j'ai dit : « En partant de ce col et suivant « le fond du vallon qui va de l'autre côté de la montagne, après « avoir marché environ tant de mètres, on doit trouver une « source qui a à peu près tel volume, et, à partir de cette « source, la pente change et devient plus douce. » Dans tous les départements que j'ai parcourus, des milliers de personnes attesteraient ces faits. Maintenant que le lecteur connaît les données sur lesquelles étaient appuyées ces annonces, il doit trouver qu'elles étaient bien faciles. Cependant, les spectateurs les trouvaient bien extraordinaires.

Voici comment rendent compte de ces désignations deux rédacteurs de journaux qui en avaient été témoins.

La Gazette du Périgord, 16 novembre 1833. « Ordinaire- « ment, en voyant le versant d'une colline, il (M. Paramelle)

Il peut arriver, sans doute, et j'en ai vu des exemples, que les assises des rochers qui devraient régulièrement amener les eaux vers une vallée, se trouvent fracturées verticalement jusqu'à la couche imperméable sur laquelle elles reposent, et que cette couche ait une pente opposée à celle des assises ; alors les cours d'eau, au lieu de continuer leur marche avec les assises, tombent dans les fentes, descendent jusqu'à la couche imperméable qui leur présente une pente différente, et rétrogradent pour venir sourdre au

---

« décrit, comme s'il les avait vus, les mouvements du terrain
« qui sont sur le versant opposé. »

La Gazette du Berri, 27 septembre 1834. « Toutes les per-
« sonnes qui s'occupent d'agriculture ont entendu parler des
« succès obtenus par M. l'abbé Paramelle dans la recherche
« d'eaux vives... Ses connaissances ont acquis un tel degré
« de certitude et de précision, que, placé sur le revers d'un
« coteau, il peut, sans commettre une erreur, décrire les on-
« dulations et les accidents du terrain du versant opposé, in-
« diquer les sources qu'il recèle. Dans les lieux qui lui sont
« entièrement inconnus, M. Paramelle voyage toujours seul ;
« le cours des rivières, la disposition des terres, sont pour lui
« les indices d'après lesquels il peut s'orienter et retrouver sa
« route. »

Le Nouvelliste de Pontarlier, 17 novembre 1844. « Depuis
« le hameau des Sarrazins, commune de Mont-le-Bon, M. Pa-
« ramelle a déclaré qu'il était inutile de passer de l'autre côté
« de la montagne pour visiter les fermes situées sur le revers
« opposé à celui où il se trouvait, parce que les sources ne
« sont pas là, a-t-il dit, mais beaucoup plus loin, et elles sont
« très-abondantes. En effet, elles se trouvent à 7 kilomètres du
« lieu d'où il les annonçait, et sont tellement abondantes,
« qu'elles font marcher une scierie. »

pied du coteau le plus rapide ; mais ce ne sont là que des exceptions, qui ne doivent pas être prises pour règle.

Lorsque les coteaux à pentes rapides sont fort élevés ; lorsqu'ils ont, par exemple, deux ou trois cents mètres de hauteur ; que le terrain perméable qui les recouvre n'a que quelques mètres d'épaisseur, et que tout le reste du coteau est composé de terrains propres aux sources, il peut s'y former des cours d'eau qui descendent vers la base de ces coteaux ; mais ils ne sont ni importants, ni nombreux.

Les montagnes et collines qui sont entièrement composées d'argile, surmontées d'un plateau de calcaire jurassique suffisamment étendu et de huit à une quinzaine de mètres d'épaisseur, produisent ordinairement de nombreuses sources au pied de l'escarpement qui forme le bord inférieur du plateau. Cela a lieu surtout lorsque, entre le dépôt calcaire et l'argile, il y a une couche de calcaire marneux. Quelques unes de ces sources sont visibles et la plupart sont cachées. On connaît la présence de celles qui sont cachées au réduit que présente l'escarpement et à une légère dépression ou pli que forme l'argile vis-à-vis ce réduit. Ce pli de terrain est souvent encombré de blocs de rochers qui se sont détachés du réduit, et parsemé de plantes ou arbustes aquatiques. On ne doit jamais négliger de monter sur le plateau calcaire pour en connaître l'étendue et voir s'il est uni ou plissé. Lorsque sa surface est plissée, chaque pli, arrivant droit au réduit, annonce la source qu'il y amène. Ces sources, toujours de bonne qualité, sont pour la plupart faibles, et elles ne sont abondantes que lorsque la partie du plateau qui les fournit est très-étendue.

A partir de la corniche, la pente d'un coteau est tantôt unie et sans aucune ride sensible, et tantôt composée d'un seul pli de terrain ; ailleurs, elle est sillonnée par plusieurs dépressions et reliefs plus ou moins prononcés. Parmi ces sillons, les uns vont du haut en bas, les autres s'effacent dans la pente ; d'autres y prennent naissance et continuent jusqu'au pied.

Lorsque la pente d'un coteau est absolument unie et sans aucune ride, ce qui arrive très-rarement, il n'y a pas d'autre raison pour creuser à un endroit plutôt qu'à un autre que celle de l'éloignement de la crête de partage ; car on sait que plus on s'en éloigne, plus le cours d'eau qu'on obtient est considérable. Si donc le point où l'on veut creuser est éloigné, par exemple, de deux ou trois cents mètres de la crête, si la stratification des roches amène les eaux vers la surface, et que l'assise aquifère soit peu profonde, on peut y trouver un grand nombre de filets d'eau qui descendent du coteau, marchant assez près l'un de l'autre ; mais, à défaut de vallon ou de pli de terrain pour les concentrer, on n'y en trouve aucun qui soit important. Quand on n'a pas d'autre moyen de se procurer de l'eau, on fait à travers le coteau une tranchée horizontale et d'une longueur proportionnée à la quantité d'eau qu'on veut obtenir (on trouvera ci-après, chapitre XXV, la forme qu'on doit donner à cette tranchée et à l'aqueduc qu'on doit y construire). Ces filets d'eau, ainsi interceptés et bien recueillis, finissent souvent par former un cours d'eau assez considérable; et dans mes explorations, ils m'ont souvent fourni le moyen de pourvoir d'eau salubre et permanente un très-grand nombre de villages populeux, qui, sans cette tranchée prolongée, n'en auraient jamais possédé.

Si le coteau forme une croupe arrondie depuis le haut jusqu'au bas, quelque peu convexe qu'elle soit, on ne doit pas y chercher d'eau, parce qu'on n'y en trouverait que très-peu ou point.

Si en comparant les deux bords latéraux du coteau avec son milieu on aperçoit que ce milieu est légèrement déprimé, on ne doit point chercher l'eau vers les bords; mais on doit placer la tranchée vers le milieu où il existe une espèce de thalweg assez large, et dont la tranchée doit comprendre toute la largeur.

Lorsqu'un coteau est sillonné de haut en bas par plusieurs dépressions, le creux que l'on veut faire doit être placé dans le thalweg de l'une d'elles; et si le thalweg présente vers le haut une pente plus rapide que vers le bas, le creux doit être placé précisément au bas de la pente rapide et au point où commence la pente radoucie.

Si un pli de terrain part de la corniche du coteau et s'efface entièrement avant d'arriver en bas, on doit placer la fouille au pied de la corniche, ou du moins aussi près que possible, parce que cette cessation de dépression annonce que le cours d'eau prend de la profondeur à mesure qu'il descend.

Un des signes les plus favorables qu'on puisse avoir de la présence d'une source dans un coteau, est lorsqu'un pli de terrain y prend naissance et continue jusqu'à son pied. En effet, toutes les fois qu'il existe une source visible dans un coteau, elle s'épanche au milieu d'un petit cirque qui forme le commencement du pli de terrain, et elle continue de couler extérieurement jusqu'à son pied. C'est donc au fond d'un creux semblable, et à un point analogue, qu'on doit chercher la source cachée qu'on désire.

Les points d'un versant où les sources cachées sont plus nombreuses, plus abondantes, moins profondes, et où leur présence est le mieux caractérisée, sont dans la ligne côtière. Ce n'est pas que l'on puisse creuser indistinctement sur tous les points de cette ligne; au contraire, les points favorables ne se trouvent que d'espace en espace, à des intervalles tantôt assez courts et tantôt assez longs; il faut donc s'attacher à bien discerner ces points.

On doit d'abord se bien garder de creuser sur aucun des points où la côtière fait le tour d'un angle saillant, parce que les croupes des montagnes, des collines, des contreforts et des éperons, sont privées de sources. On doit aussi éviter, autant que possible, de creuser dans les trajets où cette ligne suit le pied d'un coteau uni ou trop court, parce que, avec un creux ordinaire, on ne pourrait y trouver que des filets d'eau peu importants, et le plus souvent n'en rencontrer aucun, à moins d'y faire une tranchée prolongée. Quoique toutes les autres circonstances

du terrain soient favorables, on doit encore éviter de creuser sur cette ligne dans les endroits qui sont encombrés d'épais éboulis (1), parce que la hauteur de cet encombrement rendrait la source d'autant plus profonde qu'il serait plus épais ; mais on doit placer les fouilles dans la ligne côtière, et à celui des points suivants que chacun trouvera le plus à sa portée :
1° Au sommet d'un angle rentrant, autrement dit, à son extrémité la plus reculée ; 2° à l'extrémité la plus reculée d'un réduit qui soit au niveau de la plaine et au pied d'un escarpement ; 3° au bas d'un pli de terrain ou au bas d'un ravin, au point où son thalweg et la côtière se croisent ; 4° choisir de préférence les points où, au temps des grosses pluies, on voit sourdre des cours d'eau, et ceux où l'on voit croître des arbustes ou des plantes aquatiques.

Certains coteaux se trouvant entièrement composés de rochers, en choisissant le point de la ligne côtière où l'on veut creuser, on doit prendre garde de ne pas placer l'excavation trop près de la base visible du rocher, parce que d'ordinaire sa pente superficielle se continue sous le terrain de transport. Si, après avoir commencé le creusement, on voit qu'on est tombé sur la base du rocher, on doit reculer la fouille, même à plusieurs reprises s'il le faut, jusqu'à ce qu'on voie qu'elle est précisément au pied de la pente souterraine du rocher, et qu'elle est placée sur des couches de rocher ou de terre à peu près horizontales.

---

(1) Voyez ce qui a été dit des éboulis, chap. iv.

Erreurs d'optique à éviter.

Nous avons, dit Bresson (***Phys.***, n° 1211), *une infinité d'illusions d'optique, d'erreurs de la vue, dont nous ne pouvons nous défendre.* Par l'effet d'une de ces erreurs, celui qui est placé sur un bateau au milieu d'un étang, au lieu de voir la surface de l'eau horizontale, comme elle l'est en effet, s'imagine toujours qu'elle s'élève autour de lui. S'il se place au bord de l'étang, la surface de l'eau lui paraîtra former un vallon dont l'axe vient aboutir à ses pieds, et ce vallon apparent marchera et s'arrêtera en même temps que lui.

La même erreur poursuit l'hydroscope lorsqu'il opère vers le milieu d'une plaine unie et entièrement découverte. Il doit faire la plus grande attention à cette erreur d'optique qui lui représente toujours le point où il est comme étant le plus bas, et le terrain environnant comme s'élevant de tous les côtés; en sorte qu'il serait porté à se croire au centre d'un vaste entonnoir très-évasé; mais ce qui le détrompe, c'est qu'il voit que ce centre se meut avec lui. Lorsqu'il opère dans un pli de terrain extrêmement peu déprimé, qui a une plaine large de quelques dizaines de mètres et dans laquelle les eaux sauvages n'ont laissé aucune trace de thalweg, s'il regarde successivement les deux petits versants, ils lui paraissent plus rapides qu'ils ne le sont en effet, et il lui semble que leurs deux plans viennent se joindre sous ses pieds; s'il regarde le pli de terrain vers l'amont ou vers l'aval, il lui paraît plus déprimé qu'il ne l'est réellement, et croit voir un vallon prolongé dont le thalweg passe toujours sous ses pieds ; quand il traverse cette petite plaine, le thalweg paraît marcher et s'arrêter en même temps que lui. Il est impossible de se défendre de ces illusions.

Afin de se préserver des erreurs dans lesquelles il pourrait être induit par ces fausses apparences, pour trouver le vrai thalweg, l'hydroscope doit dans ce cas aller vers l'amont du pli de terrain jusqu'à ce qu'il voie un point où le thalweg a été marqué par les eaux sauvages, y planter un jalon, descendre ensuite vers l'aval pour y trouver les traces du thalweg, et y planter un autre jalon. Il est bien rare que ces traces du thalweg ne se trouvent pas à peu de distance. La ligne que donnent alors les deux jalons est celle que suit le cours d'eau souterrain, et, par conséquent, celle où il faut placer la fouille.

Examen des sources qui sortent de terre naturellement.

Après l'étude de la théorie, le meilleur moyen de connaître les points les plus favorables pour mettre les sources au jour, c'est de visiter pendant quelques mois un très-grand nombre de sources qui sortent de terre naturellement. A chaque source qu'il rencontrera, l'élève hydroscope examinera le volume d'eau qu'elle produit, les couches perméables qui lui sont superposées, et la couche imperméable qui la conduit hors de terre, leur nature et leur inclinaison. Il parcourra lentement tout l'amont du vallon ou du pli de terrain qui produit la source, en examinera le périmètre, le thalweg, le terrain de transport, la constitution, la stratification, les pentes des deux coteaux ; en un mot, il tâchera de se bien rendre compte de toutes les circonstances du terrain dans lesquelles chaque source se forme, marche et se met au jour. Après avoir examiné l'amont, il suivra en descendant le thalweg du vallon pour voir si l'eau de la source, après avoir marché sous terre sur un certain espace, rentre sous terre par filtration ou par quelque ouverture, et va reparaître plus bas pour y former une nouvelle fontaine. Lorsque le cas se présentera, il observera combien de fois la même eau paraît et disparaît avant d'arriver au cours d'eau superficiel et permanent dans lequel elle va se jeter.

Lorsque l'élève aura ainsi examiné quelques milliers de sources, il tirera cette conclusion générale, qu'elles se forment, marchent et se produisent différemment, selon les divers terrains, et que, dans chaque espèce de terrain, elles observent une certaine uniformité. Il verra, par exemple, que dans les terrains primitifs les sources sont, en général, très-nombreuses, peu profondes, rarement dérangées de leur cours, et d'un petit volume ; que, dans les terrains secondaires, elles sont beaucoup plus rares, plus profondes, plus abondantes, et que leur cours souterrain est assez souvent dérangé. Enfin, il demeurera convaincu que pour creuser avec succès il faut imiter la nature, et placer les fouilles dans des circonstances de terrain analogues à celles où les sources se manifestent naturellement.

L'élève qui habite un des départements que j'ai explorés, ou qui en est à portée, fera bien d'aller examiner le plus grand nombre possible des indications que j'y ai faites, d'observer toutes les circonstances des terrains dans lesquels elles sont placées, de demander en chaque endroit quelle quantité d'eau et quelle profondeur j'ai déclarées, de visiter même les localités où j'ai dit qu'il n'y avait pas de source, afin de voir comment la théorie a été appliquée. Cet examen le mettra en état d'indiquer, au premier aspect, non-seulement les sources qui se trouveront près de lui, mais encore celles qui seront éloignées. Pour être en état d'indiquer les sources, il ne suffit donc pas de bien étudier cette théorie dans le cabinet, ni même de l'apprendre par cœur, il faut encore parvenir à une connaissance approfondie des terrains, connaissance qui ne peut être acquise que sur les terrains mêmes.

C'est ainsi qu'après avoir étudié pendant longtemps, et dans des milliers d'endroits, les circonstances du terrain dans lesquelles les sources se mettent au jour, je parvins, ce à quoi je ne me serais jamais attendu, à pouvoir, en quelque endroit que je fusse conduit, désigner sur-le-champ et exactement, sur tout le terrain qui se trouvait à portée de ma vue, le point où chaque source paraissait, et même en dire le volume toutes les fois que je pouvais voir l'étendue de son bassin. Ce n'est pas seulement quelquefois que ces désignations ont eu lieu; pendant les vingt dernières années de mes tournées, étant à une demi-lieue, et même à une lieue de distance d'une côte que je n'avais plus vue, à la demande des curieux qui me suivaient, j'ai eu presque tous les jours occasion d'indiquer avec précision toutes les sources qui s'y montraient. Je disais, par exemple : à tant de pas, au levant ou au couchant, au nord ou au midi, de telle maison, de tel arbre, de tel buisson, il y a une source visible qui a tel volume. Chaque habitant de l'endroit répondait : *C'est vrai, Monsieur, c'est très-vrai ; comment pouvez-vous le savoir ?* Cette simple application des notions que contient ce Traité était un prodige pour eux. Voici comment certains journaux ont rendu compte de quelques-unes de ces désignations, que je cite comme encouragement aux jeunes hydroscopes.

La Gazette du Périgord, 16 novembre 1833 :
« En arrivant pour la première fois à Périgueux, au milieu d'une douzaine de spectateurs réunis sur la terrasse de M. le maire de la ville, et en présence de ce magistrat, le savant hydrognoste désigna du doigt, avec la plus grande précision et à une grande distance, sept sources qu'il déclara être les seules de ce côté ; sur sept désignations, il se trouva cinq sources déjà connues des spectateurs. Du haut du camp de César, et toujours suivi du même cortége, M. Paramelle indiqua également, à la grande surprise des assistants, le point précis où devaient sourdre les quatre sources qui sont sur la rive droite de l'Isle, près Périgueux ; celle du Toulon ; une autre près la

propriété de M. Raynaud ; celles de l'Arceau et du puits de Tourny, qu'il n'avait pu connaître encore. A Thiviers, en présence du juge de paix, il avait également désigné toutes les sources des environs. Nous pourrions multiplier à l'infini des citations de semblables expériences, qui sont ordinairement le prélude des recherches de M. Paramelle. Partout où notre géognoste paraît, il désigne sur-le-champ toutes les sources qui s'y trouvent, cachées ou apparentes.

« M. Paramelle répète sans cesse, avec modestie, que sa théorie n'est point infaillible, puisque, sur quarante-sept tentatives, trois ont été infructueuses; et que sa découverte a encore besoin d'être perfectionnée. »

Le Courrier du Midi, Journal de l'Hérault, 24 avril 1841. On nous écrit de Bédarieux, le 19 avril :

« M. l'abbé Paramelle a séjourné une semaine au milieu de nous. Cet homme, que ses longs travaux géologiques rendent si éminemment capable, était l'objet de la plus vive curiosité. C'était à qui pouvait se porter sur son passage pour examiner sa physionomie. Dès le lendemain de son arrivée, il a commencé ses excursions. C'était vraiment curieux que de le voir à travers champs, suivi d'une escorte de quarante à cinquante hommes, signaler à cette colonne, avide de l'entendre, la présence de l'eau, le plus souvent à une distance de 300 pas, analyser la nature du terrain, indiquer la profondeur de chaque source, et tout cela avec une précision telle, qu'on est forcé de reconnaître qu'il y a en lui une faculté instinctive, développée au plus haut degré. »

L'Écho des Cevennes, 29 mai 1841 : « Quels sont les procédés géologiques employés par cet homme étonnant dans la découverte des courants d'eau ? quelle est la méthode particulière qu'il s'est faite dans cette science ? Nous l'ignorons ; mais on peut penser qu'il est le premier, le seul peut-être, qui, dans les temps antiques et modernes, ait possédé à un degré aussi éminent cette faculté toute spéciale.

« Ce qu'il y a de certain, c'est que, sans préoccupation, sans effort apparent, il désigne, à des distances considérables, les sources que contiennent les localités voisines.

« Dès son arrivée au Vigan, il fut conduit dans une propriété située par-dessus le roc de Bourque. De là, à l'œil nu, en présence de huit ou dix personnes, dont nous faisions partie, il a indiqué, dans un circuit d'une lieue, environ dix à douze fontaines, toutes connues des assistants. Ses indications étaient on ne peut plus précises, et ceux qui l'environnaient, rendant témoignage à l'exactitude et à la vérité, ne pouvaient se lasser d'admirer cet homme prodigieux. »

Le Courrier du Gard, 1ᵉʳ avril 1842 : « Tout le monde a pu le voir indiquer de très-loin, à l'aspect général du pays, l'emplacement des sources connues, que lui seul n'avait jamais vues et dont il n'avait pu s'approcher. »

Le Nouvelliste de Pontarlier, 17 novembre 1844 :
« Quoiqu'on fût encore à un quart-d'heure de distance de la source, et qu'il fût impossible de l'apercevoir à cause du terrain couvert de hêtres touffus et de broussailles très-épaisses, il a indiqué la source avec une précision étonnante : « Elle est là, vis-à-vis ce sapin, conservez-la, a-t-il dit, vouloir l'augmenter, c'est la perdre. » Puis, sans l'avoir jamais vue, il a dépeint la source de l'orbe qui jaillit auprès de la *Dent-du-Vaulion*. Portant ses regards sur le *Mont-Tendre*, il a dit à ceux qui l'entouraient : « Le versant du nord-ouest n'a pas de source, mais l'autre versant les a toutes; et les personnes accoutumées à visiter ce pays savent que le jugement porté par M. Paramelle est parfaitement exact. M. Paramelle a prouvé son savoir et étonné les habitants par l'indication exacte, depuis loin, des sources et cours d'eau et de la qualité bonne ou mauvaise de leurs eaux. »

Même journal, 27 octobre 1844. « Le savant hydroscope a suivi la source et est allé droit à un creux qu'il n'avait certainement jamais vu, et où elle sort de terre. Aux hôpitaux neufs, il a marqué du doigt la seule source qui y existe. »

La Sentinelle du Jura, 12 novembre 1844. « M. l'abbé Paramelle, du châlet de M. Frédéric Gauthier, a examiné les collines qui ceignent au Nord le bassin dans lequel est bâtie la ville de Lons-le-Saulnier, et de ce point il a indiqué, avec une sagacité et une précision vraiment inconcevables, la place et l'importance de plusieurs sources, connues de tous ses auditeurs, mais qu'il n'a jamais visitées. »

Le Journal de l'Ain, 14 avril 1845. « Dans ses courses exploratives, il voyage toujours à cheval... Voici comment il opère quand il se rend dans la localité fixée par son invariable itinéraire : d'aussi loin qu'il peut l'apercevoir, il en saisit promptement l'ensemble géologique. Quand il s'arrête sur son cheval et qu'il porte au loin son regard scrutateur, des rayons lumineux partent de ses yeux et semblent pénétrer les entrailles de la terre. S'adressant alors aux personnes de sa suite, il indique à plusieurs kilomètres de distance des sources qui, pour lui étranger, ne sont jalonnées que par le sommet d'un arbre, l'échancrure d'une colline, un chemin ou un rocher. Le contrôle de cette indication, qui se fait à l'instant même par les gens du pays, en démontre toujours la précise exactitude. »

Le Journal de Saône-et-Loire, 10 octobre 1846. « Avant-hier, M. l'abbé Paramelle, accompagné de M. le préfet, de MM. les adjoints, de plusieurs membres du conseil municipal, de M. Vinsac, agent-voyer d'arrondissement, de M. Guillemin, architecte de la ville et de quelques curieux, a exploré les terrains qui bornent la côte *nord-ouest* de Mâcon. Le célèbre hydroscope a étonné toute l'assistance par la précision extraordinaire avec laquelle, à des distances considérables, il désignait les sources connues et inconnues à portée desquelles il passait. »

Même journal, 4 novembre 1846. « Le lundi 26 octobre dernier, M. l'abbé Paramelle, accompagné de MM. les adjoints au maire, de plusieurs membres du conseil municipal et d'une nombreuse assistance, a parcouru les alentours de Charolles, dans le but d'y découvrir des sources assez abondantes pour satisfaire à tous les besoins de la ville. Après avoir, avec une précision et une rapidité surprenantes, signalé toutes les sources déjà connues, il en a découvert deux nouvelles, d'un volume considérable. M. Paramelle a signalé les nombreuses sources existantes, et dont aucun travail apparent ne révélait la présence. »

L'Espérance de Nancy, 18 mai 1847. « Un des moments les plus saisissants, c'est quand du haut d'une éminence à vaste horizon, l'abbé Paramelle se met à indiquer toutes les sources cachées ou connues de la contrée, quelque éloignées soient-elles. Nous avons joui de ce magnifique et merveilleux spectacle, sur le coteau de l'Aufremont. Le géologue était là entouré des notables du chef-lieu des Vosges ; sans avoir parcouru le pays, mais à la simple inspection des lieux, il désignait toutes les sources qui devaient exister au loin dans les environs. Rien de plus curieux que l'étonnement de tous les spectateurs qui, connaissant la contrée, savaient que ses calculs étaient vrais. »

La Tribune de Beaune, 4 avril 1849. « Il indique les lieux où il faut creuser pour y trouver des sources, avec une rapidité et une précision incroyables; et là où il y en a de connues des seuls habitants du pays, il y va droit, sans indication aucune; ou bien si les sources sont trop éloignées, ou qu'il en soit séparé par un obstacle, l'abbé les indique du doigt, au grand ébahissement des vignerons qui le suivent en foule. M. l'abbé Paramelle est un savant pratique, qui rend d'immenses services aux pays qu'il traverse, et dont nous respectons le caractère autant que nous admirons la science. »

CHAPITRE XVII.

MOYENS DE CONNAITRE LA PROFONDEUR D'UNE SOURCE.

La fouille que l'on veut faire pour mettre une source au jour peut être placée, comme il vient d'être dit, dans le thalweg d'un vallon, dans la ligne côtière, dans un coteau, à sa corniche, ou sur un plateau.

1° Quand on veut creuser dans le thalweg d'un vallon, il faut examiner si la source s'y montre déjà en un ou plusieurs endroits, soit naturellement, soit dans quelque creux fait de main d'homme, et surtout si elle se montre au-dessous et non loin de l'endroit où l'on veut creuser. Chaque apparition de la source est un point de repère d'où l'on part pour connaître, par un nivellement, de combien le point où l'on veut creuser est plus élevé que le débouché de la source. La différence de niveau qui se trouve entre ces deux points est la profondeur de la source, moins quelque chose ; car la source sous terre a une pente quelconque, et cette pente garantit qu'on ne sera pas obligé de creuser jusqu'au niveau de son dégorgement. Toutefois si la source sort de terre par un mouvement ascensionnel, et que l'on puisse sonder la profondeur de la colonne d'eau ascendante, il faut niveler, non pas à partir de la surface de l'eau de la source, mais à partir du fond de son conduit vertical.

Si le point où l'on veut creuser n'est qu'à quelques centaines de mètres d'une rivière ou d'un ruisseau dont l'écoulement est continuel, et que la source ne paraisse pas dans la plaine, on doit s'assurer par soi-même ou par des informations, si, lors des basses eaux, elle ne se manifeste pas dans la berge, ou au fond du canal du cours d'eau, par un conduit venant de bas en haut. Dans l'un et l'autre cas, on n'a qu'à niveler, comme il vient d'être dit, soit depuis le débouché de la source dans la berge, soit depuis le fond du conduit vertical, et on peut être assuré qu'on ne sera pas obligé d'aller puiser l'eau jusqu'au niveau du fond du conduit, ni même jusqu'au niveau du fond de la rivière ou du ruisseau; car l'eau de la source s'élèvera et se maintiendra dans le nouveau creux, au moins au niveau du cours d'eau visible.

2° Lorsque la source que conduit un vallon ne se manifeste sur aucun point, ou que le point où elle se montre est trop éloigné, ou à un niveau trop bas par rapport au point où l'on veut creuser, on peut connaître sa profondeur par l'opération suivante : Les fonds de presque tous les vallons étant comblés de terrain de transport, excepté dans les étrangle-

ments, et des milliers d'expériences m'ayant montré
que la ligne d'intersection des deux coteaux est généralement la plus grande profondeur à laquelle la
source puisse se trouver sous ces encombrements,
on détermine, par les moyens qui ont été indiqués,
le point du thalweg où l'on veut placer la fouille, et
on y plante un jalon ; on mesure la distance qu'il y a
entre ce jalon et le pied d'un des coteaux ; on nivelle
ce coteau pour connaître sa hauteur et la distance
horizontale qu'il y a entre sa corniche et une ligne
verticale qui s'élèverait du pied du coteau. Cette
hauteur et cette distance se composent des hauteurs
et distances partielles qu'on a trouvées dans les sta-
tions du nivellement. L'opération terminée, on établit la proportion suivante :

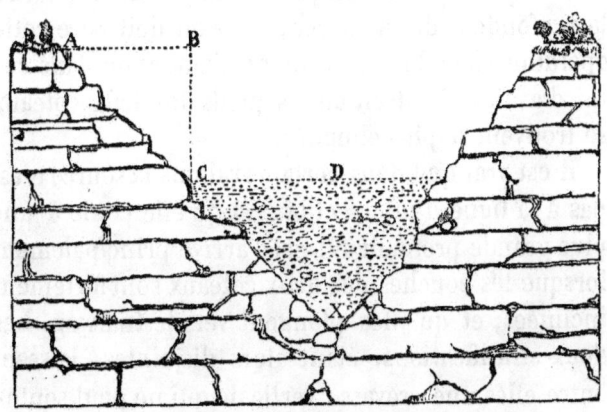

Coupe d'un vallon dont le fond est comblé par le terrain
de transport.

La distance qu'il y a entre la corniche et la ligne
verticale qui part du pied du coteau est à la hauteur

du coteau, comme la distance horizontale qu'il y a entre le pied du coteau et le point où l'on veut creuser est à la profondeur de la source. Ainsi, AB : BC :: CD : DX. En multipliant la hauteur BC par la distance CD, et divisant le produit par la distance AB, on trouvera au quotient la profondeur qu'il y a depuis D jusqu'à X, qui est le point où coule la source.

Lorsque la pente du coteau est uniforme, on peut se dispenser de la niveler jusqu'au haut; on peut, par exemple, ne niveler que jusqu'au tiers ou au quart de sa hauteur, et le résultat de l'opération sera le même.

Lorsque le vallon se compose d'élargissements et de rétrécissements, ce n'est pas dans les rétrécissements qu'il faut employer ce moyen de connaître la profondeur de la source; mais on doit faire cette opération dans l'élargissement d'amont ou dans celui d'aval, à l'endroit où les pieds des deux coteaux se trouvent le plus éloignés.

Il est vrai que dans certains vallons la source n'est pas à la ligne d'intersection, et qu'elle coule à une plus grande profondeur; cela arrive principalement lorsque les couches des deux coteaux sont fortement inclinées, et qu'elles plongent vers le thalweg. Les deux stratifications, étant alors disjointes, laissent entre elles une crevasse verticale qui ne peut soutenir la source à la jonction de leurs surfaces; mais cette chance de trouver la source un peu plus profonde qu'on ne l'attendait, n'est qu'exceptionnelle et elle est bien avantageusement compensée par les chances, incomparablement plus nombreuses, qu'on a de la trouver moins profonde ; car toutes les fois que les assises des deux coteaux sont horizontales et imperméables, il est rare que des assises continues ne se trouvent pas avant la ligne d'intersection que forment les deux coteaux. Le terrain de transport qui encombre le fond du vallon est très-souvent composé de couches alternativement perméables et imperméables qui soutiennent la source bien plus près de la surface du sol qu'on ne pourrait l'espérer d'après l'inclinaison des coteaux.

Lorsqu'une source longe la base d'un escarpement ou d'un coteau extrêmement rapide, le nivellement se fait sur le coteau opposé.

Ces deux moyens de connaître la profondeur d'une source sont applicables, non-seulement à la source qui suit le thalweg souterrain, mais encore à toutes celles qui circulent dans la même plaine et à celles qui sont aux lignes côtières.

3° Les deux moyens qui viennent d'être indiqués n'étant applicables qu'aux sources qui sont dans les basses plaines, lorsqu'on veut connaître la profondeur de celles qui sont dans les coteaux ou sur des plateaux, on procède différemment. Ici tout se réduit à la connaissance des couches perméables et imperméables, connaissance qu'on ne peut acquérir que par l'étude des ouvrages de géognosie et par de très-nombreuses observations faites sur le terrain. Lorsqu'on est bien fixé sur le point où doit être placée la fouille dans la pente ou la corniche d'un coteau, on part de ce point et l'on descend tout au plus à quelques dizaines de pas. En descendant on examine attentivement l'inclinaison et la constitution de chaque couche de roche ou de terre. Dans ces sortes de pentes, les têtes des couches sont presque toujours visibles; quand elles ne le sont pas au thalweg même, elles le sont ordinairement à côté, dans quelque escarpement ou pente plus forte, dans quelque ravin ou quelque creux fait de main d'homme. Si l'inclinaison des couches est opposée à la pente superficielle du coteau, et qu'au lieu d'amener les eaux hors de la montagne ou colline, elles les amènent au dedans, on ne doit y faire aucune fouille, parce que, comme on l'a vu au chapitre XVI, tout coteau dont la stratification est ainsi disposée, est privé de sources. Si les couches sont horizontales, ou inclinées dans le même sens que la superficie du coteau, on ne s'arrêtera en descendant à aucune des couches perméables, mais on s'arrêtera à la première couche imperméable dont on verra l'affleurement, parce que c'est elle qui porte la source. En nivelant depuis cette couche jusqu'au point où l'on veut creuser, on trouve la vraie profondeur de la source. On doit toutefois déduire la hauteur que peut acquérir la couche imperméable depuis son affleurement jusquà ce point. Cette hauteur peut très-facilement être connue en nivelant la petite partie de la couche qui se montre à l'affleurement; si, par exemple, cette partie est inclinée d'un décimètre sur un mètre, et que le point où l'on veut creuser soit à 20 mètres de distance horizontale, la couche et la source se trouveront plus élevées d'environ 20 décimètres au point où l'on veut creuser.

On procède de la même manière lorsqu'il s'agit de connaître la profondeur d'une source située sur un plateau. Après avoir marqué le point où la fouille doit être faite, on suit le thalweg et l'on se rend au pied de l'escarpement ou de la pente rapide qui forme la corniche du coteau, on nivelle depuis la plus haute couche imperméable qu'on y reconnaît, et l'on procède comme il vient d'être dit pour les sources qu'on veut mettre au jour dans les coteaux.

4° Il y a encore un moyen bien simple de connaître la profondeur des sources, mais il n'est applicable que dans les basses plaines : c'est celui qui a été expliqué dans le chapitre précédent. Si dans la plaine où l'on veut trouver l'eau il y a déjà plusieurs creux qui aient atteint la nappe d'eau à la même profondeur, ou à peu près, pourvu qu'on ait la même nature de terrain, on peut compter de trouver la source à la même profondeur que les voisins.

Ces quatre moyens de connaître la profondeur des sources sont les seuls que trente-trois ans d'études ou d'expériences m'aient fait découvrir. S'ils ne peuvent servir à déterminer dans tous les cas cette profondeur d'une manière rigoureusement exacte, du moins ils résolvent presque toujours la question importante, qui est de savoir le *maximum* de profondeur que peut avoir une source à l'endroit où l'on veut creuser, et, par conséquent, le *maxi-*

mum de frais à faire pour y arriver. Celui qui veut la conduire devant sa maison peut savoir aussi, par un simple nivellement, si elle est assez élevée pour arriver au point voulu.

CHAPITRE XVIII.

MOYENS DE CONNAITRE LE VOLUME D'UNE SOURCE.

Certains terrains absorbent beaucoup plus d'eau pluviale que les autres, et les temps pluvieux rendant les sources incomparablement plus abondantes que les temps de sécheresse, leur produit ne peut que varier beaucoup d'un terrain à l'autre, et d'une saison à l'autre. A chaque pluie toutes augmentent plus ou moins, et ensuite elles décroissent journellement jusqu'à la nouvelle pluie; en sorte qu'il n'existe peut-être pas une source qui donne deux jours de suite la même quantité d'eau. On ne doit donc pas s'attendre à trouver ici des calculs rigoureux d'après lesquels on puisse démontrer que, dans une étendue de terrain donnée, il y a une source cachée qui, dans tel espace de temps, débite telle quantité d'eau. Cette question ne peut être résolue que par des évaluations qui approchent plus ou moins de l'exactitude.

Comme dans certains cas on a un grand intérêt à connaître, au moins approximativement, le *minimum* d'eau que peut produire la source à découvrir, afin d'acquérir sur ce sujet les notions les plus positives possibles, je me suis attaché pendant longtemps à observer les quantités d'eau que produisent les plateaux situés sur des montagnes ou collines isolées, où il m'a été facile de cuber l'eau de chaque source, et de mesurer la surface du bassin qui la produisait. Voici le résultat général de ces observations : Dans ceux de ces plateaux qui sont recouverts d'une couche de terrain détritique de deux à sept ou huit mètres d'épaisseur, et reposant sur une couche imperméable convenablement inclinée, j'ai trouvé que chaque surface d'environ 5 hectares produit, dans les temps de sécheresse ordinaire, une source d'environ un centimètre (1) de diamètre, débitant près de 4 litres d'eau par minute.

A partir de cette quantité, qui est le produit ordinaire des terrains les plus favorables aux sources, on trouve, selon les différentes localités, des terrains qui, à raison de leurs porosité, disposition ou compacité, produisent des quantités d'eau qui varient depuis ce centimètre par 5 hectares, jusqu'à zéro ; car il y a des terrains si compactes et si impénétrables à l'eau, que 20 ni 100 hectares d'étendue ne produisent pas la moindre source. Les terrains perméables et imperméables se mêlant et se combinant entre eux de mille manières différentes,

---

(1) On appelle un *centimètre d'eau fontenier*, la quantité qu'en fournit un orifice circulaire et latéral d'un centimètre de diamètre, la surface de l'eau étant entretenue constamment à 6 millimètres au-dessus du centre de cet orifice.

il est impossible de poser des règles d'après lesquelles on puisse fixer la quantité d'eau que produit chaque combinaison ; cependant, l'étude des différents terrains, et de très-nombreuses observations sur la quantité d'eau de source que fournit chaque combinaison, peuvent mettre l'hydroscope à même d'estimer assez exactement la quantité d'eau que chaque source cachée fournira. Après neuf ans d'études théoriques et d'observations sur les sources, pendant les vingt-cinq années suivantes que j'ai employées à indiquer, à peu près tous les jours, des sources de toutes sortes de volumes, je déclarais, par un écrit qui restait entre les mains du propriétaire, la quantité d'eau que chacune d'elles devait produire, et, dans la très-grande majorité des tentatives, on a trouvé la quantité d'eau annoncée ; il m'est arrivé très-rarement qu'on en ait trouvé une quantité notable en plus ou en moins.

Pendant les premières années, à chaque opération, j'ai fait le nivellement du terrain pour connaître la profondeur de la source, et j'ai mesuré la surface de son bassin pour en connaître le volume. Voyant que les sources n'observent pas sous terre des lois assez constantes pour qu'on puisse les soumettre à des calculs rigoureux, et que d'ailleurs les données géologiques, vraies dans la très-grande majorité des cas, offrent presque toutes quelques exceptions, je me suis habitué à niveler et à mesurer les terrains à vue d'œil, et je n'ai pas remarqué que mes prévisions aient été plus éloignées de l'exactitude, que lorsque je me servais d'instruments.

CHAPITRE XIX.

TERRAINS FAVORABLES A LA DÉCOUVERTE DES SOURCES.

Pour qu'un terrain soit favorable à la découverte des sources, il doit réunir deux conditions principales, qui sont : d'avoir à la surface une couche perméable de quelques mètres d'épaisseur, et que sous cette couche perméable, il y en ait une imperméable convenablement inclinée. Si cette disposition du terrain se répète plusieurs fois, c'est-à-dire si plusieurs couches perméables sont superposées à des couches imperméables alternant entre elles, et que toutes soient convenablement inclinées, une source coule sur chaque couche imperméable; d'où il arrive qu'en perforant un puits artésien, ou en creusant profondément un puits ordinaire, on trouve souvent une source à chaque étage que l'on traverse en s'enfonçant dans la terre (1).

Les terrains primitifs, très-peu perméables de leur nature lorsqu'ils ont leurs plateaux recouverts

---

(1) Voyez ce qui a été dit, page 136.

de terrain détritique ou de roches pourvues d'un très-grand nombre de fissures verticales, renferment des sources très-nombreuses, peu éloignées l'une de l'autre, toutes d'un faible volume et s'épanchant au bas du plateau. Il en est de même dans le fond de chaque vallon ; mais les coteaux des terrains primitifs qui sont unis ou sans ondulations, et qui ne sont pas recouverts de terrains perméables, sont généralement dépourvus de sources.

Les terrains intermédiaires ou de transition étant de leur nature assez perméables à l'eau lorsqu'ils sont immédiatement superposés à des terrains primitifs, les filtrations y descendent généralement jusqu'à la surface de ceux-ci, en suivent les pentes, et s'épanchent au dehors par les fentes qui séparent les uns des autres.

Dans les terrains secondaires, les sources visibles ne sont pas aussi multipliées que dans les terrains primitifs; mais elles y sont plus volumineuses, et c'est une règle générale applicable à tous les terrains que, *plus les sources visibles sont rares, plus elles sont abondantes*, et réciproquement. Toutes les fois qu'en voyageant on rencontre une source d'un volume extraordinaire, on peut annoncer, sans crainte de se tromper, que toute la contrée supérieure est dépourvue de sources visibles. C'est des terrains secondaires que sortent les plus grandes sources connues, et par conséquent ceux dans lesquels on peut découvrir les plus abondantes.

Tous les terrains secondaires n'étant pas, à beaucoup près, propices pour la découverte des sources, je vais faire connaître ceux qui sont généralement les mieux constitués et disposés pour favoriser leur découverte; ce sont : les calcaires oolitique, compacte, saccaroïde, siliceux, coquillier, marneux et grossier. Les descriptions de ces terrains se trouvant au chapitre ix, le lecteur est invité à les relire.

A ces terrains doivent être ajoutés les calcaires et marnes à gryphites, les calcaires ammonéens et à bélemnites (1). Chacun de ces terrains ayant reçu son nom de l'espèce de coquille qui y prédomine et le caractérise, je suis amené à faire connaître ces trois espèces de coquilles. Quoique les terrains qu'elles servent à désigner en renferment un grand nombre d'autres, et qu'elles se trouvent dans plusieurs autres terrains, on est néanmoins convenu de leur donner le nom de ces coquilles, parce qu'elles s'y trouvent en plus grand nombre.

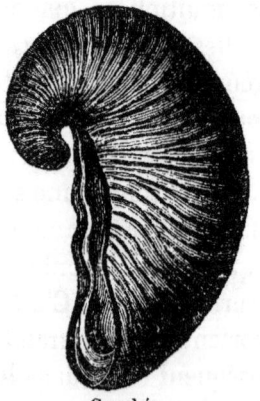

Gryphée.

---

(1) *Coquilles caractéristiques des terrains*, par Deshayes.

La *gryphée* est une coquille dont les deux valves sont fort inégales. La valve inférieure est grande, bombée en dehors, concave en dedans, et terminée par un crochet saillant courbé en spirale involute. La valve supérieure est petite et plane; la longueur ordinaire des gryphées est d'un à deux pouces, et leur largeur d'environ un pouce.

Il y a des gryphées de cinq ou six espèces ; savoir : la gryphée colombe, la gryphée virgule, la gryphée dilatée, la gryphée gondole et la gryphée arquée ; mais les différences qui servent à les distinguer les unes des autres importent peu à notre sujet. Il suffit de connaître leurs caractères généraux, pour pouvoir les reconnaître quand on les trouve dans un terrain.

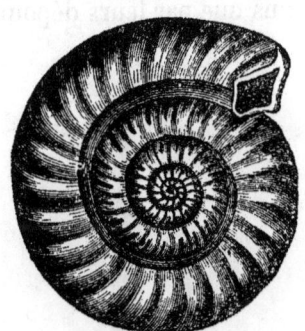
Ammonite.

Les *ammonites*, appelées jusqu'à ces derniers temps *cornes d'ammon*, sont des coquilles discoïdes, enroulées circulairement sur le même plan horizontal ; les tours de spire sont plus ou moins nombreux : les unes n'en ont que deux ou trois, et les autres, jusqu'à six ou sept; tantôt ils sont embrassants, tantôt simplement contigus et entièrement visibles des deux côtés. Certaines espèces ont les tours convexes, arrondis et cylindracés; les autres les ont déprimés et plus ou moins aplatis; il en est de dentelées, de striées, et d'autres entièrement lisses et unies. Leur grandeur varie depuis un millimètre jusqu'à un mètre de diamètre. Elles ne se trouvent que dans les couches durcies des terrains secondaires et gisent parallèlement aux couches. Ces coquilles étant fort minces, il est très-rare de les trouver entières; l'ouverture, extrêmement fragile, est la partie qui manque le plus souvent. Les animaux qui ont habité ces coquilles, si nombreux autrefois, ne se trouvent plus dans aucune de nos mers; ils ne nous sont connus que par leurs dépouilles.

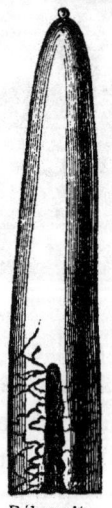

Bélemnite.

Les *bélemnites,* que les naturalistes du dernier siècle nommaient *dactyles*, ou *pierres de la foudre,* sont des coquilles dont la forme est ordinairement conique, quelquefois cylindrique, avec la pointe émoussée. D'autres fois, elles sont renflées vers le milieu, ce qui leur a fait donner le nom de *fusolites;* elles sont longues de deux à six ou sept pouces et ont de deux lignes à un pouce de diamètre. Elles sont ordinairement brunes; cependant, comme leur couleur participe plus ou moins à celle du terrain qui les contient, on en voit de blanches, de jaunes, etc.; leur texture est cristalline, fibreuse, et les fibres rayonnent du centre à la circonférence. Elles ont à la base une cavité conique plus ou moins profonde. Une cannelure, qui règne depuis la base jusqu'à la pointe, et dont l'enfoncement va en diminuant, fait qu'elles se fendent facilement en long.

Terrain tuffeau.

Il y a un terrain qui est non-seulement favorable aux sources, mais encore il en indique la présence d'une manière certaine quand elles y sont cachées, c'est le *terrain tuffeau.* Ce terrain, qui porte aussi les noms de *terrain tuffacé, tuf* ou *travertin,* ne forme que des dépôts isolés et peu étendus, tantôt stratifiés, tantôt en masses informes; il a la couleur blanchâtre ou jaunâtre, et est ordinairement couvert d'une mousse verte. Il est formé par des sources qui proviennent des rochers calcaires. Tant que ces sources marchent sous terre, elles tiennent en dissolution des matières calcaires, siliceuses ou ferrugineuses, et aussitôt que ces matières sont arrivées au jour, elles se précipitent, se solidifient peu à peu, et leur solidité augmente avec l'âge. Si cette précipitation s'opère dans un bassin rempli d'eau, il se forme au fond des couches semblables à celles du terrain de sédiment ; mais si ce dépôt se forme en plein air, on ne saurait y distinguer aucun vestige de stratification. Il est rempli de pores, de fistules, de tubulures et de cavités de toute forme. Ces vacuités ont été laissées par les mousses et autres végétaux sur lesquels la matière incrustante s'est déposée et concrétionnée, et qui sont aujourd'hui entièrement détruits. La solidité, la légèreté et la disposition à prendre le mortier que possède le tuf, le rendent très-propre à certaines constructions, telles que les voûtes, les cheminées, etc. Depuis les époques géognostiques, ce terrain s'est continuellement accru et il s'accroît encore tous les jours. Quelques-unes des sources qui le produisent sont si chargées de matières incrustantes, qu'il suffit d'y laisser un corps quelconque plongé pendant quelques semaines, pour qu'il soit entièrement couvert d'une croûte de tuf; aussi on y trouve fréquemment des objets d'art, tels que poteries, verres, fer, etc., des coquilles fluviatiles terrestres, appartenant toutes à des espèces qui vivent actuellement sur les lieux, des fragments de bois et de plantes. Les contrées où ce terrain est le plus abondant sont entre Rome et Tivoli, autour du Larzac (Aveyron), etc. Chaque dépôt de tuf étant le produit d'une source, qui souvent n'est plus visible, est le signe le plus certain de la présence d'une source cachée, qui, obstruant sans cesse son issue, est, de temps en temps, obligée de s'en ouvrir une nouvelle.

La Molasse.

La *molasse*, nommée aussi par quelques-uns *nagelflue*, ou *macigno*, est une roche composée de sable, de calcaire, d'argile et quelquefois de mica, liés et mêlés ensemble. Sa texture est grenue et assez semblable à celle du psammite qui se trouve dans le terrain de transition. Elle est ordinairement tendre et même friable, ce qui lui a fait donner le nom qu'elle porte, et quelquefois assez consistante pour servir de pierre à bâtir. Sa stratification est généralement peu distincte et sa couleur la plus commune est grise, verdâtre ou jaunâtre. Elle est le plus souvent recouverte de poudingue et superposée au grès coquillier, au calcaire fétide ou aux marnes argileuses; quelquefois, elle est intercalée à ces formations et alterne avec elles. On y trouve des coquilles marines et d'eau douce, des lignites et quelques restes de mammifères. Cette roche se trouve à Aiguillon (Lot-et-Garonne), au Pertuis-de Mirabeau (Vaucluse), dans l'Alsace, surtout dans la Suisse, etc.

Le terrain détritique (1) se laissant facilement pénétrer par les eaux pluviales, en absorbe la plus grande partie, et elles ne s'en détachent que peu à

---

(1) Voyez la description de ce terrain, page 87.

peu. Presque partout, ce terrain est superposé à une couche d'argile ou de roche imperméable qui a à peu près la même inclinaison que lui, et souvent une inclinaison moindre, circonstances qui le rendent très-propre à la découverte des sources.

Les grès et sables verts, les grès meulières, le calcaire spathique, le calcaire à cérites, le calcaire d'eau douce, les marnes vertes, sont encore des terrains favorables à la production des sources, lorsqu'ils se trouvent dans des positions convenables. Les terrains d'alluvion et d'atterrissement offrent des nappes et des courants d'eau nombreux et puissants, surtout quand ils sont entrecoupés de couches imperméables et peu inclinées.

CHAPITRE XX.

TERRAINS DÉFAVORABLES A LA DÉCOUVERTE DES SOURCES.

La connaissance approfondie des terrains défavorables aux sources est aussi nécessaire à l'hydroscope que celle des terrains favorables. Au moment de chaque opération, il doit avoir présent à l'esprit tous les caractères qui distinguent les uns des autres, afin de pouvoir faire l'indication avec sécurité si les probabilités de réussite sont beaucoup plus fortes et plus nombreuses, et de s'en abstenir dans le cas contraire. Je vais donc décrire brièvement les principaux terrains défavorables à la découverte des sources, continuant de recommander l'étude assidue des traités de géognosie qui, par leur grande étendue, peuvent donner sur ce sujet des notions plus complètes, et surtout d'étudier ces terrains sur place.

Il y a des terrains qui sont défavorables à raison de leur constitution, savoir : quelques terrains calcaires, les terrains volcaniques, quelques terrains friables, et d'autres le sont à cause de leur disposition ; tels sont : les collines affaissées, les éboulements et glissements, les coteaux dont les assises reposent sur leurs tranchés, ceux qui présentent les têtes des strates et ceux qui ont plus de 45 degrés de pente.

Les calcaires dans lesquels on doit généralement s'abstenir d'indiquer des sources sont : les calcaires à bétoires, les calcaires caverneux, les calcaires cellulaires et les dolomies.

Calcaires à Bétoires.

Dans un grand nombre de terrains calcaires, quelquefois dans les terrains de lias et de keuper, on voit des creux circulaires ou elliptiques, en forme de cirques ou d'entonnoirs, que l'on appelle, dans le nord de la France, *béthunes;* dans la Normandie, *bétoires, boitouts* ou *boitards;* dans la Franche-Comté, *garagaïs*, et dans le Midi, des *cloups*. Ces sortes de creux n'ayant pas encore de nom généralement adopté dans notre langue, je les nommerai *bétoires*.

Ces creux ont été formés, les uns pendant la retraite des eaux de la mer, les autres postérieurement et en divers temps. L'on en voit encore se déclarer journellement. Tantôt sous les pas d'un animal, tantôt sous le poids d'un arbre et le plus souvent pendant les grandes pluies, le terrain s'écroule subitement, et il se forme un puits étroit qui n'a parfois que quelques mètres de profondeur, et d'autres fois il en a plus de cent. Peu à peu les bords de ce puits se désagrégent, son ouverture s'élargit et les débris descendent en combler le fond. Lorsque deux puits se forment à peu près dans le même temps et très-près l'un de l'autre, le terrain intermédiaire s'écroule, et la bétoire prend et conserve la forme elliptique. Lorsque après quelque siècles les éboulements ont cessé de combler ces creux, et que les talus en sont parvenus à environ 45 degrés de pente, leur diamètre et leur profondeur demeurent stationnaires. Dans cet état, les uns n'ont que deux ou trois mètres de diamètre, d'autres en ont jusqu'à 20 ou 30 et quelquefois bien davantage. Ce diamètre est ordinairement double de la profondeur.

Certaines bétoires ont encore leur gueule béante et forment des gouffres ; les autres l'ont déjà obstruée par les éboulements ; d'autres n'ont plus que quelques décimètres de profondeur et sont à peine perceptibles, et d'autres ont été entièrement comblées par les ravines ou par la culture.

Dans certaines localités les bétoires sont disséminées sur des plateaux où elles n'absorbent que les eaux pluviales qui tombent sur leur surface ; dans d'autres localités elles occupent le fond des vallons, dont les uns sont toujours à sec et les autres conduisent des ruisseaux ou des rivières qui viennent se perdre dans les premières bétoires qu'ils rencontrent ; (1) dans d'autres endroits les bétoires sont

---

(1) Les cours d'eau qui s'engouffrent dans des bétoires sont extrêmement nombreux en France. Quiconque voudra continuer de suivre le vallon dans lequel le cours d'eau dispa-

placées dans le fond d'un vaste bassin dont elles absorbent les eaux et qui, sans elles, formerait un lac de plusieurs kilomètres de traversée.

Les bétoires ne sont pas du tout disséminées au hasard, comme pourraient le croire les personnes qui ne les ont pas observées attentivement ou qui n'ont aucune connaissance de l'hydrographie souterraine : elles sont au contraire placées dans un ordre assez régulier. Si le plateau présente un vallon principal, quoique très-faiblement déprimé, on y voit une série de bétoires constamment placées dans la ligne de son thalweg. On peut les suivre depuis l'issue du vallon jusqu'à son origine. Si, en montant par le thalweg de ce vallon, on remarque à droite ou à gauche d'autres vallons qui viennent y affluer, on voit dans chacun de ces vallons secondaires une série de bétoires placées l'une à la suite des autres et qui en occupent toujours le thalweg. (1) Si le long

---

rait, et, si le vallon s'efface, marcher dans la direction qu'indiquent le cours d'eau visible et la pente générale du terrain, peut être assuré de trouver, plus ou moins loin, le débouché du cours d'eau qui a disparu et de le voir considérablement augmenté. Quelquefois il s'épanche dans le bout d'un vallon profond, d'où il se rend à la rivière voisine, et le plus souvent il s'épanche au bord même de la rivière.

La prodigieuse quantité d'eau, que les rivières et ruisseaux envoient sous terre, a fait imaginer à quelques hydrographes, qui ne s'étaient jamais donné la peine d'aller en chercher les issues, que toutes ces eaux se rendent dans un immense abîme qui existe au centre du globe. Voyez Woodward, Kircher, Dickson et autres.

(1) Pendant mes voyages, lorsque j'arrivais sur un plateau

du vallon principal, ou d'un vallon secondaire, on rencontre une bétoire isolée, c'est parce que le pli de terrain ou affluent qu'elle représente, est très-court. Quant aux bétoires qui sont sur les sommets ou crêtes des collines, elles ont dû se former lors de la retraite des eaux de la mer.

La régularité avec laquelle les bétoires sont alignées sur le thalweg de chaque vallon prouve que, sous chaque rangée de bétoires, il existe un cours d'eau permanent ou temporaire, qui les a successivement produites ; car 1° tous les cours d'eau souterrains, dans les passages étroits ou rapides, corrodent et minent plus ou moins les parois de leurs conduits, et, chaque fois que les supports de leur voûte viennent à manquer, elle s'écroule, entraîne le terrain qu'elle supporte, et il s'opère, à la surface du sol, un enfoncement qui n'est autre chose que le puits dont nous venons de parler. 2° Dans certains vallons, lors des grandes pluies, le conduit souterrain que je dis exister sous les bétoires ne pouvant suffire à l'écoulement du cours d'eau, on voit des colonnes d'eau sortir par les bétoires et quelquefois s'élancer hors de terre à plusieurs mètres de hauteur. 3° En appliquant l'oreille sur l'orifice de certaines bétoires, on entend bruire le cours d'eau qui passe au

---

à bétoires, où je n'avais plus été, et que je pouvais en voir seulement deux ou trois de suite placées dans un thalweg, soit vers le commencement, soit vers la fin d'un vallon, je désignais de loin et avec précision toutes les bétoires qui se trouvaient dans ce vallon et que je ne voyais pas ; ce qui étonnait les gens instruits comme les ignorants.

fond. 4° Lorsque, par suite d'un orage extraordinaire, il se forme à la surface d'un vallon à bétoires un cours d'eau momentané, si les premières bétoires ne peuvent pas l'absorber, il continue de parcourir la ligne qu'elles forment en versant dans chacune d'elles une partie de ses eaux jusqu'à ce qu'il soit entièrement absorbé; il y a donc sous terre et sous la ligne que forment les bétoires, un conduit qui reçoit successivement les différentes parties du cours d'eau qui marche à la surface. 5° Certains propriétaires, afin de faire disparaître ces creux du milieu de leurs champs, les ont comblés ; mais presque toujours, lors des premières fortes pluies, l'enfoncement s'est reproduit; le cours d'eau souterrain avait donc entraîné à la base de la colonne du terrain affaissé autant de terre que le propriétaire en avait déposée en haut.

Quoiqu'il soit hors de doute que sous chaque série de bétoires il y a un cours d'eau souterrain, dont l'importance augmente avec la longueur et le nombre des affluents, je regarde néanmoins comme défavorables à la découverte des sources tous les terrains à bétoires, à cause de leur trop grande profondeur. Vers l'origine des vallons et vers leur embouchure avec la rivière, en creusant dans les bétoires mêmes, les cours d'eau peuvent être atteints au moyen de puits de 5, 10 ou 15 mètres de profondeur ; mais, dans la plus grande partie de leur parcours, leur profondeur est bien plus considérable. On est le plus souvent obligé de creuser jusqu'au niveau de la rivière dans laquelle les cours d'eau se jettent, moins la hauteur que peut donner la pente du cours d'eau, qui est à peu près la même que celle des ruisseaux qui marchent à découvert. Aussi, à la vue des dépenses considérables que causent des puits aussi profonds et de la grande difficulté d'en tirer l'eau, je n'en ai fait établir que dans un petit nombre de localités.

Calcaires caverneux.

Les *cavernes* ou *grottes*, sont des cavités souterraines, spacieuses et considérablement prolongées. Une excavation verticale, formée par la nature, est appelée *puits naturel* ou *abîme*, selon sa profondeur. Les cavernes sont ordinairement horizontales, et, si l'on fait abstraction de quelques légères déviations, on voit que, dans l'ensemble de leur longueur, elles s'écartent peu de la ligne droite et horizontale. Si la cavité ne pénètre pas assez avant dans la montagne pour mériter le nom de caverne, et qu'elle n'ait que quelques mètres de longueur et de largeur, on la nomme *antre*. Si elle n'a qu'un médiocre diamètre, tel, par exemple, qu'il le faut pour qu'un homme puisse y marcher librement, et n'a aucune concavité notable, on la nomme *galerie*. Si elle n'a qu'un très-petit diamètre, on la désigne par le nom de *boyau souterrain*.

Le nom de caverne ou grotte n'est ordinairement appliqué qu'à des cavités qui ont plus d'une vingtaine de mètres de longueur, et qui sont d'une largeur et d'une hauteur considérables. On en connaît qui ont 2 ou 3 myriamètres de longueur, qui ont des salles de 30 à 40 mètres de hauteur, en sorte que ces salles sont plus spacieuses que nos plus grandes cathédrales. Il en est qui ont les côtés parallèles entre eux, la voûte parallèle au sol, et qui forment ainsi des corridors à peu près réguliers ; mais elles sont en très-petit nombre. Presque toutes au contraire sont sinueuses, et leurs côtés entre eux, ni la voûte avec le sol, n'offrent aucun parallélisme ; les deux côtés, la voûte et le sol, s'éloignent et se rapprochent alternativement ; en sorte qu'une caverne se compose d'une suite de salles placées l'une au bout de l'autre et communiquant entre elles par des couloirs, quelquefois si resserrés, qu'on ne peut y passer qu'en rampant. Chaque salle est ordinairement allongée dans le même sens que la grotte ; la voûte est cintrée, et, à partir du milieu, elle va en baissant jusqu'aux orifices des deux couloirs qui sont un à chaque bout de la salle ; les deux côtés vont aussi en se rapprochant jusqu'aux mêmes orifices. Presque toutes les cavernes ont plusieurs ramifications qui se détachent de la principale, et vont former d'autres séries de salles de toute dimension.

Les grottes excitent au plus haut degré la curiosité du public par les admirables concrétions dont elles sont décorées, par les débris d'animaux qu'elles contiennent et par les courants d'air qu'on y éprouve ; mais ces objets n'influant en rien sur les cours d'eau souterrains, il serait inutile d'en parler ici.

Les terrains primitifs et ceux des dernières formations renferment très-rarement des cavernes naturelles; elles se trouvent en très-grand nombre dans le calcaire jurassique, dans les grands dépôts de craie, dans les basaltes et autres éjections volcaniques. Dans le département du Lot, où le calcaire jurassique forme la principale partie du sol, on compte 155 grottes plus ou moins remarquables.

Certaines grottes ont été produites par l'affaissement ou le soulèvement d'une des deux roches qui en forment les côtés; d'autres, par l'action érosive des courants d'eau souterrains, qui ont peu à peu détaché et entrainé les parties tendres ou solubles des masses calcaires; d'autres, par des volcans, par l'explosion des gaz souterrains et les tremblements de terre, qui ont disloqué les roches; d'autres, par le retrait des roches, lorsqu'elles passèrent de l'état fluide à l'état solide. La plupart ont été produites par plusieurs de ces causes.

Le nombre des cavernes connues n'est rien en comparaison de celles qui sont ignorées. En effet, on n'a qu'à se représenter que chaque source importante qui sort du terrain calcaire et dont le volume est de plus d'un demi-mètre de diamètre, ne peut se former et marcher sous terre qu'au moyen des cavernes; que son point de départ est à plusieurs lieues de distance; qu'elle a reçu dans son parcours un grand nombre de cours d'eau accessoires qui lui ont été amenés chacun par une grotte qui a plusieurs ramifications. De ce que les eaux qui marchent dans les grottes ne font éruption sur aucun point du bassin qui fournit la source, pas même lors des grandes pluies et fontes de neige, il s'ensuit que toutes les grottes conductrices des sources ont des dimensions assez grandes pour les laisser librement circuler, et sans beaucoup hasarder, on peut bien conjecturer que les grottes inconnues sont généralement semblables à celles qui sont connues.

La présence et la direction des cavernes sont évidemment indiquées : 1° par les innombrables séries de bétoires dont nous avons parlé ; 2° par les vapeurs aqueuses qu'exhalent parfois un grand nombre de bétoires ; 3° par les affaissements du sol et les nouvelles bétoires qui se forment de temps en temps ; 4° par les courants d'air que certaines grottes très-spacieuses aspirent ou expirent avec bruit par des soupiraux étroits ou des fentes de rocher. Celui qui parcourt et examine attentivement les contrées à bétoires, quel nombre prodigieux de cavernes ne reconnaît-il pas ! sur combien d'abîmes, recouverts d'une mince voûte, ne marche-t-il pas !

L'entrée des grottes est ordinairement dans des escarpements ou des coteaux à pentes rapides, et à toutes les hauteurs. Les grottes qui sont placées à des hauteurs notables, comparativement aux rivières voisines, sont à sec ou ne renferment que des amas d'eau immobiles ; celles au contraire qui sont au niveau des rivières ou très-peu au-dessus, renferment ordinairement des flaques, des lacs ou des cours d'eau, dont les uns suivent les cavernes dans leur longueur, et les autres ne font que les traverser.

Cette remarque, jointe à celle que j'ai faite au sujet des bétoires, fait connaître que, dans les terrains caverneux, les sources sont à de très-grandes profondeurs (1), et qu'au lieu de sources, on n'y rencontre souvent que des abîmes, qui ont quelquefois des profondeurs incommensurables.

---

(1) Un certain nombre de propriétaires qui étaient absolument privés d'eau, parce que leurs maisons étaient situées sur des plateaux de calcaire caverneux, n'ont pas hésité à me demander l'indication des sources, quoiqu'elles leur fussent annoncées à de très-grandes profondeurs, et à exécuter les travaux, quoique dispendieux. Les résultats qu'ils ont obtenus ont été aussi conformes aux prévisions que dans les autres terrains. On peut voir entre autres celle dont le journal l'*Estafette*, dans son numéro du 25 mars 1837, rend compte en ces termes :

« Divers journaux de Paris ont déjà parlé de M. l'abbé Pa« ramelle et se sont plu à rendre justice à son grand talent « en géologie. Voilà un trait, entre beaucoup d'autres, qui « prouvera jusqu'où vont ses connaissances dans cette science.

« Appelé en 1835 dans le département de la Vienne pour « y indiquer des sources, dont le besoin est très-grand dans « plusieurs parties de ce département, M. Paramelle se rendit « dans le canton de Saint-Savin, et fit diverses indications, « une, entre autres, dans une propriété appelée le Breuil, près « de la petite ville de Saint-Savin. Il annonça au propriétaire « qu'il y avait une source excessivement abondante, mais « qu'elle était à une énorme profondeur. Il indiqua qu'après « quelques pieds de terre végétale on trouverait une roche « calcaire irrégulièrement stratifiée ; qu'à la naissance de cette « roche il régnerait une crevasse plus ou moins large, se di« rigeant du couchant au levant, laquelle crevasse devait se « trouver par le milieu de l'excavation à faire, et ne cesserait « qu'à l'approche de la source qui serait encore indiquée par « un banc de rocher massif sans fissures verticales, sous le« quel se trouverait une grotte allant du couchant au levant, « dans laquelle coulait la source annoncée.

« Après avoir rencontré très-exactement les indications

Calcaires cellulaires.

Le *calcaire cellulaire* tire son nom des innombrables tubulures ou vacuités que renferment les roches qui le composent. Il est mêlé de silice d'une grande dureté et le plus souvent stratifié. Toutes ces cavités affectent la forme ronde. Quelques-unes sont à peu près cylindriques, perpendiculaires aux surfaces des assises qu'elles traversent, et représentent assez bien les traces que laisseraient après elles des bulles de gaz qui se dégageraient d'une matière visqueuse. On en voit beaucoup d'autres qui sont tortueuses, sinueuses, qui ne traversent la couche qu'en partie, se dirigent dans tous les sens, entrent l'une dans l'autre ou s'entre-croisent. On en voit aussi qui forment de simples géodes sphéroïdales, ovoïdes ou amygdaloïdes. Les diamètres de la même tubulure, et d'une tubulure à l'autre, varient depuis un millimètre jusqu'à un mètre, et quelquefois davantage. Quelques-unes de ces roches sont si cariées, que les vides leur ôtent plus de la moitié de leur poids. Cette roche est blanchâtre ou grisâtre, à cassure raboteuse, et se trouve principalement sur les sommets des collines calcaires, et dans quelques endroits elle y recouvre des plateaux fort étendus.

« faites par M. l'abbé Paramelle, à 134 pieds de profondeur, les
« ouvriers viennent de mettre à découvert la grotte annoncée,
« dans laquelle coule effectivement une source excessivement
« abondante. Le diamètre du puits est de 4 pieds 2 pouces. Il
« y a maintenant 35 pieds d'eau, et elle monte encore. »

Cette simple description du calcaire cellulaire fait assez pressentir à l'élève hydroscope qu'on ne peut y trouver la moindre source (1), à moins qu'après avoir examiné le pourtour de ce dépôt, ou avoir creusé un puits d'essai, il ne reconnaisse qu'il est superposé à une couche aquifère que l'on pourra atteindre sans creuser trop profondément.

---

(1) Dans le mois de mai 1833, m'étant rendu au château de M. Vialard-Vernhes, maire de Carlus (Dordogne), ce magistrat me dit : Monsieur, je veux, s'il est possible, trouver une source dans ma cour ou dans mon jardin ; hors de là je n'y tiens pas. La cour et le jardin sont à mi-côte, entaillés dans une roche de calcaire cellulaire, dont se compose toute la colline. L'examen des lieux étant fait, je lui dis : Monsieur, dans la cour ni dans le jardin il n'y a pas la moindre source ; la plus rapprochée d'ici se trouverait là-haut dans ce champ de blé, à une quinzaine de pas de ce pommier. M. Vialard-Vernhes ne répondit rien ; mais il me conduisit dans un coin de sa cour, clos de murs, et me dit : Monsieur, vous ne trouvez pas de source ici, cependant, voyez celle-là. Je vis, en effet, sortir par une tubulure de la roche une belle source, formant cascade et entretenant un joli tapis de mousse fraîche et verdoyante. Mais me souvenant tout à coup que le calcaire cellulaire ne peut ni produire ni conduire de cours d'eau, je répondis : Monsieur, ce beau jet d'eau ne provient pas de cette roche, je ne sais d'où il part ; mais il est conduit là de main d'homme. A ces mots une dizaine de personnes, qui avaient assisté à mon opération, se mirent à battre des mains. Monsieur, me dit ce propriétaire, jusqu'ici tout le monde s'y est trompé ; nous laissions croire à tous les étrangers que cette source naissait dans cette roche ; mais elle n'y naît pas, elle y arrive par un aqueduc en terre cuite qui part précisément d'auprès du pommier que vous nous avez désigné, et qui arrive derrière cette roche agreste dont on n'a pas touché la

La Dolomie.

La *dolomie* est une roche d'apparence simple, composée de carbonate de chaux et de magnésie. Aux époques géognostiques, des roches calcaires ayant été pénétrées de magnésie ont complétement changé de nature et de structure. La stratification, les joints des couches, tous les débris des fossiles qui caractérisent le calcaire ont disparu, et les nouvelles roches, produites par cette transformation, constituent les dolomies. Elles forment d'immenses fragments, même des montagnes qui ont jusqu'à 300 mètres de hauteur, et qui sont généralement à pentes abruptes. De distance en distance les masses sont séparées par de larges fentes verticales, et parsemées de tubulures et de cavités qui n'observent aucun ordre de forme, ni de position, ni de direction. La texture de cette roche est lamellaire, grenue ou saccaroïde ; sa couleur est ordinairement d'un blanc très-prononcé, cependant en Angleterre elle est jaunâtre. Elle est tantôt solide, et même très-dure, tantôt friable, et fait effervescence avec les acides, mais beaucoup plus faiblement et plus lentement que le calcaire ordinaire.

---

face afin de ménager à ce jet d'eau toute l'apparence d'une fontaine naturelle. Vous allez me demander pourquoi je vous ai appelé, ayant une si belle source dans ma cour : c'est parce que l'aqueduc qui la conduit est tout pourri. Si j'avais pu en trouver une par ici, j'aurais épargné les frais considérables que me coûtera l'aqueduc que je vais être obligé de refaire à neuf.

L'absolue imperméabilité des masses dolomitiques, et la disposition de leurs fentes verticales, font connaître évidemment que les eaux de la pluie, ni celles que des rigoles pourraient amener sur ces masses, ne sauraient les pénétrer, qu'elles ne peuvent que s'insinuer, se précipiter dans les fentes, et s'arrêter quand elles sont parvenues à peu près au niveau de la rivière voisine.

CHAPITRE XXI.

TERRAINS VOLCANIQUES DÉFAVORABLES AUX SOURCES.

Les volcans sont des ouvertures par lesquelles s'épanchent des vapeurs et des matières incandescentes que renferme le globe terrestre.

On sait que l'eau convertie en vapeur acquiert jusqu'à douze ou quatorze cents fois son volume, et que, quand elle est retenue par des obstacles, la chaleur en augmente prodigieusement le ressort ; d'où il suit que les eaux de la mer et autres, qui descendent par les fissures et les pores de la terre jusqu'au feu central, sont aussitôt converties en vapeurs. Pendant tout le temps que ces vapeurs ne se trouvent pas en trop grande quantité dans les concavités souterraines, elles s'épanchent insensiblement et sans bruit par les fissures et pores qui existent dans les continents et les îles ; mais lorsque ces vapeurs viennent à se condenser, et que les issues ordinaires ne peuvent plus suffire à leur livrer passage, elles soulèvent certaines parties du sol et causent des tremblements de terre qui renversent souvent les édifices les plus solides et même des pans de montagnes ; ou bien elles se frayent un passage à travers la croûte du globe, et forment un volcan.

L'ouverture du volcan est à peine formée, qu'il s'en échappe d'énormes quantités de vapeurs qui lancent dans l'air des blocs de rocher énormes, des pierres de toutes dimensions, des scories, des sables et des cendres. Il en sort aussi des courants de matières fluides et incandescentes qui se répandent dans toutes les directions, et que l'on nomme *coulées*.

Les matières rejetées autour de l'ouverture, en se mêlant et s'entassant les unes sur les autres, en élèvent peu à peu les bords, et finissent par former une montagne conique ou en forme de dôme, au sommet de laquelle se conserve toujours l'ouverture, qui est appelée *cratère*. Ces cônes volcaniques présentent toutes sortes de hauteurs, depuis le plus humble mamelon, jusqu'aux montagnes les plus élevées. Toutes les matières fondues qui ont été rejetées par les volcans portent le nom général de *laves*.

Les volcans en activité vomissent continuellement de la fumée, de temps en temps du feu, et de loin en loin, à des époques toujours indéterminées, des matières embrasées. On en compte 205, dont aucun ne se trouve en France.

Ce qui vient d'être expliqué au sujet des volcans en activité n'est que pour l'intelligence de ce qui va être dit sur les terrains qui ont été formés par les volcans éteints.

Les volcans éteints sont ceux qui, depuis les temps historiques ou traditionnels, n'ont produit ni feu ni fumée. Ils sont plus nombreux en France que dans aucun autre État, et leurs produits occupent de vastes étendues dans les départements du Puy-de-Dôme, du Cantal, de la Haute-Loire et de l'Ardèche. On en voit aussi des dépôts isolés et peu étendus dans quelques autres départements. Les produits des volcans éteints sont les mêmes que ceux des volcans actifs, et on les croirait formés tout récemment. Le cratère d'où ils sont partis est ordinairement plus ou moins bien conservé, et l'on peut, sauf quelques exceptions, distinguer et suivre chaque coulée dans toute sa longueur.

Les principales formations produites par les volcans sont les cendres, les sables, les coulées, les basaltes et les trachytes.

Les Cendres et Sables.

Pendant les éruptions, les volcans lancent dans les airs d'immenses nuages de cendre et de sable qui obscurcissent quelquefois la lumière du soleil, s'étendent à des distances plus ou moins considérables et retombent sur la terre. Ces cendres, d'une finesse extraordinaire, sont de la même nature que les laves, et sont toujours mêlées d'une plus ou moins grande quantité de sable ; ce sable est encore de la même nature que les laves, et forme la majeure partie des déjections volcaniques. Ces cendres et sables sont de couleur grisâtre, noirâtre ou rougeâtre.

Les Coulées.

Les *coulées* sont des courants de matières fondues ou altérées par le feu qui ont été vomies par les volcans. Ces matières sont noires, fuligineuses, en partie scorifiées et en partie compactes. Les coulées, à partir du cratère, ont pris différentes directions, et, obéissant, comme tous les fluides, aux lois de la pesanteur, sont descendues dans les vallées et autres enfoncements qu'elles ont rencontrés. Les unes se sont arrêtées et solidifiées assez près du volcan, les autres se sont étendues à plusieurs myriamètres de distance. Plus la montagne d'où elles partent est élevée, plus elles se répandent au loin. Ces courants se sont entassés les uns sur les autres autour des bouches volcaniques ; ils se sont disloqués et brisés entre eux de mille manières différentes ; en sorte que les laves ne présentent aucune stratification ni structure déterminable. Les coulées sont accompagnées de scories, qui sont des portions de la matière fondue dans les fournaises volcaniques et qui se sont répandues autour du cratère.

Les Basaltes.

Les *basaltes* sont composés d'un mélange intime de pyroxène, de feldspath et de fer, auquel est souvent jointe l'olivine ; leur couleur est grisâtre ou noirâtre. Ils sont formés par des parties de coulées qui se sont déposées dans des bassins qu'elles ont rencontrés, et qui, pendant leur refroidissement, se sont contractées et divisées en prismes ou colonnes de 2 à 4 décimètres de diamètre. Les pans et les angles de ces colonnes sont le plus souvent au nombre de 5 ou 6, et parfois au nombre de 3 ou 4, 7 ou 8. La position du plus grand nombre est verticale ; d'autres sont plus ou moins inclinées, et d'autres gisent dans la position horizontale.

Dans certains endroits les basaltes, en se refroidissant, ont pris la forme globulaire ; les globules ont toutes sortes de diamètres, sont assez souvent composés de couches concentriques et se décomposent très-facilement par l'influence des agents atmosphériques.

Le terrain basaltique forme des montagnes coniques et des plateaux dont le pourtour est limité par un escarpement, formé par d'innombrables colonnes rangées symétriquement les unes à côté des autres.

Les Trachytes.

Les *trachytes* sont des roches porphyriques, composées principalement de feldspath vitreux. Elles se composent aussi, dans des proportions très-variables, de domites, eurites, perlites, phonolites, obsidiennes, brécioles, opales, alunites, ponces, etc ; elles ne présentent que très-rarement des indices d'une stratification imparfaite, et sont tout à fait dépourvues de quartz, d'olivine, de péridot et de débris organiques. Ces roches sont rudes au toucher, de couleur blanchâtre, grisâtre, noirâtre, rougeâtre ou jaunâtre, de texture tantôt compacte, tantôt fissurée, tantôt scorifiée ou cellulaire.

Les trachytes ont été les premiers terrains volcaniques qui se sont épanchés ; ils sont plus ou moins recouverts par les déjections modernes, et plus étendus qu'elles. Ils se présentent ordinairement en masses fort puissantes, forment des plateaux très-spacieux, terminés tout autour par des escarpements presque verticaux ; quelquefois même ils forment des montagnes coniques d'une très-grande élévation. Ces montagnes forment des groupes plutôt que de véritables chaînes.

La formation trachytique est très-développée dans les montagnes du Cantal, du Mont-d'Or et du Puy-de-Dôme ; on en voit aussi sur les côtes de la Bretagne et sur les bords du Rhin.

Le défaut de stratification, le désordre et l'extrême porosité qui règnent dans toutes les parties du terrain volcanique, montrent assez qu'il ne peut s'y établir aucun cours d'eau souterrain, ni superficiel. Ce terrain recèle de nombreuses et souvent de grandes sources qui coulent sur les terrains imperméables auxquels il est superposé, et viennent sourdre à son pourtour ; mais la grande épaisseur de ces dépôts, surtout aux environs des cratères qui les ont produits, ne peut laisser aucun espoir d'y découvrir des sources à une profondeur ordinaire ; ce n'est que vers les extrémités de ces dépôts, dans les lieux où ils ont une faible épaisseur, qu'on peut faire des tentatives fructueuses.

CHAPITRE XXII.

TERRAINS FRIABLES DÉFAVORABLES AUX SOURCES.

Je réunis dans ce chapitre divers terrains défavorables à la découverte des sources, qui ne paraissent avoir entre eux d'autre caractère commun que la friabilité.

L'Argile.

L'*argile*, ou *glaise*, est une terre grasse, compacte, et dont les molécules sont étroitement liées les unes aux autres. En séchant, elle devient dure et se contracte. Lorsqu'elle est détrempée avec de l'eau, elle augmente de volume, devient tenace, ductile et onctueuse. Lorsqu'elle est pétrie, elle prend toutes les formes qu'on veut lui donner; on en fait des tuiles, des vases de toute espèce et des statues qui, après la cuisson, conservent toutes les formes qu'elles ont reçues. Elle durcit au feu, et peut même y acquérir assez de dureté pour jeter des étincelles par le choc de l'acier.

Toute argile est essentiellement composée de

quartz ou silex et d'alumine. La plus pure des argiles est blanche; mais, dans la nature, il n'en existe peut-être pas qui soit parfaitement pure; elle est presque toujours mélangée avec d'autres minéraux, et on la qualifie par celui qui s'y montre en plus grande quantité; ainsi, on lui donne le nom d'argile marneuse, crayeuse, ferrugineuse, etc., selon que la marne, la craie ou le fer y domine.

Certains auteurs distinguent l'argile de la glaise; selon eux, lorsque les matières hétérogènes mêlées à l'argile sont en très-faible proportion, elle est considérée comme pure et conserve le nom d'argile; mais lorsqu'elle est mélangée avec des matières étrangères en quantité considérable, elle reçoit le nom de glaise. Pendant longtemps on a divisé les argiles en blanches, noires, grises, brunes, jaunes, rouges, etc ; mais ces différentes couleurs, qui peuvent se combiner et varier à l'infini, n'étant qu'accidentelles et n'établissant aucune différence dans leur composition, ne sont pas un caractère distinctif qui puisse servir à en faire connaître les différentes espèces.

L'argile est la formation qui occupe la plus grande partie de l'écorce du globe et qui se trouve presque partout. Dans certains endroits, elle forme la superficie de vastes contrées, parmi lesquelles on peut citer les départements de Lot-et-Garonne, du Gers, de Tarn-et-Garonne et de la Haute-Garonne, qui sont presque entièrement recouverts par ce dépôt. Ailleurs, l'argile est cachée sous une ou plusieurs couches qui appartiennent à des terrains d'une nature différente. Partout elle sert de base aux terrains stratifiés. Certains dépôts d'argile forment des masses compactes, plus ou moins épaisses et sans aucune fissure ; d'autres sont régulièrement stratifiés, et les assises sont séparées l'une de l'autre par des couches horizontales de cailloux roulés, de graviers, de sables, de limon, etc.

Lorsque les couches intercalées dans l'argile sont perméables, peu profondes et placées dans les conditions qui ont été exposées, on peut y chercher de l'eau avec succès et on la trouvera toujours dans les assises intercalées ; mais lorsque l'argile forme une masse compacte, homogène et d'une si grande épaisseur qu'on ne puisse la traverser sans rendre le creux trop profond, on doit s'abstenir d'y creuser, parce que aucun courant d'eau n'a jamais pu se frayer un passage à travers une telle masse, ni même l'imbiber suffisamment pour qu'elle puisse rendre par stillation la quantité d'eau nécessaire à l'alimentation d'un puits.

La Marne.

La *marne* n'est pas une terre simple, mais elle est une combinaison d'argile et de craie, opérée par la nature. Les proportions de ce mélange sont très-variables : lorsque l'argile domine, on la nomme *marne argileuse ;* lorsque c'est la craie, on la nomme *marne crayeuse* ou *crétacée.* On trouve aussi dans quelques parties de ce dépôt du calcaire, du sable, de l'ocre, de la dolomie, du bitume, etc. qui l'ont fait surnommer marne calcaire, sableuse, ocreuse, dolomitique, bitumineuse, etc. Pour la connaître, on n'a qu'à en jeter une petite motte dans un verre plein d'eau, elle se gonflera et se divisera d'elle-même ; si elle est molle, ses parties se désuniront aussitôt, et si elle est dure, elle sera longtemps à se délayer. Lorsqu'elle vient d'être extraite de la marnière, le soleil et la pluie la réduisent bientôt en poudre. La marne est moins gluante que l'argile, et moins friable que la craie ; elle fait effervescence avec l'eau forte, le vinaigre et autres acides, durcit au feu et s'y vitrifie même lorsqu'il est assez incandescent. Elle happe légèrement la langue, et souvent elle est assez solide pour être employée aux bâtiments, soit comme pierre de taille, soit comme moellon. On y a trouvé tout au plus une quarantaine d'espèces de fossiles disséminés sans ordre, entre autres des pectinites, entroques, plagiostomes, trigonies, hélix, ammonites, térébratules, bélemnites, des débris de mastodontes, d'ichthyosaures, plésiosaures, etc.

Les marnes offrent en général très-peu de vestiges de stratification régulière : celles dont la masse est interrompue par des couches de calcaire qui sont toujours minces et peu étendues, et celles qui sont feuilletées ou schisteuses, sont à peu près les seules qui puissent être considérées comme stratifiées. L'épaisseur des dépôts marneux varie de dix à cent cinquante mètres.

Dans les diverses parties de la marne on trouve les sept couleurs ; mais on n'y en voit aucune qui soit parfaitement homogène; toutes sont plus ou moins nuancées par les différents oxides métalliques qui sont mêlés avec sa substance et qui s'y combinent à l'infini; aussi, au lieu de dire que telle marne est blanche, noire, rouge, verte, bleue, jaune ou violette, les géologues disent communément qu'elle est blanchâtre, noirâtre, rougeâtre, verdâtre, bleuâtre, jaunâtre ou violacée. Il est une marne qui présente alternativement des bandes blanchâtres, rougeâtres, verdâtres, bleuâtres ou violacées, et que l'on a nommée *marne irisée*. Elle est compacte, granuleuse, schisteuse, faiblement agrégée, se séparant à l'air en petits fragments cubiques et contenant peu de fossiles. C'est cette marne qui contient les dépôts de gypse, de sel gemme, qui produit les sources salées, et occupe presque en entier les départements de la Meurthe et de la Moselle. On en trouve aussi, mais en dépôts peu étendus, à Salins, Lons-le-Saulnier, Alais, Anduze, Castellane, Avallon, Bayeux, Flize, au Mont-d'Or, etc.

C'est lorsque l'hydroscope cherche des sources dans les marnes, qu'il est obligé d'employer toute sa sagacité pour reconnaître si elles sont stratifiées, quelle est la puissance de chaque couche, quelles sont les couches qui sont perméables et celles qui ne le sont pas, si le dépôt se compose d'une masse non stratifiée, s'il y a des bétoires ou non; car à défaut d'un examen attentif du terrain, il court le danger de ne pas faire une indication qui serait utile et souvent très-importante, ou d'en faire une erronée.

Lorsque le dépôt de marne est stratifié, qu'il se compose principalement de craie et est par conséquent perméable, et que les lits intercalés et horizontaux sont imperméables et ne sont pas à une trop grande profondeur, on peut y creuser avec succès ; mais si ce dépôt n'est nullement stratifié, s'il se compose principalement d'argile et est par conséquent imperméable, comme aussi si les lits intercalés et horizontaux sont perméables ou à une trop grande profondeur, on doit s'abstenir d'y creuser.

Lorsque dans le terrain marneux qu'on explore il y a des bétoires, on doit se conduire comme il a été dit au chapitre xx, en parlant du calcaire à bétoires.

La Craie.

La *craie* est un calcaire composé de coquillages pulvérisés que la mer a déposé dans certaines localités. Des parties de ce dépôt sont restées à l'état pulvérulent ou très-friable, tandis que les autres ont acquis avec le temps assez de solidité pour servir aux constructions. Si l'on réduit des coquilles en poudre, on aura une matière toute semblable à la craie pulvérisée. Par l'action du feu la craie dure et pierreuse se change en chaux ; elle perd environ le tiers de son poids par la calcination, sans que son volume en soit sensiblement diminué ; en la laissant exposée à l'air et à la pluie, cette chaux de craie reprend peu à peu les parties intégrantes que le feu lui avait enlevées, et, dans ce nouvel état, on peut la calciner une seconde fois et en faire de la chaux d'aussi bonne qualité que la première.

Les fossiles que les géologues ont déjà signalés dans ce terrain sont au nombre de plus de onze cents. Je me borne à en nommer quelques-uns, non comme caractéristiques, mais comme s'y rencontrant le plus communément, savoir : les ammonites, bélemnites, gryphées, nummulites, cérites, ampullaires, hamites, turritelles, scaphites, térébratules, nautiles, baculites, encrines, madrépores, échinites, etc.

Lorsque la craie est à peu près pure, sa couleur est ordinairement un blanc mat. Les autres couleurs qu'elle présente, telles que la jaunâtre, la rougeâtre, la brunâtre, sont dues à quelques minéraux hétérogènes qu'elle renferme, savoir : du soufre, du fer oxidé, quelques petits dépôts de lignites et même de houille. On y trouve aussi des amas de sel gemme et de gypse.

Quoique la craie soit une formation de sédiment, sa stratification est quelquefois assez confuse et peu caractérisée ; cependant elle est généralement stratifiée, ses assises sont horizontales et séparées les unes des autres par des lits de silex pyromaques (pierres à fusil) ou des silex cornés. Ces lits de silex sont peu épais et toujours parallèles entre eux. Les silex sont toujours arrondis, oblongs, aplatis en forme de rognons et couchés sur le plat. Certaines couches de craie sont entrecoupées par des veines de silice minces, assez étendues, et présentant toutes sortes de directions et d'inclinaisons. Dans toutes les masses de craie il se trouve aussi des nodules de silex perdus, qui n'ont entre elles aucun rapport de position.

Les dépôts de craie sont ordinairement d'une grande épaisseur, comme le prouvent les nombreux puits ordinaires qu'on y a creusés jusqu'à 100 mètres, et les puits artésiens qu'on y a perforés jusqu'à plus de 200 mètres de profondeur, sans avoir atteint le fond du dépôt. En Angleterre, on lui a trouvé en plusieurs lieux une puissance de plus de 600 mètres.

Lorsqu'on est à portée d'examiner ce terrain par une coupe verticale d'une grande hauteur, comme les falaises de la Manche, les coteaux à pentes abruptes, ou dans des puits qui sont en creusement, on reconnaît que ce dépôt est divisé en deux espèces de craie qui ont chacune des caractères différents, l'une supérieure et l'autre inférieure.

La craie supérieure est la plus pure et la plus blanche ; elle est légère, privée de saveur et d'odeur, sans éclat ni transparence et faisant effervescence avec les acides ; elle est douce au toucher, happe un peu la langue et tache les doigts ; elle est en poussière ou en pierre très-tendre, et prend de la consistance à mesure qu'elle est située plus bas. Les rognons de silex y sont plus abondants. C'est avec cette craie, indûment appelée *marne* par le vulgaire, que l'on marne les terres ; la pierre connue sous le nom de *blanc d'Espagne*, en est une variété.

La craie inférieure, appelée *craie tufeau*, essentiellement composée des mêmes éléments que la précédente, contient en outre du sable, du calcaire et de l'argile; elle est même parfois dominée par l'un de ces éléments ; elle ne marque pas comme la craie blanche, et sa base, toujours composée de marne et d'argile plus ou moins dures, repose sur un lit de grès vert.

Les inégalités du terrain crétacé sont généralement peu prononcées; les éminences y sont peu élevées, surmontées de plateaux souvent fort étendus et bordés d'un petit escarpement, ou bien elles sont terminées en dômes arrondis. Les vallées sont peu profondes, peu larges, et commencent ordinairement par un bassin en forme de cirque. Ce terrain ne renferme ni cavernes, ni ruisseaux, ni fontaines.

Parmi les terrains sédimentaires, le terrain crétacé est un des plus étendus. Ceux de nos départements où il est le plus développé et qu'il occupe entièrement ou en grande partie, sont : le Nord, le Pas-de-Calais, la Somme, la Seine-Inférieure, l'Oise, l'Aisne, la Marne, l'Aube, la Haute-Marne, l'Yonne, Seine-et-Marne, Seine-et-Oise, l'Eure, le Calvados, l'Orne, Eure-et-Loir, la Sarthe, Loir-et-Cher, le Cher, l'Indre, la Vienne, la Charente et la Charente-Inférieure.

L'extrême perméabilité de la craie, qui absorbe, pour ainsi dire, chaque goutte de pluie au point même où elle touche le sol et la laisse descendre d'aplomb jusqu'au niveau de la rivière voisine, la rend très-défavorable pour y mettre des sources au jour. Ceux qui habitent les plateaux élevés de ce terrain ne peuvent espérer de s'y procurer de l'eau de source qu'en creusant à des profondeurs extraordinaires et souvent impraticables; toutefois, en creusant les puits dans les vallons les plus profonds, après s'être assuré, par un nivellement préalable, qu'on n'aura pas à creuser trop profondément pour atteindre le niveau de la rivière voisine, on peut compter d'y trouver un cours d'eau qui ne peut pas être au-dessous de ce niveau.

Terrain Clysmien.

Le *terrain clysmien,* ou *diluvien*, est celui qui a été transporté par les eaux de la mer ou de grands lacs, et déposé dans certaines localités. Partout où l'on voit des amas de cailloux et de graviers roulés, qui n'ont pu y être transportés par les cours d'eau actuels, on peut affirmer qu'ils l'ont été par les eaux diluviennes ou par les débâcles de lacs supérieurs qui ont rompu leurs digues. Ces dépôts sont si nombreux et si répandus sur la terre, qu'il n'y a peut-être pas une lieue carrée qui n'en possède quelque gîte.

Ce terrain se distingue de tous les autres par sept caractères principaux : 1° il est composé de galets, de graviers, de sables, plus ou moins roulés, et il occupe dans les vallées, dans les côtes, sur les plateaux et même sur de très-hautes montagnes, des positions que n'ont jamais pu atteindre les cours d'eau actuels dans leurs plus grandes crues ; 2° de loin en loin, on voit, gisants dans ce terrain, des blocs roulés de toute grosseur. Quelques-uns ont jusqu'à 20 mètres de diamètre, et se trouvent dans des plaines d'où le plus puissant cours d'eau actuel ne pourrait les déplacer ; il y en a même qui n'ont pas de roche analogue dans la vallée où ils se trouvent, et qui, par conséquent, proviennent d'autres bassins hydrographiques ; 3° ce terrain n'est jamais recouvert par aucune couche de roche solide ; 4° il contient des coquilles marines peu altérées ; 5° il renferme des débris d'animaux dont l'espèce est perdue ; tels que les ossements des mastodontes, mégathériums, mégalonyx, trogonthériums, etc., ou des débris d'animaux dont les analogues vivent dans des climats et sous des latitudes très-différentes de celles où se trouvent ces débris ; tels sont : les éléphants, les rhinocéros, les hippopotames, etc., qui sont aujourd'hui concentrés dans la zône torride ; 6° on n'y trouve ni ossements humains, ni aucune trace de l'industrie humaine ; 7° dans certaines contrées, ce terrain, quoique absolument privé de cours d'eau, présente plusieurs sillons ou petits vallons fort prolongés, parallèles entre eux, et qui n'ont pu être creusés que par des courants de mer.

Les blocs, galets, graviers et sables clysmiens sont quelquefois sans mélange d'autres substances ; mais, le plus souvent, ils sont empâtés dans des couches d'argile, de terre végétale ou de limon. Certaines parties de ce terrain sont désagrégées, d'autres sont agglutinées par des ciments calcaires ou ferrugineux, et constituent des amas de poudingue ; d'autres sont divisées en couches ondulées et peu étendues, qui indiquent les dépôts successifs opérés par les eaux ; mais, le plus ordinairement, elles n'offrent aucune apparence de stratification. Vers les bords des rivières, le terrain clysmien présente ordinairement un ou plusieurs gradins, avec escarpements ou pentes roides, plus ou moins prolongés et à peu près parallèles au thalweg de la vallée. En comparant l'épaisseur d'un dépôt à celle d'un autre, et même les différentes épaisseurs du même dépôt, on trouve de très-grandes différences : en certains endroits, ces dépôts n'ont que quelques décimètres; dans d'autres, ils ont jusqu'à deux ou trois cents mètres d'épaisseur. A mesure qu'on s'éloigne des lieux d'où sont partis les fragments pierreux de ce terrain, on les trouve plus arrondis et moins volumineux. Plus on creuse dans ces dépôts, plus on trouve les blocs et les galets volumineux.

Les parties de la France où ce terrain a pris les plus grands développements sont les bords du Rhin, de l'Isère, de la Durance, et surtout ceux du Rhône, à l'embouchure duquel est la fameuse plaine de la *Crau*, qui a plus de 4 myriamètres de traversée en tous sens, et qui n'est composée que de ce terrain.

Les dépôts clysmiens doivent être rangés parmi les terrains peu favorables à la découverte des sources; car ils sont généralement désagrégés, sans stratification d'une grande épaisseur, déposés sans aucun ordre, et n'ayant que peu ou point de dépressions à la surface. La porosité de ce terrain est telle, que les eaux pluviales et celles des ruisseaux qui proviennent d'autres terrains s'y perdent et s'enfoncent jusqu'au niveau des rivières voisines, qui, à raison de la grande épaisseur du dépôt, sont le plus souvent à un niveau bien inférieur à celui des localités qu'on voudrait approvisionner d'eau. On peut y rencontrer, il est vrai, quelques couches d'argile, de marne ou de poudingue aquifères ; mais ces sortes de couches y sont si rares, si peu étendues et souvent si profondes, que les chances de non réussite surpassent celles des réussites.

Sous ce terrain il y a presque partout des nappes d'eau qui en occupent toute la partie inférieure, marchant péniblement, lentement et presque horizontalement à travers les cailloutages pour se rendre à la rivière voisine ; aussi, dans les basses plages de ce terrain qui sont le long des rivières, et qui ne les dominent que de quelques mètres, chacun peut creuser à sa commodité, avec la certitude de trouver la nappe d'eau à une faible profondeur.

CHAPITRE XXIII.

TERRAINS PRIVÉS D'EAU A CAUSE DE LEUR DISPOSITION
OU DÉSAGRÉGATION.

Il y a des terrains qui, par leur nature, seraient favorables aux sources, et dans lesquels on ne doit pas en chercher à cause de la disposition des assises qui les constituent, ce sont :

1° Tous les terrains stratifiés dont les assises reposent sur leurs tranches, et qui, par conséquent, sont verticales ou fortement inclinées. On doit considérer comme fortement inclinées toutes les assises qui ont plus de 45 degrés d'inclinaison. L'expérience m'a généralement prouvé que partout où la stratification a environ 45 degrés de pente ou plus, lors même que les assises amènent les eaux de l'intérieur à l'extérieur, on ne doit pas y chercher de source, parce que toutes celles qui, dans le principe, se sont trouvées à une faible profondeur, ayant eu toute facilité de se produire, ont entraîné le peu de terre qui les recouvrait et sont maintenant en évidence ; tandis que celles qui se sont trouvées à de grandes profondeurs, n'ont jamais pu se faire jour, et sont encore trop profondes. On ne doit donc jamais chercher de sources que dans les terrains qui ont moins de 45 degrés de pente, et ils sont d'autant plus favorables que leur pente est plus modérée.

2° Toutes les roches non stratifiées qui sont découpées de haut en bas par des crevasses ou des fentes verticales, ou à peu près verticales; telles sont : plusieurs masses de grès, de porphyre, de trapps, de schistes, de calcaire suprajurassique, de marbre, de grauwacke, d'anthracite, etc. Dans quelques parties de ces roches, les fissures présentent un certain parallélisme entre elles; mais, dans la plupart, elles sont sinueuses, contournées, n'observent aucun parallélisme et approchent plus de la ligne verticale que de l'horizontale.

3° Il y a des roches qui sont régulièrement stratifiées et dont les assises auraient une pente assez douce et disposée pour transmettre les eaux horizontalement; mais parce qu'elles se trouvent composées de blocs à peu près rectangulaires, séparés les uns des autres par de nombreuses et larges fissures verticales, les eaux descendent librement et presque d'aplomb jusqu'à leur base, soit que ces fissures se correspondent, soit qu'elles ne se correspondent pas; comme, par exemple, lorsque les fissures verticales de l'assise supérieure tombent sur le milieu de l'assise inférieure, à la manière des constructions en pierre de taille.

On conçoit facilement que toutes les eaux pluviales qui tombent sur des terrains ainsi disposés, quelque étendus qu'ils soient, ne peuvent jamais y former un cours d'eau à leur surface ni dans leur intérieur, et que toutes doivent descendre librement jusqu'à la base des roches, en suivant les nombreuses fissures et crevasses verticales qu'elles trouvent partout. Les roches qui sont ainsi disposées sont ordinairement d'une grande épaisseur. Celui qui, pressé par la nécessité de se procurer de l'eau, se déciderait à creuser dans ces roches jusqu'à leur base, ne pourrait se promettre d'y trouver un cours d'eau qu'autant qu'il se serait assuré par un examen attentif que la roche repose sur un terrain imperméable et assez peu profond.

Les terrains dans lesquels on ne doit pas chercher d'eau à cause de leur désagrégation sont les *affaissements*, les *éboulements* et les *glissements*.

Affaissements des terrains.

On appelle *affaissement* une masse considérable de terrain, jadis proéminente ou au niveau du sol, qui s'est enfoncée subitement ou successivement dans une cavité existante sous sa base, ou qui s'est formée peu à peu par un cours d'eau souterrain.

1° Pendant que les eaux de la mer couvraient les continents, ou pour le plus tard lors de leur retraite, il y eut des collines calcaires qui s'écroulèrent ou s'affaissèrent et se réduisirent en blocs, en pierrailles et en terrain détritique. Ces blocs, pierrailles et terres, furent réduits à un tel état de désagrégation, et pour ainsi dire de fluidité, qu'ils comblèrent les vallons adjacents, et se nivelèrent à un tel point, qu'il ne reste presque plus de vestiges des anciennes collines ni des vallons qu'ils ont comblés. Nous avons en France trois exemples frappants de ces anciennes catastrophes, et tous les trois se trouvent entre les bétoires où s'engouffrent les rivières qui vont former à plusieurs myriamètres de distance les sources de Vaucluse, de la Touvre et de Louysse.

La rivière du Calavon, provenant des Basses-Alpes, descendue au-dessous d'Apt (Vaucluse), se perd peu à peu dans la plaine, toute composée de terrain désagrégé et affaissé, reçoit au-dessous de Gordes la rivière souterraine de la Nesque, qui vient du canton de Sault, et les deux rivières réunies forment la fameuse fontaine de Vaucluse.

Les deux rivières du Bandiat et de la Tardoire, arrivées dans le canton de Montbron (Charente), se perdent insensiblement dans les vastes décombres de la colline qui existait jadis entre les deux rivières, et qui comblent aujourd'hui les deux anciennes vallées. Les emplacements de la colline et des deux vallées ne forment, pour ainsi dire, qu'une plaine, longue de 5 lieues, large de 3 à l'Est et de 2 à l'Ouest. Elle est toute couverte de blocs de calcaire marneux, dont un petit nombre ont plus d'un mètre de diamètre, de pierrailles et de terres végétales, mêlées ensemble sans aucun ordre ni vestige de stratification. Les deux rivières, devenues souterraines, se réunissent au-dessous de la Rochefoucauld, et, après avoir marché sous terre l'espace d'environ 6 lieues, fournissent les eaux de la magnifique source de la Touvre, près d'Angoulême.

Tous les ruisseaux du canton de Lacapelle-Marival (Lot) qui se forment dans les terrains granitiques et schisteux, arrivés aux bourgs de Thémines, Théminettes et Issendolus, où commence la formation calcaire, se précipitent dans trois cavernes, se réunissent sous terre, reçoivent un très-grand nombre de ruisseaux cachés, et vont, après un trajet de 25 kilomètres, former près de Souillac (Lot), la source de Louysse, dont le volume est à peu près égal à celui des deux qui viennent d'être nommées. Toutes les collines qui séparent les bassins de ces ruisseaux, et qui sont fort élevées dans les terrains granitiques et schisteux, arrivées à la formation calcaire, s'abaissent tout à coup et disparaissent. A partir de ces trois bourgs et tirant vers le Midi, on ne trouve plus qu'une vaste plaine de 2 à 3 lieues de long sur autant de large, couverte des immenses décombres qui composaient autrefois plusieurs collines, dont il ne reste presque plus de traces. Ici le calcaire jurassique, plus cohérent que celui de la Rochefoucauld, a laissé à la surface du sol un grand nombre de masses, de trois à une dizaine de mètres de diamètre, qui gisent pêle-mêle avec des blocs de toute dimension, des pierrailles et des terres végétales.

Ces sortes d'affaissements ou écroulements sont beaucoup plus communs dans les formations calcaires qu'on ne le croit communément. Dans un très-grand nombre d'endroits, j'ai vu d'anciens mamelons, contreforts et éperons, qui se sont disloqués de fond en comble, ont encombré les vallons adjacents, et leurs débris gisent actuellement à l'état de *brouillage*. Quoique moins étendus et moins bien nivelés que les trois que je viens de citer, ils n'en sont pas moins réels et faciles à distinguer par tout observateur attentif.

On trouve encore fréquemment sur les plateaux calcaires des espaces, plus ou moins larges, dans lesquels la stratification est absolument interrompue, qui sont remplis de pierrailles et de terres végétales déposées sans aucun ordre, et formant des dikes d'une profondeur indéterminable. Ces amas ou brouillages sont dus, les uns au mouvement des eaux de la mer qui ont poussé et accumulé ces matériaux dans les intervalles que laissaient les bancs de roche disloqués ; les autres à des explosions de gaz souterrains qui, pour se faire jour, ont ouvert et brisé les bancs de roche, tantôt avec et tantôt sans tremblement de terre.

Éboulements et glissements des terrains.

Des masses de terrain se détachent et descendent des montagnes par *éboulement* ou par *glissement*.

Le terrain descend par *éboulement* lorsque les différentes parties de la masse détachée se séparent les unes des autres, roulent et se précipitent en désordre.

Le terrain descend par *glissement* ou *en avalanche*, lorsque toute ou presque toute la masse détachée descend sur le plan incliné de la montagne sans se désagréger ni se renverser.

Dans les grandes chaînes on voit des sommets et des pans de montagnes qui se sont précipités subitement, ou sont descendus successivement vers leurs bases, et ont formé à diverses hauteurs de nouvelles montagnes et de nouveaux monticules ; quelques-unes de ces nouvelles montagnes ont le faîte prolongé et parallèle à la crête d'où elles sont parties ; les autres forment des montagnes ou des mamelons coniques, qui n'observent aucun ordre de position entre eux, ni avec la montagne qui les a formés. Ce qui rend ces nouvelles montagnes faciles à distinguer de celles qui sont restées en place, c'est que celles-ci sont ordinairement stratifiées, et que leurs assises s'étendent à des distances plus ou moins grandes ; tandis que les montagnes qui se sont formées par éboulement ne présentent que désordre, bouleversement et confusion. Si quelques-unes, descendues par glissement, présentent des masses de roches qui ont conservé leur stratification, ces masses sont toujours très-restreintes, et tout le terrain qui les supporte, comme celui qui les entoure, est broyé et sans cohérence. Tous ces terrains d'éboulement et de glissement ont laissé vers la corniche de la montagne d'où ils se sont détachés un vide formant un angle rentrant, dans lequel on pourrait assigner l'ancienne position des masses stratifiées qui ont glissé sans se disloquer.

Les éboulements et glissements qui ont produit ces montagnes et mamelons ont eu lieu, les uns pendant que les eaux de la mer ou des grands lacs couvraient les terres, ou lorsqu'elles se sont retirées, et les autres s'opèrent journellement.

Au nombre des premiers on peut mettre la vallée de Ramonchamp (Vosges). Les versants des deux collines et toute la plaine, qui a environ un kilomètre de large, sont hérissés de mamelons coniques, séparés les uns des autres, évidemment transportés et placés sans aucun ordre. Ils sont composés de blocs de rocher de toutes dimensions, de terres végétales confusément mêlées ensemble, et chaque boursouflure a de 3 à 8 mètres de hauteur. Toutes les crêtes et pentes environnantes portent les traces d'anciens affaissements et éboulements qui n'ont pu s'opérer que dans l'eau.

Depuis la retraite des mers, il s'est opéré et il s'opère encore journellement des éboulements et des glissements plus ou moins considérables.

Dans le quatorzième siècle, la moitié du Mont-Grenier, près Chambéry (Savoie), s'écroula pendant la nuit, écrasa tous les habitants de la petite ville de Saint-André, et ses débris s'étendirent à plus d'une lieue.

En 1648, une énorme portion des rochers qui bordent la vallée de Chiavenna, dans la Valteline (Suisse), s'éboula, ensevelit la petite ville de Pleurs et plus de 2,000 de ses habitants.

En 1714, la partie occidentale du Mont-Diablerets, dans le Valais, s'écroula; ses débris occupent plus d'une lieue carrée et ont environ 100 mètres d'épaisseur.

A Solutré, près de Mâcon, après de grandes pluies, les couches argileuses du sommet de la montagne glissèrent sur les bancs de pierre calcaire qui se trouvent au-dessous ; elles avaient déjà cheminé plusieurs centaines de mètres, menaçant d'engloutir le village, lorsque les pluies cessèrent, et, par suite, la marche de ce terrain mouvant.

C'est encore de la sorte qu'une partie du Mont-Goyéna, dans l'État de Venise, se détacha pendant la nuit et glissa avec plusieurs habitations qui furent entraînées jusqu'au fond de la vallée voisine. Le matin, à leur réveil, les habitants, qui n'avaient rien senti, furent fort étonnés de se trouver dans une vallée. Ils crurent d'abord qu'un pouvoir surnaturel les avait ainsi transportés, et ce ne fut qu'en examinant leur nouvelle situation qu'ils aperçurent les traces de la révolution qui les avait si merveilleusement épargnés.

Le 2 septembre 1805, à la suite d'un temps pluvieux, une masse de 4,000 mètres de long, de 400 de large et de 30 d'épaisseur, se détacha du Mont-Ruffiberg (en Suisse), se précipita dans la vallée, ensevelit sous ses débris plusieurs villages, coûta la vie à 500 personnes, et éleva au fond de la vallée des collines de plus de 60 mètres de hauteur.

Dans la nuit du 27 au 28 septembre 1853, une partie du Mont-de-Duret, dans le voisinage d'Alais, s'écroula sans causer la mort de personne, grâce à la sage précaution de l'autorité locale, qui, voyant au faîte une crevasse s'élargir journellement, enjoignit, quelque peu auparavant, à tous les habitants de la vallée que la masse mouvante pouvait atteindre, de déménager sans délai.

Le lecteur sent bien que ce n'est pas dans les terrains provenant de semblables affaissements, éboulements ou glissements qu'on peut chercher des sources avec espoir de succès. La grande épaisseur de ces dépôts, qui est souvent de 100 mètres, leur extrême porosité, l'incohérence et le désordre de toutes leurs parties, ne permettent de rien conjecturer sur leur composition ni sur leur disposition intérieure; il est aussi difficile au géologue de connaître l'intérieur de ces terrains qu'à un anatomiste de reconnaître chaque parcelle d'un cadavre qui serait haché.

Argile Walérius.

Indépendamment de ces énormes masses de terrain qui se détachent des grandes montagnes et s'éboulent ou glissent subitement le long de leurs flancs, on trouve encore, tant dans les pentes des grandes montagnes que dans celles des plus humbles coteaux, des dépôts d'une argile qui glisse insensiblement, et qu'on appelle *argile fermentante de Walérius*. Cette argile n'a ordinairement que de 1 à 4 mètres d'épaisseur; elle est entremêlée de sable quartzeux, repose sur une roche unie, assez fortement inclinée, et dont l'inclinaison concorde avec celle de la surface du terrain. Elle a, comme toutes les argiles, la propriété de se gonfler lorsqu'elle est mouillée, et de se contracter à mesure qu'elle se dessèche. Lors des grandes pluies, elle s'imbibe d'eau et augmente considérablement de poids et de volume. Toute la surface de la roche qui la supporte étant mouillée, on voit apparaître, sur différents points et à différentes hauteurs, des crevasses peu larges, peu profondes et de forme tantôt circulaire, tantôt carrée, qui marquent la séparation de chaque masse qui s'est mise en mouvement. Celles de ces petites avalanches qui sont les plus hautes poussent les suivantes en aval, celles-ci poussent à leur tour celles qui leur sont inférieures, et ainsi de suite jusqu'au bas de la pente, et, sur différents points, il se forme des mamelons ou protubérances plus ou moins élevés.

La marche de ce terrain est fort inégale. Dans certains coteaux, il ne descend que de quelques décimètres tous les ans; dans d'autres, certaines parties marchent temporairement et s'arrêtent ensuite pendant des siècles; mais si, pour construire une route, on vient à saper, ou si un cours d'eau vient à corroder la base de cette masse mouvante, on la voit parfois, lors des premières fortes pluies, descendre intégralement ou par masses séparées, se répandre dans la plaine et arrêter même le cours d'eau.

Les aqueducs placés dans ce terrain sont très-fréquemment dérangés, même interrompus, et on n'y établira jamais un édifice solide. Quelque soignées que soient les constructions, elles ne tardent pas à se lézarder, à surplomber et à s'écrouler (1). J'ai

---

(1) Familiarisé avec la connaissance de ce terrain, dans

vu un assez grand nombre de villages où, à peu près tous les ans, il s'écroule des maisons. Les habitants sont très-exposés à être ensevelis sous leurs ruines,

---

mes tournées, j'ai plusieurs centaines de fois annoncé de loin, souvent même de fort loin, que la plupart des murs d'une maison ou d'un village, que je voyais pour la première fois, étaient en surplomb et lézardés. Les bourgeois qui entendaient ces annonces étaient stupéfaits, et les villageois les regardaient comme des inspirations surhumaines. Cependant ce qui vient d'être dit montre qu'elles étaient bien faciles.

Voici ce que raconte sur ce sujet le *Nouvelliste de Pontarlier*, dans les numéros des 20, 27 octobre et 17 novembre 1844 : « Aux Oyettes, M. Paramelle a posé en fait que, si
« l'on plantait aujourd'hui une rangée d'arbres sur la même
« ligne, plus de la moitié aurait perdu plus ou moins leur ali-
« gnement dans cinquante ans et tous dans cent ans. Ces re-
« marques se trouvent justifiées par la croissance des sapins
« qui en cet endroit descendent plus bas que partout ailleurs
« dans la colline, vers le ruisseau des Lavaux ; ce qui ne peut
« s'expliquer que par le mouvement insensible du terrain du
« haut en bas. En déjeunant à Suans, M. l'abbé Paramelle a
« parlé des terrains à l'état d'éboulement, ce qui l'a amené à
« renouveler sa prédiction à l'égard du village de Lods (Doubs),
« que la mobilité du sol sur lequel il est bâti menace d'en-
« traîner un jour vers la Loue. A cette occasion, il a dit que,
« visitant le département du Var, il a porté le même juge-
« ment sur un village nommé Châteaudouble, et que, par
« une coïncidence remarquable, son jugement s'est trouvé
« d'accord avec celui de Nostradamus sur le même objet, il y
« a environ trois cents ans, ce qui avait donné lieu aux vieux
« vers suivants :

« Chateaudouble, Doublechateau,
« La rivière sera ton tombeau.

« Arrivé aux Hôpitaux-Vieux, M. Paramelle, a fait maret les uns ou les autres sont continuellement occupés à rebâtir.

Dans ce terrain, il y a, comme dans les autres, des sources visibles et un plus grand nombre de cachées ; mais, comme le terrain n'a aucune stabilité, de temps en temps les sources y paraissent et disparaissent, tantôt subitement, tantôt successivement ; elles reparaissent sur des points différents et disparaissent encore. Tout ce terrain étant bouleversé et les sources marchant en désordre, on ne peut y faire l'application d'aucune des règles qui président à la marche des eaux souterraines. On doit donc s'abstenir d'y chercher des sources, parce qu'on ne peut les rencontrer que par hasard, et que même, dans le cas où on les rencontrerait, on serait assuré de les voir disparaître tôt ou tard.

« quer quatre sources. Une d'elles passe sous quatre maisons
« et même sous le presbytère. A une distance où l'on ne pouvait
« voir à l'œil nu que la maison curiale était lézardée à un
« angle des deux côtés par l'action de l'eau souterraine, il a
« dit : Allez-vous convaincre de cette circonstance, et les spec-
« tateurs se sont hâtés de la vérifier ; elle était parfaitement
« exacte.

« Dans la commune de la Grand-Combe, une remarque
« a frappé, peut-être épouvanté les habitants : « Dans tout le
« département du Doubs, a dit le savant géologue, je n'ai
« pas rencontré une si grande étendue de terrain à l'état d'é-
« boulement que celui sur lequel est situé une grande partie
« du village, et je suis sûr que presque toutes les maisons,
« pour peu que les murs soient élevés, sont lézardées, non
« sur la façade de devant, ni sur celle de derrière, mais sur
« les côtés. » « Vérification faite, la chose s'est trouvée telle. »

CHAPITRE XXIV.

SOURCES MINÉRALES, THERMALES ET INTERMITTENTES.

L'eau de toutes les sources est essentiellement la même. Ses diverses qualités ne sont dues qu'aux différents corps hétérogènes (1) qu'elle tient en dissolution et qui modifient sa pesanteur, sa saveur, sa couleur et son odeur. Il n'existe pas de source parfaitement pure : celles qui sont réputées approcher le plus de l'état de pureté sont les *sources d'eau vive*, qu'on nomme aussi *eau de roche*, parce qu'elles sortent des rochers après s'y être filtrées dans des sables ou des masses granitiques. Cette eau est d'ordinaire la plus légère, puisque le pied cube ne pèse qu'environ 70 livres (2); elle bout plus promptement sur le feu que toute autre et se refroidit plus vite; elle dissout facilement le savon, et les légumes

---

(1) *Tales sunt aquæ, qualis terra per quam fluunt.* Pline, *Hist. nat.*, lib. XXXI.

(2) L'eau la plus chargée pèse 72 livres le pied cube, et la plus légère 70.

y cuisent plus promptement. Quand elle coule sur terre, elle y produit du cresson de fontaine et d'autres herbes qui conservent leur verdure toute l'année. Après les sources qui sortent des granits, les meilleures à boire et les plus saines sont celles qui coulent dans les porphyres, les micaschistes, les trapps, les calcaires purs et les sables.

Sources minérales.

On donne vulgairement le nom de *sources minérales* à celles dont les eaux sont froides et chargées de dissolutions salines, terreuses ou métalliques, en quantité suffisante pour produire une action notable sur l'économie animale. On décide communément de la qualité d'une source par le principe qui domine dans ses eaux ; ainsi on lui donne le nom de *source salée, séléniteuse, sulfureuse, vitriolique, ferrugineuse, bitumineuse,* etc., parce que ses eaux, dans les couches qu'elles ont traversées sous terre, ont trouvé, dissous et entraîné en abondance des parties de sel, de sélénite, de soufre, de vitriol, de fer et de bitume.

La chimie fournit les moyens les plus sûrs pour découvrir la composition des eaux et la nature des mélanges. On trouve, dans tous les ouvrages qui traitent de cette science, les analyses d'un certain nombre de sources connues. Les substances signalées dans chacune des quarante-cinq analyses que j'ai sous les yeux sont au nombre de quatre à quinze. Comme les chimistes sont rares, et que très-peu de personnes recourent à eux pour faire analyser les eaux dont elles se servent, je crois devoir indiquer ici quelques moyens qui peuvent mettre la plupart des lecteurs à même de connaître quelques-unes des substances qui sont contenues dans les eaux.

De ce qu'une eau est claire et limpide, on ne doit pas conclure qu'elle est exempte de toute substance hétérogène; car les parties salines dissoutes et les parties minérales décomposées sont souvent si subtiles, si atténuées et si divisées, qu'elles sont suspendues dans l'eau d'une manière imperceptible, et ne lui font rien perdre de sa transparence.

Les bulles d'air, qui s'échappent continuellement du fond de certaines fontaines et s'élèvent jusqu'à la surface de l'eau, annoncent que la source est gazeuse ; la *couleur* blanchâtre de l'eau est un indice de particules crayeuses ou gypseuses ; la couleur blanc-jaunâtre est l'effet du charbon fossile ; la couleur noire indique la présence de l'asphalte ou de la craie noire. Lorsque l'eau est rougeâtre à la surface seulement, elle dénote quelque substance animale, et lorsque la rougeur en occupe toute la masse, elle doit charrier du bol ou de l'ocre; la couleur verte indique la présence du cuivre ou du vitriol; la couleur vert-jaunâtre, celle du soufre ou du fer mêlé avec du cuivre; la couleur bleue, celle du cuivre; la couleur jaune-noirâtre, celle du fer.

Le *goût* de rouille annonce dans l'eau la présence du cuivre; le goût de l'encre, celle du vitriol. Le goût de sel, de soufre, de tourbe, etc., fait connaître que la source a traversé des dépôts ou couches minérales de sel, de soufre, de tourbe, etc.

Une *odeur* d'ail marque une source arsénicale, et l'odeur des œufs pourris, le soufre.

Les eaux de source, pour être salubres, ne doivent pas contenir de matières animales ou végétales corrompues, et ne doivent avoir que la moindre proportion possible de sulfate de chaux. Les eaux séléniteuses, c'est-à-dire celles qui contiennent des quantités notables de ce sel calcaire, se reconnaissent à la difficulté qu'on a d'y faire cuire les légumes et d'y faire dissoudre le savon, dont une partie se caillebotte par la combinaison de son huile avec la chaux sulfatée. On doit généralement s'abstenir de boire toute eau de source qui est colorée, qui répugne au goût ou à l'odorat.

La plupart des sources se troublent plus ou moins à chaque forte pluie ou fonte de neige. Elles sont, en général, d'autant plus claires qu'elles marchent plus profondément sous terre. Les eaux pluviales, en ruisselant sur la surface du sol, se chargent d'une grande quantité de particules terreuses et végétales, qu'elles déposent peu à peu en s'enfonçant dans la terre, et, lorsque le cours d'eau souterrain dans lequel elles se rendent est à une profondeur considérable, elles y arrivent entièrement percolées et limpides; mais si le cours d'eau est peu profond, elles y arrivent imparfaitement percolées ou ne l'étant pas du tout, et alors elles marchent et s'épanchent chargées de tous les débris qu'elles ont entraînés. Cela arrive surtout aux sources qui proviennent de régions à bétoires : quoique leur conduit soit à une grande profondeur, les eaux pluviales s'y précipitent, y marchent et ressortent sans avoir subi aucune percolation ; elles peuvent, tout au plus, y rencontrer quelque flaque d'eau où elles peuvent déposer une partie des matières qu'elles tiennent en suspension.

Les sources qui se forment et passent sous des bois, des prés, des pâturages et autres terrains incultes, lors même qu'elles sont peu profondes, sont toujours limpides, parce que leurs conduits étant toujours les mêmes et étant lavés depuis longtemps, elles ne se chargent d'aucune impureté ; mais celles qui proviennent de terrains cultivés, tels que les champs, les vignes, etc., et qui marchent à une faible profondeur, se troublent toutes les fois qu'il pleut ; parce que la culture est la cause principale et incessante du trouble des fontaines.

Le moyen de prévenir cet inconvénient se présente quelquefois lors de l'indication. Si on a le libre choix entre deux sources, dont on prévoit, d'après ce qui vient d'être dit, que l'une sera bourbeuse et l'autre claire, il n'y a pas de doute qu'il faut choisir la dernière; mais si la source qui se trouble est déjà en évidence et à l'usage des maisons, je ne connais pas d'autre moyen pour la rendre claire que de laisser incultes toutes les terres qui composent son bassin, moyen qui est presque partout impraticable, ou d'en clarifier les eaux avec des filtres.

Sources thermales.

Les sources d'eau chaude ou *thermales*, présentent tous les degrés de chaleur depuis l'eau bouillante, qui est de 100 degrés, jusqu'à la tempérée. La source de Cauterets a 36 degrés de chaleur; celle de Barèges, 48; celle de Balaruc (Hérault), 53; celle de Bagnères-de-Luchon, 56.

A Chaudesaigues (Cantal), les habitants trempent leur soupe avec les eaux de la source thermale assaisonnées, et sans les faire chauffer davantage. Ils y font cuire leurs viandes ; les œufs s'y durcissent dans quelques minutes, et leurs maisons sont chauffées au moyen de conduits établis sous les pavés.

Jusqu'à la fin du siècle dernier on a généralement attribué la chaleur des sources thermales à des pyrites, à des bancs de craie ou de pierre à chaux, ou à des volcans; mais, depuis que les géologues ont publié leurs observations sur ce sujet, il est reconnu que les sources thermales qui se trouvent près des volcans en activité sont les seules qui puissent en recevoir une augmentation de température, et que les pyrites, la craie et la chaux, sont des causes évidemment trop faibles et trop épuisables pour produire des effets si grands et si constants. En effet, depuis bien des siècles qu'on observe ces eaux, on leur a toujours trouvé à peu près le même volume, la même composition, la même saveur et la même température. Les grands froids, les grandes chaleurs, les grandes pluies et les grandes sécheresses, qui rendent les sources ordinaires si variables, ne causent presque point de changement dans la température ni dans le débit des sources thermales. D'ailleurs, ces sources arrivent toutes à la surface du sol par un mouvement vertical, et on les trouve dans toutes sortes de terrains et de positions. La plupart sont même fort éloignées des terrains volcaniques.

Les eaux thermales proviennent donc des profondeurs du globe, où elles puisent leur température, et les différents degrés de chaleur dont elles sont douées sont dus aux profondeurs, plus ou moins grandes, d'où elles proviennent. Il est aujourd'hui admis par tous les physiciens et géologues que la terre a une chaleur propre qui augmente d'environ un degré par 25 mètres de profondeur (1),

---

(1) « Des expériences certaines et réitérées nous assurent « que la masse entière du globe a une chaleur propre et tout « à fait indépendante de celle du soleil. Cette chaleur est « constante en tout lieu pour chaque profondeur, et elle paraît « augmenter à mesure que l'on descend. » Buffon, *Époques de la nature*, Discours prélim.

« Si on s'enfonce en allant vers l'intérieur du globe, on y « trouve la chaleur croissant progressivement et dans un « rapport assez rapide. Aux mines de Freyberg, la tempé- « rature s'élève à mesure qu'on y descend, et à 300 mètres « de profondeur, elle excède d'environ huit degrés celle de la « surface du sol. Cette augmentation est d'un degré par 37 « mètres d'enfoncement, 35 au moins. » D'Aubuisson, *Géognosie*, t. Ier, p. 450, 453 et 458.

M. Cordier, dans son *Essai sur la température de la terre*, « publié en 1828, se résume ainsi : » 1° Nos expériences confir- « ment pleinement l'existence d'une chaleur interne qui est

et que l'eau ordinaire qui s'enfonce dans la terre acquiert 4 degrés de chaleur par 100 mètres de profondeur. Le degré de chaleur d'une source étant connu, on peut connaître à peu près de quelle profondeur elle vient ; si, par exemple, une source thermale a 20 degrés de chaleur, il s'ensuit qu'elle provient de 500 mètres de profondeur ; si elle en a 40, elle vient de mille mètres, et si l'eau a 100 degrés de chaleur, et que, par conséquent, elle soit bouillante, (supposé qu'il existe une telle source quelque part), elle provient de 2,500 mètres de profondeur.

Ces données souffrent exception partout où une source thermale reçoit sous terre une source ordinaire qui vient l'attiédir proportionnellement à la quantité d'eau qu'elle lui fournit.

Sources intermittentes et intercalaires.

L'écoulement des sources intermittentes et intercalaires a, dans tous les temps, vivement piqué la curiosité des savants et de ceux qui ne l'étaient pas.

Les *sources intermittentes* sont celles qui, indé–

« propre au globe terrestre, qui ne tient point à l'influence des « rayons solaires, et qui croît rapidement avec les profondeurs. « L'accroissement est certainement plus rapide qu'on ne l'avait « supposé : il peut aller à un degré pour 15 mètres, et même « 13 en certaines contrées : provisoirement le terme moyen ne « peut pas être fixé à moins de 25. »

On peut encore voir sur la température intérieure du globe MM. de Humbold, Gensanne, Saussure, Rozet, Fourier et autres.

pendamment des saisons, coulent durant certains intervalles et cessent entièrement de couler pendant d'autres ; autrement dit, qui paraissent et disparaissent alternativement et pendant des temps déterminés.

Les *sources intercalaires* sont celles qui, à des intervalles fixes et indépendants des saisons, rendent alternativement des quantités d'eau différentes.

Les sources véritablement intermittentes ou intercalaires sont celles dont l'intermission ne dure que quelques minutes, quelques heures, ou quelques jours. Celles dont les apparitions et disparitions durent des mois ou des années, ou dont les variations dépendent des pluies ou de la fonte des neiges, ne sont pas mises au nombre des sources intermittentes, ni des intercalaires ; on les nomme *temporaires*.

La cause de ces variations singulières ayant toujours été cachée à nos yeux, les physiciens qui ont entrepris de l'expliquer se sont livrés à des suppositions bien diverses.

Les uns ont attribué ces variations à des bouffées de vents souterrains.

Les autres ont avancé que l'intermittence des sources est causée par le flux de l'Océan, les mers méditerranées n'ayant point de flux sensible. Ils citent à l'appui de cette opinion quelques sources situées tout à fait au bord de la mer ou à quelques dizaines de mètres de distance, qui haussent et baissent avec elle. Ce fait, bien simple, n'a aucun rapport avec les sources intermittentes, qui sont souvent situées à des centaines de lieues de distance et à des centaines ou à des milliers de mètres au-dessus du niveau de la mer. Le désaccord qui existe entre le flux de la mer et les diverses sources intermittentes aurait dû seul et de prime abord faire rejeter cette hypothèse ; car la durée du flux est d'environ six heures, et, parmi tant de sources intermittentes qui sont connues, on n'en citerait peut-être pas une dont la période ait exactement cette durée. De plus, l'intermission des diverses sources offrant toutes sortes de durées, depuis quelques minutes jusqu'à quelques jours, on n'en trouverait peut-être pas deux dont la durée soit rigoureusement la même.

D'autres, pour se mettre en état de donner de ce phénomène des explications fondées sur des faits, ont tenté de prendre, comme on dit, la nature sur le fait. Ils ont, à partir du débouché de la source, pratiqué une galerie plus ou moins longue, qui suivait pas à pas son conduit souterrain ; mais on n'en cite pas un qui ait été assez heureux pour voir fonctionner ce mécanisme sous terre. Leur curiosité n'a souvent abouti qu'à détruire à jamais un phénomène qui était la merveille du pays.

A défaut d'observation directe, les physiciens expliquent l'intermittence des fontaines par le jeu du syphon, dont le mécanisme est parfaitement connu, et, afin que tous les lecteurs soient en état de comprendre ce qui va être dit, je vais faire connaître la forme et le jeu de cet instrument.

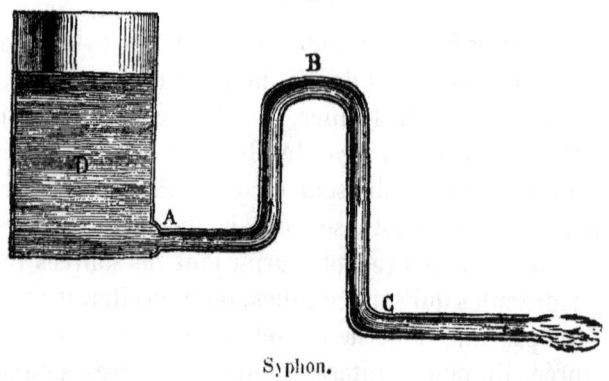

Syphon.

Un *syphon* est un simple tuyau courbé ABC, dont une branche AB est plus courte que l'autre BC. Pour faire usage de cet instrument, on place l'extrémité A de la courte branche dans un vase D, ou bien on l'ajuste à une ouverture latérale A du vase. On verse dans le vase de l'eau ou tout autre liquide. A mesure que l'eau s'élève dans le vase elle s'élève aussi dans la courte branche AB. Dès qu'elle est parvenue à la hauteur de la courbure B, elle se met à monter rapidement par la courte branche AB, et à descendre par la longue branche BC. L'eau continue de s'échapper par le tuyau, et le vase de se vider jusqu'à ce qu'elle ait baissé au-dessous de l'ouverture de la courte branche A. A cet instant l'écoulement cesse. Chaque fois qu'on réitère cette opération, on obtient le même résultat.

Il est indifférent que ce tuyau soit en verre, en métal ou en bois, qu'il soit gros ou mince, que sa courbure soit arquée, angulaire ou bizarrement tortueuse. Pour qu'un syphon puisse jouer, il faut que son débouché C soit plus bas que le niveau de l'eau contenue dans le vase.

D'après ces données, qui sont confirmées par toutes les expériences et admises de tout le monde, pour expliquer comment une source peut alternativement verser une certaine quantité d'eau et cesser pendant des intervalles réguliers, on a été forcé de supposer que l'eau de cette source rencontre sous terre une cavité plus ou moins spacieuse et ensuite un boyau disposé comme un syphon. On peut se représenter ces deux sortes de cavités sous la forme suivante :

Coupe d'une roche renfermant une fontaine intermittente.

D, cavité plus ou moins spacieuse servant de bassin.
E, source dont les eaux tombent et se rassemblent dans la cavité.
A, ouverture de la courte branche du boyau souterrain faisant les fonctions d'un syphon.
B, coude ou courbure du boyau.
C, débouché de la longue branche du boyau.

Cette caverne et ce boyau disposé en forme de syphon étant supposés, il est facile de concevoir et d'expliquer le jeu et le repos de ce syphon souterrain. Lorsque le bassin D est vide, l'eau que la source E y jette s'élève également dans la cavité et dans la courte branche du boyau AB; dès que l'eau s'est élevée dans la cavité et dans le boyau jusqu'à la plus grande hauteur de la courbure B, elle se met à descendre dans la longue branche BC d'où elle chasse l'air avec bruit, continue de couler, et la cavité de se vider jusqu'à ce que le niveau de l'eau se soit abaissé au-dessous de l'ouverture de la courte branche A. A cet instant, l'écoulement cesse, et cette cessation dure jusqu'à ce que l'eau se soit élevée de nouveau à la hauteur B de la courbure du boyau.

La durée de l'écoulement étant dépendante de la grandeur de la cavité, du diamètre du boyau et de la quantité d'eau que produit la source, certaines sources intermittentes coulent seulement pendant quelques minutes, d'autres pendant quelques heures, d'autres pendant quelques jours, et cessent de couler pendant le temps que la cavité met à se remplir de nouveau.

Pour qu'une source soit intermittente, il est nécessaire que le boyau ABC entraîne plus d'eau que n'en fournit le canal d'entretien E; car si ce canal en déchargeait dans la cavité autant ou plus que le boyau ne peut en débiter, l'eau se soutiendrait dans la caverne à la hauteur de la courbure du boyau, et l'écoulement serait continu.

L'écoulement se composant de la quantité d'eau qui se trouve dans la cavité au moment où le syphon commence à jouer et de celle qui s'y jette pendant l'écoulement, lorsque le canal d'entretien augmente son produit après des pluies abondantes, la cavité se remplissant dans moins de temps, l'intermission est plus courte et l'écoulement plus long. Si au contraire la sécheresse vient à diminuer la quantité d'eau fournie par le canal d'entretien, l'intermission sera plus longue et l'écoulement plus court.

Cette manière d'expliquer l'intermittence de certaines sources est la seule satisfaisante qu'on ait pu trouver jusqu'ici, et pour prouver que cette cavité, ce boyau, et le jeu qui en est l'effet, ne sont pas des suppositions gratuites, on a construit une machine qui produit parfaitement ce phénomène, et que pour cette raison on a nommée *fontaine intermittente*.

Pour ce qui est des *sources intercalaires*, c'est-à-dire celles qui, pendant certains intervalles de temps, donnent plus d'eau que pendant d'autres, on est obligé d'admettre que sous terre la longue branche du boyau intermittent verse ses eaux dans une autre source dont l'écoulement est continu; ou, s'il n'y a qu'un cours d'eau, qu'il se bifurque avant d'arriver à la cavité, qu'une branche suit un conduit dont l'écoulement est continu, que l'autre passe par la caverne et le boyau intermittent, et que les deux branches se rejoignent avant d'arriver hors de terre.

Les fontaines intermittentes et intercalaires sont assez nombreuses dans tous les États. La plus remarquable que nous ayons en France est Fontestorbe, dans la commune de Belesta (Ariége). Son écoulement est ordinairement intercalaire depuis le mois de juin jusqu'au mois d'octobre ; mais pendant l'hiver, et même pendant les pluies de l'été, il devient continu. Cet écoulement commence tous les trois quarts d'heure et dure dix-huit minutes. Dans sa plus grande crue il produit environ dix fois plus d'eau que dans sa plus basse.

L'écoulement de la fontaine du Touillon, près Pontarlier (Doubs), dure dix minutes, remplit son bassin et disparaît complétement, laissant le bassin à sec pendant trois quarts d'heure.

La fontaine de Colmar (Basses-Alpes), coule huit fois dans une heure, et s'arrête autant de fois, ne variant dans les divers temps de l'année que de six à huit minutes.

La source de Fonsanche, entre Sauve et Quissac (Gard), coule assez régulièrement deux fois dans 25 heures, et éprouve deux intermissions dans le même temps. Chaque écoulement étant de 7 heures 25 minutes, et chaque intermission, de 5 heures, les écoulements et intermissions retardent chaque jour d'environ 50 minutes.

Le département du Lot a deux fontaines intermittentes : l'une à la Mothe-Cassel, dont l'écoulement augmente depuis 10 heures du matin jusqu'à 3 heures du soir, et l'autre à Gigouzac, qui commence à donner ses eaux avec plus d'abondance vers 10 heures du soir, et cesse de couler vers 5 heures du matin.

Les fontaines intermittentes et thermales les plus extraordinaires que l'on connaisse, sont les *geysers* ou *huer* d'Islande, qui paraissent devoir leurs accès, non à un jeu de syphon, mais à des amas de gaz mêlés à des masses d'eaux contenues dans de vastes cavités souterraines. Le terrain de cette île, tout volcanique et entretenant encore un volcan en activité, dégage d'énormes quantités de gaz qui, à des temps indéterminés, enflent les eaux souterraines et les poussent au dehors avec plus ou moins de violence. C'est vraisemblablement à la même cause qu'est due l'irrégularité de certaines sources intermittentes, qui n'observent aucun ordre dans les durées de leur écoulement et intermission. Ces geysers sont au nombre de plus de 100, groupés dans un espace d'environ une demi-lieue carrée, et situés à demi-lieue de Skalholt. Voici comment M. de Troïl rend compte d'une visite qu'il fit à ces sources (1).

« Les huer ou jets d'eau, qui sont en beaucoup
« plus grand nombre, sont plus remarquables. Je
« citerai seulement les trois plus curieux. Il y en a un
« près Langervatn, lac d'eau douce qui a une lieue
« de circonférence, à 2 journées de l'Hécla : c'est là
« que j'ai vu le premier huer ou jet d'eau, et je
« dois avouer que le coup d'œil en est superbe. Le

---

(1) *Lettres sur l'Islande*, traduites du suédois, pages 304 et suivantes.

« ciel était serein et le soleil commençait à dorer
« les montagnes voisines. Il n'y avait pas de vent,
« et le lac, où se promenaient des cygnes, se pré-
« sentait à la vue comme un miroir. Tout à l'en-
« tour, on voyait en huit endroits s'élever de ces
« sources chaudes des vapeurs qui se perdaient en
« l'air.

« Toutes jetaient de l'eau; une, entre autres,
« s'élevait en colonne de 18 à 24 pieds de haut, sur
« un diamètre de 6 à 8 pieds. L'eau en était extrê-
« mement chaude. Nous y fîmes cuire, pour notre
« déjeuner, un assez gros morceau de mouton, avec
« quelques truites saumonées, et des bécassines :
« leur saveur n'en fut nullement altérée. Tel était
« le degré de chaleur, qu'au bout de 6 minutes ces
« viandes furent cuites presque à tomber en mor-
« ceaux.

« Une description telle que j'aurais souhaité de
« pouvoir vous la donner serait encore inférieure
« au sujet; mais il est certain que jamais, en aucun
« autre lieu, je ne me suis senti plus rempli d'ad-
« miration et de vénération pour l'auteur de la
« nature.

« Il se trouve à Reikum un autre huer. On assure
« que le jet d'eau de celui-ci s'éleva, il y a quelques
« années, jusqu'à 70 pieds de hauteur. Un éboule-
« ment de terre, qui couvre presque toute l'ouver-
« ture par où l'eau jaillit, est cause qu'elle ne va
« pas au delà de 60 pieds.

« Je ne vous ai point parlé, Monsieur, de ce qui
« m'a paru le plus remarquable, et que vous aurez,

« ainsi que moi, peine à croire. Je n'avancerai rien
« de plus que ce que j'ai vu, et j'en garantis par
« conséquent l'exacte vérité.

« Le plus grand jet d'eau qui existe est celui de
« Geyser, près de Skalholt, une des résidences épi-
« scopales de l'Islande. Ceux de Marly, de Saint-
« Cloud, de Vinterkasten, dans le Landgraviat de
« Cassel, et de Herrenhausen, au pays de Hanovre,
« ne sont rien auprès. Dans un espace moindre
« d'une demi-lieue à la ronde, on trouve jusqu'à
« 50 fontaines bouillantes qui vraisemblablement
« ont toutes la même source. L'eau dans les unes
« est claire; dans d'autres, elle est trouble, comme
« l'eau de chaux qui dépose; et dans quelques-
« unes, l'eau passe au travers d'une veine d'ocre
« qui la rend rouge comme du sang, tandis que
« celle des autres fontaines, qui coulent au travers
« d'une glaise plus claire, est blanche comme du
lait.

« Toutes ces fontaines forment des jets d'eau,
« avec cette différence que, dans une partie, elle
« jaillit continuellement, et dans l'autre, elle ne le
« fait que par intervalles. La plus grande fontaine,
« qui est au milieu, fut celle qui nous occupa le
« plus. Nous y restâmes depuis six heures du ma-
« tin jusqu'à sept heures du soir. Le diamètre du
« tuyau qui reçoit l'eau montante est de 19 pieds.
« J'en ignore la profondeur. Le cratère qui se trouve
« à l'extrémité du tuyau présente la forme d'un
« chaudron. Son diamètre est de 56 pieds, et son
« bord, au-dessus de celui du tuyau, est de 9 pouces.

« Cette fontaine ne jette pas de l'eau continuelle-
« ment, mais à différentes reprises dans la jour-
« née. Les habitants des environs nous ont assuré
« que l'eau va beaucoup plus haut quand il ne fait
« pas très-froid. Lorsque nous y arrivâmes, nous
« vîmes l'eau jaillir jusqu'à dix fois en cinq heures
« à la hauteur de 60 pieds. L'eau étant montée au
« bord du tuyau ne remplissait le cratère que peu
« à peu, et elle débordait à la fin. Nous nous atten-
« dions à un jet d'une grande hauteur, qui n'eut
« pas lieu aussitôt. M. Lind, qui nous accompagnait
« comme astronome, dressa son quart de cercle
« pour en prendre l'exacte hauteur. Dans l'après-
« midi, à quatre heures et quelques minutes, la terre
« trembla ; et cette secousse se fit également sentir
« en divers endroits, sur la cime de la montagne, à
« 500 brasses de l'ouverture. Elle fut accompagnée
« d'un bruit souterrain, comme de plusieurs coups
« de canon qui se succéderaient; l'instant après, le
« jet commença, et la colonne d'eau qui, d'après
« nos observations, montait à 90 pieds, se divisa
« en différentes directions; mais ce qui ajouta à
« l'étonnement que nous causèrent les effets sin-
« guliers du feu et de l'air, c'est que nous vîmes re-
« monter les mêmes pierres que nous venions de
« jeter à l'ouverture. »

Depuis M. de Troïl, d'autres voyageurs ont reconnu qu'il s'était opéré des changements dans le
nombre et la puissance de ces sources jaillissantes.
Lors d'un tremblement de terre, qui eut lieu en
1784, quelques-unes des anciennes disparurent, et

il en parut de nouvelles. Leurs éruptions sont devenues généralement plus violentes et plus considérables, puisque, en 1804, le lieutenant danois Ohlsen vit une colonne d'eau s'élever jusqu'à environ 150 pieds, et une autre à 212.

CHAPITRE XXV.

TRAVAUX A EXÉCUTER POUR METTRE LES SOURCES
A DÉCOUVERT.

Les propriétaires qui ont à faire creuser et bâtir pour mettre des sources au jour et assurer leur conservation, sont souvent embarrassés dans l'exécution de ces travaux. Les architectes eux-mêmes, que l'on charge ordinairement de leur direction, n'ayant que très-rarement l'occasion de s'en occuper, se trouvent quelquefois peu versés dans cette partie de leur art. Cependant, à défaut d'une bonne direction, certaines tentatives sont abandonnées, d'autres échouent ou ne réussissent qu'imparfaitement, et d'autres ne produisent que des résultats peu durables. Ayant eu l'occasion de faire un certain nombre d'observations sur ces sortes de travaux, bien que je ne sois pas architecte, je crois devoir les consigner ici, persuadé qu'un très-grand nombre de propriétaires, et peut-être même quelques architectes, y trouveront des préceptes qui les aideront à mettre au jour la plus grande quantité d'eau possible, à faire les creusements et les constructions avec économie et solidité, à prévenir un grand nombre d'accidents, et à les réparer lorsqu'il en surviendra.

Après que les eaux de la mer se furent retirées des continents, et que les sources eurent établi leurs conduits sous terre, toutes celles qui se trouvèrent peu profondes et sous une couche de terre friable, ne tardèrent pas à expulser le peu de terre qui les recouvrait, se firent jour, continuèrent de couler et coulent encore à la surface du sol. Mais celles qui se trouvèrent à des profondeurs considérables ou sous des roches dures, ou qui plus tard ont été recouvertes de puissants dépôts amenés par les éboulements, par les eaux courantes ou par la culture, n'ayant jamais pu chasser les obstacles qui s'opposaient à leur sortie de terre, sont restées cachées, et elles y resteraient à jamais, si la main de l'homme ou des perturbations du sol ne venaient les tirer de cet état. Les sources cachées se trouvent à toutes sortes de profondeurs, depuis deux jusqu'à des centaines de mètres, et il est très-rare qu'on en trouve à moins de 2 ou 3 mètres.

On met les sources au jour en les amenant hors de terre avec des conduits, en établissant sur leur parcours des fontaines, des puits ordinaires ou des puits artésiens. Chacun de ces quatre procédés a des règles particulières, dont voici les principales :

Conduite d'une source hors de terre.

Toute source qu'on veut conduire hors de terre

doit être peu profonde, se trouver à un niveau assez élevé pour pouvoir descendre au point voulu, et être assez abondante pour les besoins des maisons qu'elle est destinée à approvisionner d'eau.

Les sources qui sont à moins de 6 ou 7 mètres de profondeur sont généralement les seules qui puissent être conduites hors de terre, à cause des frais trop considérables que coûtent celles qui sont à de plus grandes profondeurs.

Lorsque le passage d'une source est indiqué par les pieds de deux coteaux qui se joignent à la surface du sol, ou qu'elle marche dans une crevasse de rocher dont elle ne peut s'écarter, on n'a qu'à faire sur la ligne du thalweg un creux rond, en forme de puits, d'environ 3 mètres de diamètre ; mais lorsque le point où l'on veut placer la fouille se trouve dans une plaine, et que le terrain est désagrégé, ce simple creux ne suffirait pas ; parce que, dans ce cas, la source principale est presque toujours accompagnée de sources accessoires qui marchent à ses côtés, à la même profondeur qu'elle et parallèlement à la ligne qu'elle suit. Comme l'on a ordinairement intérêt à recueillir la plus grande quantité d'eau possible, on doit creuser à travers le vallon une tranchée perpendiculaire au cours d'eau, large d'environ 2 mètres et d'une longueur suffisante pour capter le plus grand nombre de filets d'eau. Lorsque la plaine est assez étroite pour que l'on puisse pratiquer la tranchée d'une cotière à l'autre, si elle n'a, par exemple, qu'une dizaine de mètres de traversée, la tranchée doit la comprendre tout entière, sans toutefois entamer les terres solides ou rochers des deux coteaux ; on n'enlèvera donc que le terrain de transport au fond duquel est ordinairement la source.

Lorsque la plaine est beaucoup plus large, il n'est pas ordinairement à propos de donner à la tranchée une bien plus grande longueur, parce qu'elle deviendrait trop coûteuse, et que, plus on s'éloigne de la source principale, moins les filets d'eau sont abondants. Cependant, lorsqu'il s'agit d'approvisionner d'eau une nombreuse population, et que l'on voit, par l'étendue du bassin qui produit la source, qu'il n'y a pas dans la plaine une source suffisante et que les eaux souterraines y marchent en nappe ou en filets séparés, on doit donner à la tranchée une longueur proportionnée à la quantité d'eau dont on a besoin.

Si l'on est obligé de creuser à un point où le thalweg invisible concorde avec le thalweg visible, et que celui-ci soit occupé une partie de l'année par un cours d'eau, afin d'empêcher ce cours d'eau de venir déranger les ouvriers pendant les fouilles, et plus tard, de mêler ses eaux à celles de la source, on doit commencer par creuser un fossé de dérivation pour détourner les eaux superficielles des abords du creux qu'on veut pratiquer. Ce fossé de dérivation doit avoir son point de départ à quelques mètres au-dessus de la fouille, avoir assez de capacité pour recevoir tout le cours d'eau dans ses plus grandes crues, passer à 2 ou 3 mètres de la fouille, et se prolonger assez en aval pour que le cours d'eau temporaire ne puisse jamais revenir dans l'excavation. Si le cours d'eau temporaire a un canal, on doit établir une digue très-solide au point de départ du fossé de dérivation, et employer les déblais qu'on en tire à combler le vieux canal.

La tranchée doit être perpendiculaire au cours d'eau. En la creusant on doit descendre à peu près d'aplomb. Si les parois menacent de s'ébouler, il faut les étayer avec des planches appliquées contre le terrain et maintenues en place par des poutrelles appuyées contre le côté opposé, et avoir soin de porter les déblais à plus de 2 mètres des bords de la tranchée, afin que leur poids ne contribue pas à déterminer des éboulements. On ne doit pas se contenter de l'approfondir jusqu'à l'apparition de l'eau; car tant qu'on voit les sources venir au fond de la tranchée de bas en haut, ou même horizontalement, il est très-probable qu'une partie de leurs eaux continue de suivre sous terre leurs conduits accoutumés. On doit donc continuer de creuser jusqu'à ce que la source principale et les veines d'eau qui l'accompagnent fassent, dans la tranchée, une petite chute de 2 ou 3 centimètres; ce qui dénote qu'il ne reste aucune partie de la source au-dessous.

Lorsque la source est forte et que l'abondance d'eau empêche de continuer l'approfondissement, au lieu d'enlever l'eau avec des vases ou des pompes, on creuse une tranchée en aval, qui sert à faire écouler l'eau pendant les travaux et ensuite à placer les tuyaux de conduite.

L'approfondissement de la tranchée étant terminé, la source principale et les filets d'eau adjacents étant en évidence, afin de les capter et réunir, on donne une pente à son fond pour faire arriver toute l'eau à l'un de ses bouts, ou bien on lui donne deux pentes opposées pour la faire arriver à tel autre point du fond de la tranchée que l'on veut.

On doit bâtir au fond de la tranchée et sur toute sa longueur un aqueduc à pierres sèches et un peu taillées, de 30 à 40 centimètres de large, de 40 à 50 centimètres de hauteur, et couvrir cet aqueduc avec des dalles solides. L'aqueduc doit être bâti à pierres sèches, afin que les sources puissent y entrer partout librement.

L'aqueduc étant bâti, il faut combler tout le fond de la tranchée à partir du dessus des dalles avec des pierrailles, jusqu'à ce qu'elles s'élèvent au tiers ou à la moitié de sa profondeur, et combler le reste avec la terre qu'on en a tirée. Cet empierrement sert : 1° à recueillir les filets d'eau qui peuvent se trouver plus élevés que la source principale, et à faciliter leur chute dans l'aqueduc; 2° si dans la suite quelque dalle venait à se casser ou quelques parties des murs de l'aqueduc à se démolir, les pierrailles continueraient de transmettre les eaux jusqu'au tuyau de départ; tandis que si on ne comblait la tranchée qu'avec de la terre, elle se tasserait plus tard, et empêcherait les filets d'eau supérieurs de descendre dans l'aqueduc; et si l'aqueduc venait à s'écrouler, la terre tomberait dans ce vide, arrêterait l'eau, l'empêcherait d'arriver jusqu'au tuyau de départ et la forcerait à reprendre ses anciens conduits.

Pendant qu'on jette les pierrailles et qu'on remet la terre dans la tranchée, on doit conserver sur le point où arrive toute l'eau et où elle doit entrer dans l'aqueduc, un petit puits ou regard que l'on bâtit jusque hors de terre et que l'on recouvre d'une dalle. Ce puits ou regard sert à faciliter à l'eau le moyen de prendre en partant l'air qui lui est nécessaire pour marcher dans les conduits ; à défaut de cette précaution, l'eau n'arrive à la fontaine que par bouffées et souvent il n'en arrive pas du tout. Ce petit puits sert encore à rejeter l'eau qui ne peut entrer dans les conduits lors des grandes pluies.

Ceux qui ne sont pas obligés d'user d'une stricte économie dans ces travaux, au lieu de l'étroit et bas aqueduc et de l'empierrement dont il vient d'être parlé, peuvent bâtir d'un bout de tranchée à l'autre deux murs en pierres sèches et taillées, distants de 80 centimètres l'un de l'autre, hauts de 2 mètres et sur lesquels on place des dalles solides, ou on y construit une voûte. Cette galerie donne la facilité de réparer ses murs et d'enlever les terres ou sables que la source peut y amener.

On ne peut établir au fond de la tranchée, ni même devant le débouché de quelle source que ce soit, un barrage quelconque pour la forcer à s'élever sans s'exposer à la perdre ; car, toutes les fois qu'on barre l'issue d'une source, elle est refoulée dans son conduit d'amont, et, si par malheur elle y rencontre une petite issue ou crevasse latérale, elle l'agrandit peu à peu et finit par s'y jeter tout entière ; on ôte ensuite le barrage, mais elle ne revient plus. Dans mes tournées, j'ai vu bien des endroits où l'on a perdu de très-belles sources par cette seule imprudence. Le mieux est donc de prendre les sources au niveau de leur débouché et de les conduire là où elles peuvent arriver.

Dès qu'on voit que la source est suffisante et de bonne qualité, on creuse une tranchée en aval pour y poser le conduit. La tranchée et le conduit doivent avoir au point de départ la même profondeur que le puits, diminuer de profondeur à mesure qu'on s'en éloigne et avoir une pente au moins de 30 centimètres par 100 mètres. Le premier tuyau que l'on place au fond du puits doit être pourvu d'une gourde en plomb ou en cuivre, percée d'un très-grand nombre de petits trous pour laisser passer l'eau et empêcher tout corps étranger de s'introduire dans les tuyaux. Lorsque le conduit est arrivé près de la surface du sol, on doit, pour le reste de son parcours, le poser sous terre à la profondeur d'environ 60 centimètres, car lorsque les conduits sont placés trop près de la surface du sol, en été l'eau s'échauffe jusqu'à devenir quelquefois impotable, et en hiver elle se gèle, cesse de couler, et souvent fait crever les conduits. D'un autre côté, lorsque les conduits sont placés trop profondément, leur entretien est plus dispendieux. Pour que l'eau puisse jaillir, on est obligé de lui donner un cours forcé dans la partie de l'aqueduc qui avoisine la fontaine ou le jet d'eau, et d'employer à cet endroit les tuyaux les plus solides. On doit donc, lorsque la pente du terrain le permet, ménager celle de l'aqueduc de manière que la partie dans laquelle l'eau est forcée, soit la plus courte possible, afin d'en soumettre la moindre longueur qu'on peut à la pression de l'eau, et avoir dans la suite moins de frais à faire pour l'entretien de l'aqueduc. On doit, autant que possible, éviter les tournants trop subits, ou du moins les prendre d'un peu loin pour en diminuer la roideur, et quand l'aqueduc suit un chemin, il faut éviter de le placer sous les ornières que forment les roues, pour qu'il n'en soit pas écrasé.

Les tuyaux qu'on emploie pour la conduite des eaux sont ordinairement en plomb, en fonte, en terre cuite ou en bois.

De quelque matière que soient les tuyaux qu'on emploie, ils doivent avoir un diamètre et une épaisseur proportionnés à la quantité d'eau qu'on veut conduire. Outre ce qui va être dit sur les diverses manières de les ajouter, tous les joints doivent être calfatés avec du mastic que l'on compose ainsi qu'il suit : Moitié ciment de Pouilly, un quart de chaux hydraulique, et l'autre quart, de fragments de tuiles ou briques bien pulvérisés. Ce mastic se gâche comme le plâtre, et doit être employé aussitôt qu'il est préparé.

Les *tuyaux en plomb* sont les plus commodes, les plus solides et les plus durables. Il sont moulés ou soudés, et on leur donne la longueur et la grosseur que l'on veut. Ils peuvent monter, descendre et se couder sans être endommagés. Leur durée, lorsqu'ils sont d'épaisseur moyenne, est d'environ trois cents ans. Ce sont, il est vrai, ceux qui coûtent le plus à acheter, mais aussi ils sont les moins coûteux à entretenir, et après leur oxidation, ils valent encore à peu près la moitié de leur prix d'achat.

La longueur ordinaire des *tuyaux en fonte* est d'environ deux mètres, et souvent ils sont beaucoup plus longs. Les uns ont le diamètre plus large à un bout, et plus étroit à l'autre, et ils s'emboîtent l'un dans l'autre d'environ un décimètre. Les autres sont partout de même diamètre, se placent bout à bout, et leur jointure se couvre avec un manchon; les autres sont à ourlets, s'ajoutent bout à bout, avec vis et écrous, et l'on met entre les ourlets des rondelles de cuir ou de feutre. Leur durée moyenne est d'une centaine d'années.

Les *tuyaux en terre cuite* sont ceux qui altèrent le moins la pureté des eaux. Leur durée est extrêmement variable, et leur longueur est de deux à quatre pieds. Les uns sont faits en forme de cône tronqué, et le bout mince de l'un s'ajoute dans le gros bout de l'autre; les autres ont un bout plus large et l'autre plus étroit, et s'emboîtent l'un dans l'autre d'environ un décimètre.

Les *tuyaux de bois* se composent de rouleaux longs d'environ deux mètres, et perforés à leur axe d'un bout à l'autre. On les perce avec de longues tarières de fer de différentes formes et grosseurs, que l'on fait succéder l'une à l'autre par ordre de grosseur. On ajoute ces tuyaux tantôt en augmentant l'ouverture de l'un et en amincissant suffisamment le bout de l'autre pour qu'il puisse s'y emboîter; tantôt on les pose bout à bout, et on les joint par une douille en fer longue d'environ un décimètre, et épaisse d'environ 3 ou 4 millimètres; cette douille a les bords tranchants, le diamètre un peu plus grand que le diamètre intérieur des deux tuyaux qu'elle conjoint, et on l'enfonce de force moitié dans chacun. Les tuyaux de bois sont les moins coûteux à établir, mais les plus coûteux à entretenir. Ils se fendent ou se pourrissent dans peu d'années, surtout quand on les laisse quelque temps sans eau, et c'est ceux qui altèrent le plus les bonnes eaux.

Quelques-uns ont voulu essayer les tuyaux de zinc; mais leur oxidation a été si rapide, que dans peu d'années ils ont été hors d'usage.

Pour nettoyer un conduit dont la pente est continue, on démonte le tuyau le plus bas, qui est en même temps le plus près du jet d'eau, et l'on bouche le tuyau d'amont qui est resté en place avec un tampon en bois garni d'étoupes; on laisse le conduit se remplir d'eau dans toute sa longueur, et jusqu'à ce qu'elle s'élève à une certaine hauteur dans le puits qui est au départ; on ôte alors le tampon, et l'eau, descendant avec impétuosité, entraîne tout ce qui peut se trouver dans les tuyaux. Si le conduit traverse un vallon avec pente et contrepente, on ferme d'abord tous les robinets et jets d'eau qu'il entretient; on laisse tout le conduit se remplir d'eau, et on ôte le tampon qui bouche une ouverture que porte sur le côté un tuyau placé au point le plus bas du vallon; ou bien, à défaut de tuyau à dégorgeoir, on démonte celui qui est au thalweg du vallon, et l'eau, descendant des deux côtés vers cette ouverture, pousse hors du conduit toute la vase qui s'y trouve. Les conduits doivent être nettoyés au moins une fois l'an.

Toute construction qui verse l'eau amenée par un conduit est appelée *fontaine artificielle*. Ces sortes de fontaines n'ont ni formes ni dimensions déterminées. Chacun construit et embellit la sienne comme il l'entend. Cependant, je crois devoir ajouter, pour ceux qui n'ont pas d'autre eau à portée que celle de la source qui est conduite auprès de leurs maisons, qu'il est très-important d'établir autour, ou à côté de la fontaine, un abreuvoir pour les bestiaux ; immédiatement au-dessous de l'abreuvoir, un lavoir ; au-dessous du lavoir, une vaste mare pour servir en cas d'incendie ; et enfin, l'eau qui sort de la mare est employée à arroser les jardins ou les prés. Les abreuvoirs et lavoirs sont pavés de dalles gisantes et clos d'autres dalles, placées de champ et cramponnées. Toutes les jointures doivent être bien cimentées.

Les Fontaines.

Il n'y a ordinairement que les villes, les communes ou les riches particuliers qui puissent faire la dépense d'un aqueduc pour conduire une source près de leurs maisons. Presque toutes les populations rurales s'approvisionnent d'eau de source à des fontaines creusées et construites sur place, ou à des puits. Toutes les fois que, par une cause quelconque, on ne peut amener une source de loin, et que près de l'habitation on en possède une qui sort de terre naturellement, ou qu'on y en découvre une très-peu profonde, on établit une fontaine sur la source même. Cette fontaine consiste en un bassin revêtu de maçonnerie, qui tient en réserve une certaine quantité d'eau produite par la source. En creusant ce bassin, on doit l'approfondir au-dessous du niveau de la source, tant parce qu'on pourrait en laisser une partie au-dessous du fond, que parce qu'il est toujours avantageux d'y avoir en réserve une quantité d'eau considérable. Les fontaines étant peu profondes, on leur donne presque toujours la forme carrée sans avoir à craindre l'écroulement des murs, et on leur donne des dimensions proportionnées à la quantité d'eau qu'on veut qu'elles contiennent. Les murs doivent être bâtis à pierres sèches jusqu'à fleur de terre; car si on y employait du mortier, il empêcherait l'eau d'arriver dans le bassin; ces murs doivent être continués jusqu'à 5 ou 6 pieds hors de terre, et cette dernière partie doit être bâtie avec du mortier. On recouvre la fontaine d'une voûte ou avec des dalles, et on laisse une porte sur le devant. En construisant les fontaines, il faut éviter d'en placer la porte vers le midi; car j'en ai vu un très-grand nombre qui ne contenaient que des eaux tièdes et dégoûtantes, quoiqu'elles reçussent des sources excellentes, par la seule raison que tous les jours chauds, elles étaient exposées aux ardeurs du soleil.

Si quelques années après que la fontaine est terminée, on voit qu'elle ne fournit pas assez d'eau et que l'on reconnaisse que des filets d'eau passent à côté, on les y mène en creusant, depuis la fontaine jusqu'à ces filets, un fossé qui soit suffisamment profond, incliné vers la fontaine et perpendiculaire au cours d'eau. On remplit le fond de ce fossé de pierrailles jusqu'à la hauteur de deux ou trois pieds, et on achève de le combler avec la terre qui en a été tirée. Si ce premier fossé est insuffisant, et que l'on reconnaisse que sur le côté opposé il y a encore d'autres filets d'eau, on y en creuse un autre, et on le comble comme le premier.

Les Puits.

Un *puits* est un creux profond fait de main d'homme, revêtu de maçonnerie et destiné à fournir de l'eau. La majeure partie des habitants de la France s'abreuve avec les eaux des puits.

Toutes les fois qu'une source ne peut être amenée à portée des maisons parce qu'elle ne se trouve pas assez élevée, qu'elle est trop profonde, trop faible, ou trop éloignée, qu'elle se trouve dans un terrain trop plat, ou que les propriétaires n'ont pas les moyens de faire les dépenses que nécessiterait une conduite d'eau, on établit un puits sur la source que l'on reconnait être la plus proche, la plus abondante et la moins profonde. Une source qui serait trop faible pour entretenir une fontaine jaillissante, recueillie dans un puits comme dans un réservoir, peut fournir à tous les besoins d'un grand nombre de maisons, parce que l'eau s'y ramasse continuellement et que le puisage est loin d'être continuel.

Le centre du puits qu'on entreprend de creuser doit être sur la ligne que suit la source sous terre.

On creuse ordinairement les puits sur un diamètre de 3 mètres à 3 mètres et demi. Dès qu'on est arrivé à quelques mètres de profondeur, on établit, à fleur de terre, un plancher sur lequel on dresse un tour avec câble et tinette solides.

Lorsque le creusement est parvenu au bas de la terre friable, et qu'on trouve le rocher, il faut d'abord le bien déblayer, et s'il est de la nature de ceux dont j'ai parlé, qui laissent descendre l'eau à des profondeurs extraordinaires, il faut sans hésiter abandonner l'entreprise. S'il est de ceux qui, à raison de leur nature et disposition, présagent de l'eau, il faut examiner de quelle manière il se présente, et s'assurer si ses assises sont inclinées ou horizontales. Si les assises du rocher sont inclinées, et que la ligne d'intersection des deux stratifications passe par le milieu du creux, on continue de creuser jusqu'à la profondeur de la source. Si cette ligne ne se trouve pas passer par le milieu du creux, il faut élargir celui-ci jusqu'à ce qu'elle se trouve au milieu; car cette ligne est le vrai thalweg du vallon, et c'est toujours sous le thalweg que passe la source.

Lorsqu'on est arrivé au rocher, si l'on voit que l'on est tombé sur l'un des deux plans inclinés qui forment la base d'un des deux coteaux, on doit pratiquer une petite galerie allant vers l'aval de ce plan, pour savoir à quelle distance est la base du coteau opposé. Si la base du coteau opposé n'est qu'à un ou deux mètres du creux que l'on fait, il faut l'élargir suffisamment pour que la ligne d'intersection se trouve à son milieu, et continuer l'approfondissement en maintenant l'excavation autant sur la base d'un rocher, que sur celle de l'autre. Si la base du côté opposé se trouve à plus de 2 mètres du creux, il faut faire un autre creux et le placer de manière qu'il appuie autant sur la base d'un coteau que sur celle de l'autre ; c'est donc quand on est arrivé au rocher qu'on peut voir bien plus clairement si l'indication qu'on a faite sur le terrain de transport est sur le vrai thalweg ou non ; et, lorsqu'elle se trouve fautive, on voit comment on doit la rectifier pour ne pas manquer la source.

Lorsque le creux que l'on fait tombe sur un rocher qui a la surface et les assises horizontales, on continue de creuser là où l'on se trouve, parce qu'il n'y a point de raison de croire que la source peut passer à côté.

S'il s'y trouve une crevasse verticale dont la direction soit la même que celle du vallon, on doit, en continuant de creuser, suivre cette crevasse et la tenir au milieu de l'excavation, quand même il faudrait l'élargir ou en faire une nouvelle.

Quand on creuse dans des terrains primitifs où les rochers n'ont point de stratification régulière, si le thalweg y est bien caractérisé, il suffit de placer le milieu de l'excavation sur sa ligne, sans avoir aucun égard aux diverses directions que peuvent présenter les fissures des rochers ; parce que, si l'on voit des fissures qui amènent l'eau hors de l'excavation, plus bas on en trouvera très-probablement d'autres qui l'y ramèneront.

Dans quelque fouille que ce soit, lorsque les rochers ne peuvent pas être levés avec des instruments, on les fait éclater avec la poudre, sans avoir à craindre de compromettre la source.

Lorsqu'on est parvenu à la source, il ne faut pas s'arrêter; mais on doit continuer de creuser au-dessous de la source de un à deux mètres et même davantage, si les besoins d'eau sont grands et la source petite, afin que, si l'eau venait à reprendre son ancien conduit, il en restât toujours en réserve une certaine quantité au fond du puits.

J'ai vu plusieurs puits qui étaient traversés au fond par de belles sources dont on ne pouvait tirer aucun parti, parce qu'elles arrivaient d'un côté et s'enfuyaient de l'autre par l'ancien conduit, sans jamais s'élever seulement à 4 pouces.

Un autre inconvénient d'un puits qui n'est pas creusé au-dessous de la source, c'est qu'une partie de celle-ci peut passer au-dessous de son fond. Que de puits qui ne sont insuffisants que parce qu'on s'est arrêté dès l'apparition de la première source, et qui seraient surabondants, si on les avait approfondis d'un mètre de plus!

Si le terrain est désagrégé et menace de s'ébouler, on étaie avec un clayonnage les parois du puits qui est en creusement. Ce clayonnage consiste à placer autour du puits et contre ses parois des perches dans une position verticale et à la distance l'une de l'autre d'environ un tiers de mètre. On entrelace ensuite des verges longues, fortes et flexibles, que l'on pose une à une en descendant, et que l'on fait passer alternativement derrière et devant chaque perche (1).

On doit donner aux puits que l'on bâtit la forme ronde comme étant la plus solide, un mètre de diamètre dans œuvre au moins et davantage si l'on veut, tailler les pierres en forme de voussoirs, et les bâtir à pierres sèches. Les murs des puits carrés, n'étant appuyés qu'aux angles, peuvent céder facilement à la pression du terrain et s'écrouler. Le mortier ou le ciment qu'on mettrait entre les pierres ou les briques qu'on emploie à la construction des puits empêcherait l'eau d'y arriver, et celle qui pourrait y entrer aurait pendant quelque temps un mauvais goût.

On fait au contraire bien de commencer à mettre du mortier dans la bâtisse dès qu'elle n'est plus qu'à un mètre de la surface du sol, et d'en mettre aussi

---

(1) C'est pour avoir négligé de prendre cette précaution qu'un si grand nombre d'ouvriers, de tous les temps et de tous les pays, ont péri dans des puits en creusement, et que d'autres y sont restés plusieurs jours ensevelis vivants. Lors même que ces graves accidents n'arrivent pas, toutes les fois qu'un puits est recomblé par des éboulements, on est obligé pour le recreuser de lui donner un diamètre énorme, et de tripler ou quadrupler les premiers frais de creusement. Combien n'y a-t-il pas de propriétaires qui, découragés par les fortes dépenses qu'ils auraient à faire pour réparer cette faute, renoncent aux avantages incalculables qu'ils trouveraient à posséder la source.

dans la margelle ou bâtisse extérieure, qui doit avoir environ un mètre de hauteur.

Machines pour tirer l'eau des puits.

Les moyens les plus usités pour tirer l'eau des puits sont : la pompe, la bascule, le tour et la poulie.

De ces quatre machines, *la pompe* est la meilleure, parce qu'elle est la plus facile à manœuvrer et celle qui, dans un temps donné, peut élever le plus d'eau ; mais elle a pour inconvénient d'être la plus coûteuse à établir et de se détraquer fréquemment par le simple usage, quelque solide que soit sa construction.

Après la pompe, la machine que l'on construit à peu de frais et avec laquelle on tire des puits le plus d'eau avec le moins de temps et de peine, c'est *la bascule*. Elle consiste en un poteau fourchu que l'on plante près du puits et un balancier composé d'une simple tige d'arbre, dont la longueur est proportionnée à la profondeur du puits. Ce balancier est posé en équilibre dans l'enfourchement du poteau, et y est maintenu par un boulon en fer, sur lequel il fait tel mouvement de hausse ou de baisse que l'on veut. On attache à la pointe de cette tige le bout d'une corde dont la longueur égale la profondeur du puits, et à l'autre bout de la corde on attache un seau. Chaque fois qu'on veut faire descendre le seau dans le puits pour qu'il s'y remplisse, on tire la corde pour faire baisser la pointe de la tige, et dès qu'il est rempli, le balancier, convenablement chargé à son gros bout, l'élève seul jusqu'à la hauteur de la margelle. Au lieu de corde, quelques-uns emploient une chaîne en fer qui est beaucoup plus durable, et d'autres une simple perche portant à chaque bout une douille avec anneau en fer. Il est à regretter que la bascule ne puisse être appliquée qu'aux puits qui ont moins de 7 ou 8 mètres de profondeur.

Celui qui veut établir un *tour* pour tirer l'eau de son puits doit en élever la bâtisse de six pieds au-dessus du sol, y laisser sur le devant une ouverture en forme de fenêtre et le couvrir. Le tour ou treuil est un gros cylindre de bois, en forme de rouleau, dont la longueur égale le diamètre du puits ; il porte à chaque bout un tourrillon en fer qui s'enfonce dans le mur et vers une de ses extrémités, quatre longues chevilles ou leviers qui servent à le faire tourner. Ce cylindre se place horizontalement à la hauteur des épaules de celui qui tire l'eau. On attache à l'une des chevilles le bout d'une corde dont la longueur égale la profondeur du puits, et à l'autre bout on attache le seau. Lorsqu'on monte le seau du fond du puits, la corde s'enroule sur le cylindre, et elle se déroule quand on le descend. Au lieu de corde, quelques-uns emploient une chaîne en fer, qui dure bien davantage.

La *poulie* est un corps rond, plat, tournant sur un axe nommé boulon et ayant la circonférence extérieure creusée en gorge pour recevoir la corde. La pièce dans laquelle elle tourne se nomme *chape*. La poulie ainsi que la chape sont en fer ou en bois.

La poulie doit être fixée sur le milieu du puits et à la hauteur de la tête de celui qui tire l'eau. Quoique pour monter le seau il soit obligé d'employer une force égale au poids du vase, néanmoins cette force est appliquée si avantageusement, que la pesanteur de son corps aide et favorise le mouvement de ses bras.

Quelquefois on met à un tour ou à une poulie dont la chape est tournante, deux seaux, dont l'un monte plein tandis que l'autre descend vide. Cette méthode a l'avantage d'épargner la moitié du temps et une partie de la force de traction. Le tour et la poulie ont l'avantage de pouvoir être appliqués à toutes sortes de puits, quelle que soit leur profondeur.

On trouve encore dans un assez grand nombre de villages des puits communs, qui sont dépourvus de toute espèce de mécanisme pour en tirer l'eau; et dont les habitants n'ont jamais su ou voulu s'entendre pour en établir un. Chacun d'eux s'y rend en portant son seau, sa corde ou sa perche armée d'un crochet, et rapporte le tout chez lui dès qu'il a fait sa provision d'eau. Les uns tirent l'eau en faisant frotter la corde contre la margelle du puits, d'où résulte plus de fatigue pour l'homme et une plus rapide usure du seau, de la corde et même de la margelle; d'autres, pour tirer l'eau se posent debout sur la margelle, au risque de glisser dans le puits ou d'y être entraînés par le poids du seau. Cet état de choses est digne des barbares ou des premiers hommes qui habitèrent la terre.

Un puits solidement bâti peut durer bien des siècles. J'en ai vu près d'Aix, en Provence, qui furent bâtis par les Romains, et qui sont encore dans un état parfait de conservation. Les puits doivent rester continuellement ouverts. Plus on y puise, meilleure est l'eau, parce que le puisage équivaut à un écoulement. Ceux qui les terminent en dôme, avec porte devant, doivent laisser une ouverture au-dessus afin que les vapeurs insalubres puissent s'élever librement. Les puits doivent être nettoyés au moins une fois l'an; lorsqu'on néglige cette opération, leurs eaux deviennent souvent désagréables au goût, et quelquefois malfaisantes.

Un puits que l'on fait pour y établir un noria ou roue à godets, doit être creusé et bâti comme un puits ordinaire, avec cette différence que sa forme, au lieu d'être ronde, doit être ovale, et après qu'il est bâti, son grand diamètre doit avoir au moins deux mètres, et le petit, un mètre et demi dans œuvre. Les puits à noria, qui ne sont guère connus que dans le Languedoc et la Provence, où ils servent à arroser de vastes jardins et même des prairies, devraient être en usage dans toutes les contrées qui ont besoin d'être arrosées, et qui ne peuvent pas l'être par des eaux courantes.

Avis généraux concernant les fontaines et les puits.

Lorsqu'on choisit l'emplacement d'une tranchée, d'une fontaine ou d'un puits, dont l'eau doit approvisionner des maisons, on doit bien faire attention à ce que la source qui doit l'alimenter ne vienne pas de passer sous un cimetière, sous un tas de fumier, sous une écurie, sous une étable, sous une fosse d'aisances, sous un égoût, sous une mare, sous un marais, sous un terrain tourbeux, etc.; on doit même prendre garde de placer la tranchée ou le puits trop près de ces lieux malfaisants; car il est des terrains si perméables, que les mauvaises eaux qui s'y trouvent vont infecter, sur les côtés, des sources qui passent à plus de dix mètres. Combien de villes et de villages n'ai-je pas vus qui avaient vers le bas une source très-abondante, et dont les eaux n'étaient impotables que parce qu'elles passaient sous les maisons! Si la tranchée ou le puits sont exposés à recevoir des eaux insalubres et superficielles, qui ne coulent que temporairement ou momentanément, on creuse et on conserve un petit fossé de dérivation, qui part du thalweg d'amont, passe à 2 ou 3 mètres de la tranchée ou du puits, et revient au thalweg d'aval; ou bien on creuse deux petits fossés qui partent du thalweg d'amont, passent à la même distance et viennent se rejoindre au thalweg d'aval. On peut encore préserver un puits des mauvaises eaux qui marchent à la surface du sol en creusant autour un fossé circulaire de 2 ou 3 pieds de large et d'autant de profondeur, et en remplissant ce fossé d'un corroi que l'on continue autour de la margelle jusqu'à hauteur convenable. Ce corroi se fait avec de la terre glaise que l'on dépose par couches épaisses de 2 ou 3 décimètres, qu'il faut mouiller, pétrir et fouler.

Ceux qui ont à creuser dans le rocher peuvent

exécuter leurs travaux en toute saison ; mais ceux qui ont à creuser dans des terres désagrégées, ne doivent les exécuter que du mois d'avril au mois d'octobre ; car celui qui creuserait en hiver s'exposerait à des éboulements ordinairement fort dangereux pour les ouvriers et très-coûteux à réparer. Il pourrait aussi rencontrer des cours d'eau trompeurs, qui ne coulent qu'en cette saison, et ne produisent rien en été.

Dès que le creusement d'une tranchée ou d'un puits est terminé, celui qui voit évidemment que sa source est suffisante, doit s'empresser de faire tous les travaux nécessaires pour amener l'eau jusqu'à la surface du sol ; celui qui vient de creuser un puits, doit, dans le même cas, le faire bâtir sans délai ; car, en laissant quelque temps une excavation ouverte et non étayée, on s'expose à des éboulements.

Puits artésiens.

Les *puits artésiens,* qui, pendant plusieurs siècles, n'ont guère été connus que dans quelques cantons de l'Artois, d'où ils ont tiré leur nom, ont été depuis 1816 successivement essayés dans quelques-uns de nos départements, dans plusieurs États de l'Europe, et même dans d'autres parties du monde.

La forme de ces puits, leur profondeur et leur manière de fournir l'eau, n'ont rien de commun avec ce qu'on voit dans les puits ordinaires.

Un puits artésien est un simple trou rond, fait dans la terre avec une sonde ; son diamètre ordinaire est d'un décimètre à un décimètre et demi, et sa profondeur de 30 à 400 mètres, et quelquefois davantage. Lorsque la sonde est parvenue à la profondeur du cours d'eau souterrain, on la retire; l'eau monte par le trou et continue de couler tantôt au-dessus du sol, tantôt à sa surface, et d'autres fois elle reste au-dessous. Ceux qui n'ont pas vu cette sonde, et qui voudraient en connaître toutes les parties ainsi que la manière de s'en servir, pourront consulter le Manuel intitulé : *De l'art du Fontainier-Sondeur, ou Mémoire sur les différentes espèces de terrains dans lesquels on doit chercher les eaux souterraines, et sur les moyens qu'il faut employer pour ramener une partie de ces eaux à la surface du sol, à l'aide de la sonde du mineur et du fontainier;* par M. Garnier, ingénieur en chef au Corps Royal des Mines.

Pour qu'un cours d'eau souterrain puisse monter par le trou de sonde, il est nécessaire : 1° que la surface du terrain qui absorbe les eaux pluviales et fournit le cours d'eau soit plus élevée que le point où l'on fait le percement ; 2° que la couche dans laquelle il marche ait l'inclinaison ordinaire des cours d'eau et soit éminemment perméable, comme le sont les couches de sable, de gravier, de galets, les roches à texture lâche et celles qui sont fendillées dans tous les sens ; 3° que cette couche perméable soit comme enveloppée dans toute sa longueur par des couches imperméables placées dessus, dessous et sur les côtés ; 4° que l'eau n'ait pas d'issue vers le bas de cette couche, ou qu'elle n'y en trouve que d'insuffisantes, ou qu'elle n'y marche qu'avec difficulté.

L'eau pluviale qui tombe sur les affleurements de la couche perméable, y descend comme dans un vaste conduit incliné, en remplit tous les interstices et en suit toutes les directions. La sonde artésienne, en perçant les couches imperméables et venant à atteindre l'eau contenue dans la couche perméable, ne fait que lui ouvrir une issue par laquelle elle monte toutes les fois que la surface de la colonne d'eau, qui descend dans le terrain perméable, se trouve à un niveau plus élevé que l'orifice du trou de sonde; l'eau sort de terre, et s'élève d'autant plus haut que cette surface est plus élevée. Cette eau se comporte comme celle qu'on fait passer dans un conduit qui, après une descente continue et fort prolongée, se relève vers son débouché.

Un puits artésien qui produit une grande quantité d'eau jaillissante et de bonne qualité, est tout ce qu'on peut désirer de mieux en fait de sources; et quand il fournit l'eau à une grande cité, sa valeur est inestimable.

Tout en reconnaissant les avantages sans nombre et les agréments de toute sorte que procurent ces admirables puits, je n'imiterai pas certains auteurs qui, pour encourager tout le monde à en entreprendre, citent bien exactement tous ceux qui ont réussi, mais ne font pas connaître ceux qui n'ont point réussi, ni les grands frais que les uns et les autres ont occasionnés.

Ne voulant encourager ni décourager personne,

je crois devoir dire que ces puits ont pour inconvénients : 1° de réussir trop rarement; 2° d'être trop coûteux; car il y a très-peu de communes ou de particuliers qui puissent hasarder cent ou deux cent mille francs pour un pareil puits ; 3° de ne réussir que dans certains sites, qui sont généralement très-rares et très-restreints ; 4° l'ignorance où l'on est de la profondeur à laquelle il faudra parvenir pour obtenir l'eau jaillissante (1), et par conséquent de la dépense à laquelle on s'engage.

On ne doit donc pas s'étonner de ce que, malgré tous les encouragements qui ont été donnés par le gouvernement, il y a environ les deux tiers des départements qui n'ont pas encore tenté un seul puits artésien. Je me bornerai à rapporter les faits que *j'ai vus*, laissant à chacun le soin d'en tirer les conséquences qu'il jugera à propos.

Dans les quarante départements que j'ai parcourus dans le plus grand détail, j'ai rencontré dix-neuf

---

(1) Toutes les fois qu'un puits artésien a été entrepris, si les pronostiqueurs y sont venus au nombre de cent pour décider quelle serait la profondeur de la nappe d'eau, il y a eu cent prédictions différentes. Parmi elles, une s'est trouvée à peu près exacte, ce qui ne pouvait guère manquer. Aussitôt son auteur s'est mis à proclamer bien haut la justesse de ses prévisions, et les autres quatre-vingt-dix-neuf se sont tus. Mais pourrait-on en citer un qui ait obtenu seulement trois ou quatre réussites semblables et consécutives? Aussi les plus instruits et les plus prudents ont franchement reconnu leur impuissance, et se sont abstenus de toute décision à cet égard.

localités dans chacune desquelles on avait foré un puits artésien à la profondeur de 40 à 150 mètres. A Elbeuf, j'en ai vu un qu'on venait de terminer, et qui avait parfaitement réussi; un autre à l'abattoir de Grenelle, à Paris, qui a 548 mètres de profondeur et a coûté 403,000 francs. Sur la place de Saint-Sever, à Rouen; sur celle de Saint-Ferréol, à Marseille; et à Béchevelle, en Médoc, j'ai vu trois autres puits artésiens, qui avaient coûté chacun de 15 à 40,000 francs, produisant chacun un petit filet d'eau qui coulait à la hauteur de 2 ou 3 pieds au-dessus du sol par un robinet moins gros que le petit doigt. Dans les autres quatorze localités, que je m'abstiens de désigner pour ne pas nuire à la réputation de ceux qui ont conseillé ou entrepris ces puits, on a complétement échoué, après avoir dépensé de 20 à 150,000 francs.

En examinant les 14 puits artésiens qui n'ont point réussi, j'ai remarqué que tous avaient été placés au hasard, et qu'en choisissant leur emplacement on n'avait eu absolument d'autre guide que *la commodité*, puisque tous étaient placés au point culminant de la localité et dans la position la plus commode possible.

Si, avant de commencer le forage, des géologues sont venus faire connaître la nature du sol environnant, aucun d'eux n'a eu égard ni à la configuration du sol, ni à l'inclinaison des couches intérieures, qui sont pourtant les deux principales et les plus sûres indications qu'on puisse avoir dans toute recherche de sources. Cinq fois j'ai été appelé dans des villes pour décider si à un point donné, qui était toujours le point le plus élevé de la ville, un puits artésien devait probablement réussir ou non, et toutes les fois, après les études du terrain faites, j'ai été obligé de me prononcer pour la négative. Je regrette vivement de n'avoir pu trouver l'occasion d'indiquer un certain nombre de puits artésiens d'après ma théorie, et rendre ici compte de leurs résultats. Je crois bien sincèrement que ces puits, ainsi indiqués, auraient réussi à peu près dans la même proportion que les milliers de fouilles que j'ai fait faire.

On n'a donc qu'à lire le chapitre XVI, dans lequel sont signalés tous les points à choisir pour placer les fouilles ordinaires, et prendre les mêmes points pour y placer le trou de sonde. Il y a cependant cette différence à observer, c'est que pour fournir assez d'eau à un puits ou à une fontaine ordinaire, une petite source suffit, et que cette petite source peut se former dans un bassin de quelques hectares d'étendue; au lieu que pour un puits artésien, qui ne doit jamais être pratiqué que sur une grande source, il faut un bassin long de 2 ou 3 lieues au moins, et large d'une lieue. Je résume donc ceci en disant que *le trou de sonde doit être toujours placé dans une vallée ou un grand vallon, et sur la ligne du thalweg souterrain*. Hors de cette ligne, on ne peut rencontrer que des cours d'eau déviés dont nous avons parlé, qui courent sous les collines, et ne donnent à l'extérieur aucun signe de leur présence. S'attendre à rencontrer des cours d'eau hors des thalwegs, c'est compter sur l'exception et non sur la règle.

Les terrains que j'ai désignés comme défavorables à la découverte des sources ordinaires, le sont aussi à l'égard des puits artésiens ; par exemple, dans les calcaires caverneux, on aurait beau rencontrer le ruisseau souterrain qui marche dans une grotte, et même plonger la sonde dans ses eaux, elles ne quitteront pas leur libre cours pour s'élancer à la voûte de la caverne, enfiler le trou de sonde et jaillir hors de terre.

CHAPITRE XXVI.

SOURCES DONT L'APPARITION EST TARDIVE, ET NON RÉUSSITES.

La plupart des indications qui ont été faites d'après ma théorie, dès que les fouilles ont été exécutées, n'ont laissé aucun doute sur leur pleine réussite; néanmoins il y a eu, de loin en loin, quelques puits ou tranchées qui, venant d'être creusés sur de petites sources, ne présentaient pas un résultat satisfaisant, et qui, quelques mois plus tard, ont montré la source désirée. C'est une observation constante que, lorsqu'une source apparaît dans une nouvelle excavation, il ne s'en manifeste d'abord qu'une partie; que quiconque creuse en temps de sécheresse ne trouve ordinairement que peu d'eau, et quelquefois pas du tout. Ce n'est que les longues et fortes pluies de l'hiver qui peuvent ouvrir et élargir les canaux des sources ou veines d'eau qui passent auprès des nouveaux creux; et quand une fois les passages leur sont ouverts, elles continuent d'y affluer, et leur volume va toujours en augmentant pendant quatre ou cinq ans. Puisqu'on ne peut connaître le véritable résultat d'une nouvelle excavation qu'après qu'elle a traversé un hiver, celui qui n'en est pas d'abord satisfait doit la laisser dans l'état où elle est jusqu'à l'été suivant, ayant soin d'en étayer les parois s'il y a danger d'éboulement. Si l'été suivant il y a quelques filets d'eau permanents, on peut compter sur la réussite, et on doit faire les constructions prescrites dans le chapitre précédent. S'il n'y en a point, il est à propos de creuser encore un peu plus profondément, parce que l'estimation de la profondeur peut quelquefois se trouver erronée, comme on le verra plus bas. Si après cette augmentation de profondeur et les pluies d'un nouvel hiver, il ne coule pas du tout d'eau dans l'excavation, il devient évident qu'il a été commis une de ces erreurs qu'il est impossible d'éviter dans toutes les opérations.

Pour s'assurer si la première eau qui arrive dans un nouveau creux est de l'eau pluviale ou de l'eau de source, on fait l'expérience suivante : Un jour d'été, lorsqu'il n'a pas plu depuis quelques semaines, on tarit entièrement le creux. Si le lendemain à la même heure on n'y trouve point d'eau, c'est une preuve que celle qu'on a tirée la veille n'était que de l'eau qui s'y était amassée lors des pluies. Si le lendemain à la même heure on y trouve une certaine quantité d'eau, on l'enlève entièrement ; le surlendemain on en fait autant ; et si pendant plusieurs jours de suite on y en trouve une certaine quantité, cette eau est évidemment le produit journalier de la source, soit qu'elle arrive par une ou plusieurs ouvertures, soit que, dispersée par le terrain, elle arrive par une infinité de petites veines. Dans les commencements ce produit est souvent faible, quelquefois même il discontinue au fort de la première sécheresse; néanmoins, dès qu'une fois on l'a vu durer plusieurs semaines, dans peu d'années il devient ordinairement indéfectible, et s'accroît considérablement.

Je viens de dire qu'il est impossible de ne pas commettre quelque erreur dans l'indication des sources ; en effet, les données géologiques, vraies en général et dans la très-grande majorité des cas, restent toujours dans la catégorie de ces fortes probabilités qui ne peuvent pas être mises au nombre des vérités démontrées et exemptes de toute exception. Après l'examen le plus attentif de la surface du sol, le géologue le plus habile ne saurait toujours et partout connaître exactement quelle est sa constitution et disposition à l'intérieur; car, sous un terrain dont la surface est très-régulière, il existe parfois des désordres et accidents qui n'offrent pas le moindre indice au dehors. Le désordre du terrain met nécessairement le désordre dans le cours des sources qu'il renferme, et tout désordre dans le cours des sources qui ne peut être prévu, cause ordinairement une non réussite. Voici les principales causes des erreurs qui peuvent se commettre dans l'indication des sources, et qui ne se manifestent par aucun signe extérieur :

1° Un banc de rocher ou de terre imperméable se

trouve quelquefois placé à travers le thalweg souterrain, et force la source à le quitter pour faire le tour de cet obstacle. Si l'on vient à creuser peu au-dessous de cette déviation et avant que le cours d'eau soit rentré dans le thalweg, on ne le rencontre pas.

2° Lorsqu'au thalweg de la roche imperméable, qui devrait porter le cours d'eau souterrain, il y a une crevasse qui laisse l'eau se précipiter à une profondeur extraordinaire et que l'on place la fouille sur cette crevasse, on ne peut plus trouver le cours d'eau à la profondeur présumée.

3° La source se trouve quelquefois coupée au-dessus du point où l'on fait la fouille, et amenée par un aqueduc près d'une maison ou dans un pré pour l'arroser; ce détournement de la source étant fait de main d'homme, ne peut être connu que par des renseignements qu'il faut avoir soin de prendre auprès des anciens habitants de l'endroit.

4° La difficulté de bien reconnaître le thalweg souterrain dans certaines basses plaines qui, quoique inclinées vers l'aval, sont parfaitement unies d'une côtière à l'autre, et ne présentent pas le moindre vestige de thalweg.

5° La perturbation causée dans les couches inférieures par les explosions des gaz souterrains, les couches superficielles étant restées intactes. Ces accidents sont plus nombreux qu'on ne le croit communément.

6° Lorsqu'on place la fouille peu au-dessous d'un dépôt de tuf. La source qui l'a formé, et qui continue de l'augmenter, obstruant sans cesse son passage, ne suit pas du tout le thalweg.

7° Lorsque de la terre ou des pierres tombent dans le conduit d'une source en assez grande quantité pour l'obstruer, elle est refoulée vers l'amont, et se jette dans la première crevasse ou fente qu'elle rencontre sur le côté. La même chose arrive lorsque la source charrie de la vase, qui s'accumule sur un point de son conduit naturel et finit par l'obstruer.

Dans la plupart des indications qui ne m'ont pas réussi, on a trouvé les conduits des sources fort réguliers, à parois très-lisses et à demi-pleins de sable lavé ; preuves évidentes que les sources ont passé autrefois par ces conduits, et qu'elles en ont été détournées par quelques-unes des causes qui viennent d'être signalées. Il est donc certain qu'une source peut changer de conduit, mais il est certain aussi qu'elle ne peut jamais s'anéantir, et que, lors même qu'on la manque, son existence près du creux qu'on a fait d'après les données que contient ce Traité, est toujours assurée. Il m'est arrivé bien des fois d'obtenir pleine réussite en faisant élargir le creux de quelques pieds sur un des côtés. C'est lorsque la fouille est faite qu'on voit clairement si la source est restée à côté et de quel côté, ou si elle est encore plus profonde que le creux pratiqué.

Mais, dira-t-on, puisqu'il y a des chances de non réussite dans la recherche des sources, est-il prudent de hasarder les frais des fouilles?

Si la prudence consistait à n'entreprendre que ce que nous savons devoir réussir infailliblement, nous n'entreprendrions presque rien ; car presque tout ce que nous faisons est accompagné de quelques chances d'insuccès. Ainsi, le cultivateur prépare laborieusement ses terres et leur confie un grain précieux, sans être assuré de récolter ; le père de famille fait de grandes avances, souvent même au-dessus de ses moyens, pour faire instruire ses enfants, quoiqu'il sache très-bien que peut-être les enfants ne retireront aucun avantage de l'instruction ; celui qui entreprend un procès n'est jamais bien assuré de le gagner ; quiconque achète peut se tromper sur la qualité et sur le prix de la marchandise ; tout négociant hasarde ses capitaux, etc.

Ce n'est donc pas parce qu'il y a possibilité de non réussite dans une entreprise, que nous devons nous en abstenir. La prudence veut qu'avant de nous y engager, nous en examinions mûrement les avantages et les inconvénients ; que nous pesions les probabilités de succès et d'insuccès, et toutes les fois que les avantages à obtenir sont d'une valeur incomparablement plus grande que les frais que nous exposons, et que les chances de réussite sont beaucoup plus nombreuses que les chances de non réussite, la prudence veut que nous agissions comme si nous étions assurés du succès.

Ainsi, tout propriétaire qui n'a point d'eau à sa portée, qui voit qu'une source devant sa porte vaudra dix, vingt ou trente fois la somme qu'elle peut lui coûter à mettre au jour, et qui sait, par exemple, que sur dix, vingt ou trente tentatives, il n'y en a qu'une qui manque de réussir, ne doit pas hésiter, s'il en a les moyens, à faire les travaux nécessaires pour s'en procurer une.

Avant de commencer, il n'a qu'à compter les heures et les quarts d'heure que perdent chaque jour ses domestiques et ses bestiaux pour aller s'approvisionner d'eau, et multiplier ces heures par les trois cent-neuf jours ouvrables de l'année ; il sera étonné du nombre de journées qu'ils perdent annuellement et de la somme à laquelle s'élève le montant de ces journées, estimées même au plus bas prix possible. Par exemple, celui qui va puiser l'eau à cinq minutes de distance, qui en consomme six seaux par jour pour les besoins de sa maison, et qui emploie à cet usage un domestique qui lui coûte 1 franc par jour, dépense au moins 30 francs par an pour le transport de cette eau ; car chaque voyage, aller et retour, prenant dix minutes, les six voyages prennent une heure ; cette heure, étant la dixième partie de son travail journalier, coûte 10 centimes ; ces 10 centimes dépensés pendant les trois cent-neuf jours ouvrables de l'année, montent à la fin à 30 francs 90 centimes. Si le même propriétaire a dix bêtes de labour, dont le travail journalier vaille 10 francs, étant obligé de les conduire à l'eau deux fois par jour, chaque voyage durant environ un quart d'heure, ces dix animaux perdent chaque jour une demi-heure qui vaut 50 centimes ; ces 50 centimes perdus pendant les trois cent-neuf jours ouvrables de l'année, montent à 154 francs 50 centimes, lesquels ajoutés aux autres 30 francs 90 centimes forment un total de 185 francs 40 centimes. Cette dépense étant aunuelle représente un capital de 3,708 fr., qui est la valeur réelle d'une source que ce propriétaire pourrait trouver devant sa porte, ou de toute source qu'il pourrait trouver à cinq minutes plus près que celle qu'il a. Nous ne comptons pas les moments qui se perdent à la fontaine, parce qu'ils sont les mêmes quand elle est près que quand elle est loin.

Telles sont les dépenses d'une maison rurale ordinaire qui va prendre l'eau seulement à cinq minutes de distance. Cette dépense annuelle, augmentant à proportion de la distance de la source et du nombre d'animaux domestiques, est pour un très-grand nombre de propriétaires double, triple, décuple, parce que leurs sources se trouvent à dix, à quinze, ou à cinquante minutes de distance. Mais si c'est un bourg ou une ville qui va s'approvisionner d'eau à cinq minutes de distance, la dépense augmentera encore proportionnellement au nombre des maisons et des animaux domestiques qu'on y entretient, et paraîtra incroyable à tous ceux qui n'ont pas fait ces calculs. Que sera-ce, si la source à laquelle on va puiser se trouve beaucoup plus éloignée !

C'est en faisant des calculs semblables, que l'on peut comparer les avantages que procure une bonne source à portée, avec la modique somme qu'elle coûte à mettre au jour. Cette somme, qui est ordinairement de 10 à 200 francs, est la seule qui soit quelque peu exposée ; car les frais de construction ou de conduite n'étant faits qu'après qu'on s'est bien assuré de la quantité et de la qualité de la source, ne

sont pas du tout hasardés. Les frais qu'occasionne
l'éloignement d'une source établissant la véritable
valeur de celle qu'on peut se procurer près des maisons, valeur qui est décuple et souvent centuple de
ce qu'elle coûte, tout homme sage doit creuser avec
confiance et persévérance, se souvenant qu'une infinité de fouilles n'ont manqué de réussir que parce
qu'on n'a pas voulu creuser un ou deux pieds plus
bas. Si une première tentative ne réussit pas, on en
fait une seconde sur un point différent. Quand on
cherche une eau qui est absolument nécessaire : *Il
faut*, comme le dit M. Héricart de Thury en parlant des puits artésiens, *être animé de la ferme volonté de faire et d'obtenir.*

CHAPITRE XXVII.

MOYENS DE SUPPLÉER AU DÉFAUT DE SOURCES.

Les anciennes villes fortifiées sont ordinairement placées sur des cimes escarpées. Les bourgs, villages, hameaux et maisons de campagne ont été généralement bâtis sur des monticules, sur des arêtes de collines et autres hauteurs, afin d'avoir de beaux points de vue et un air plus pur; mais ces deux avantages ont pour inconvénient ordinaire la difficulté de se procurer des sources, qui, comme on l'a vu, se trouvent principalement dans les bas-fonds. On dirait que ces positions ont été choisies exprès pour ne pas avoir de source à portée. La plupart des maisons ainsi situées n'en possèdent aucune sur place ni à proximité. Les moins éloignées qu'on puisse découvrir se trouvent souvent à plusieurs centaines de mètres de distance, et au bas de coteaux longs et rapides. Aussi, lorsqu'on voudra désormais bâtir une nouvelle maison en rase campagne, je conseille très-fort de commencer par chercher et mettre au jour la source qui doit rester à son usage, et placer ensuite la maison à sa portée ; car partout où l'homme peut avoir de l'eau de source à sa disposition, il la préfère comme étant la plus agréable à boire, et la plus saine.

Quoiqu'il n'y ait presque pas de maison pour laquelle on ne puisse trouver une source en s'en éloignant de quelques centaines de mètres et en creusant plus ou moins profondément, ces deux inconvénients se trouvent quelquefois si grands, qu'on aime mieux se contenter d'une eau inférieure en qualité, mais commode. Si l'on consent à aller chercher un peu loin la petite quantité d'eau de source qu'il faut pour les personnes, on tient toujours, et l'on a en effet un grand intérêt à en avoir de près pour les bestiaux et autres besoins domestiques. Les seuls moyens que je connaisse pour suppléer au défaut de sources sont : 1° les puits à filtrations ; 2° les puits le long des cours d'eau ; 3° les citernes ; 4° les mares. Je crois devoir donner sur chacun de ces quatre moyens quelques avis qui sont le résultat d'observations que j'ai recueillies dans mes tournées. Ces avis seront, sans doute, trouvés superflus par ceux qui en savent davantage ; mais ils pourront être utiles aux nombreux propriétaires qui ne peuvent point avoir de sources, et qui veulent diriger eux-mêmes les travaux à exécuter pour suppléer à leur défaut.

Sur certains plateaux et certaines cimes, qui ont plus d'un hectare de superficie plane, il se trouve des terrains dans lesquels il suffit de creuser un puits pour qu'il se remplisse d'eau en peu de temps.

Cette eau ne s'y rend pas par un cours régulier, sortant d'un seul côté et s'échappant par le côté opposé, comme le font les sources ; mais elle afflue dans le puits à toutes les hauteurs, de tous les côtés, et ne s'y manifeste que par suintement ou stillation. Le plus souvent, on creuse ces puits jusqu'à fond sans y apercevoir la moindre goutte d'eau ; on y voit tout au plus la terre humide, ou quelques transpirations ; mais, comme *tous les fluides se portent vers la partie la moins résistante*, le vide que forme le puits ne présentant aucune résistance, toute l'eau de pluie qui tombe aux environs imbibe le terrain, se porte peu à peu vers le puits, et continue de s'y rendre jusqu'à ce que l'humidité du terrain soit entièrement épuisée. Cet écoulement n'étant pas d'ordinaire permanent, et ne durant qu'une, deux ou trois semaines après chaque pluie, il est prudent de donner à ces puits une grande largeur et profondeur, afin que, pendant les écoulements, ils puissent ramasser une grande quantité d'eau et en fournir jusqu'à la nouvelle pluie. Dans mes tournées, j'ai vu un très-grand nombre de ces puits qui, quoique privés de toute source, recevaient néanmoins assez d'eau par stillation ou suintement pour fournir à tous les besoins d'une ou de deux maisons pendant toute l'année. Ces eaux sont le plus souvent limpides, fraîches et d'assez bonne qualité.

Les terrains les plus propres à ces sortes de puits sont : les terrains sablonneux, les granits, les porphyres, les gneiss, les grès, les molasses, les calcaires lamelleux qui ont les assises horizontales, et généralement tous les terrains qui ne produisent que de petites sources.

Comme il n'y a presque pas de plateau ni de cime sans quelque petit pli de terrain avec thalweg, si on a l'attention de creuser ces puits sur les thalwegs, au lieu de les placer au hasard comme on l'a fait jusqu'ici, on verra que les filtrations y seront beaucoup plus abondantes; souvent même on y trouvera une petite source, si le pli de terrain a une centaine de mètres d'étendue vers l'amont. On doit aussi avoir l'attention de placer ces puits au moins à une trentaine de mètres de distance l'un de l'autre, parce que, quand ils sont trop voisins, ils se nuisent mutuellement. On doit veiller encore à ce que des eaux immondes ne puissent jamais s'y introduire. On leur donne la forme ronde, et on les bâtit à pierres sèches comme les puits ordinaires.

Puits le long des cours d'eau.

L'eau des rivières et ruisseaux est la plus saine pour les bestiaux et celle qu'ils aiment le mieux; mais comme elle est toujours entachée, ou du moins suspectée de malpropreté, qu'elle se trouble plus ou moins à chaque pluie ou fonte de neiges, qu'elle est tiède en été et se glace en hiver; lors même qu'elle est limpide, peu suspectée de malpropreté et qu'elle n'a rien de malfaisant, les personnes lui trouvent toujours une certaine tiédeur et fadeur qui la leur rendent désagréable à boire. Les filtres, que l'on entretient dans les maisons, ne la corrigent qu'imparfaitement de ce défaut.

Ceux qui ont leurs maisons près d'un cours d'eau permanent, et qui ne peuvent avoir aucune source à proximité, parce qu'elle serait trop profonde ou trop éloignée, n'ont qu'à creuser un puits le long du cours d'eau, à la profondeur d'un ou deux mètres au-dessous du niveau des plus basses eaux, et il y arrivera de l'eau percolée et limpide qui pourra quelquefois équivaloir à de l'eau de source. Ces puits ne doivent jamais être creusés dans des terrains imperméables, mais il faut toujours les placer dans les sables et graviers qui ont été déposés par le cours d'eau et à une juste distance de l'eau courante ; car, si on les place trop près, l'eau n'y arrivera qu'imparfaitement filtrée et rafraîchie ; si, au contraire, on les place trop loin, l'eau y arrivera en trop faible quantité, ou n'y arrivera pas du tout. La perméabilité des terrains de transport variant à l'infini, on ne peut poser aucune règle sur la distance à prendre pour placer avantageusement ces puits. C'est à chacun de voir par expérience quelle est la distance qui convient à sa localité. Celui qui, après avoir fait un puits, trouve, au bout de quelque temps, qu'il l'a placé trop près ou trop loin, en creuse un autre dans une meilleure position.

Autant que possible, on doit placer ces puits sur une berge assez élevée pour les préserver des inondations et ne pas en être privé pendant qu'elles durent. Lorsqu'on est obligé d'en creuser un dans un banc de gravier peu élevé au-dessus du cours d'eau, s'il s'y trouve un point qui soit abrité du courant par un rocher ou tout autre objet, et où l'eau débordée forme un remous, on doit le choisir, afin de ne pas voir à chaque crue la margelle emportée par le courant et le puits rempli de gravier. Ces puits doivent être bâtis à pierres sèches et dans la forme ordinaire.

Les Citernes.

Une *citerne* est un réservoir souterrain dans lequel on conduit et on conserve des eaux pluviales pour servir à divers besoins. Il y a en France un très-grand nombre de communes et même de cantons, dont les terrains sont si défavorables à la découverte des sources, que les habitants ne pourraient en trouver qu'à de très-grandes profondeurs ou à de grandes distances. Il y a aussi un grand nombre de landes, de basses plaines, de plages maritimes et de terrains marécageux, dans lesquels on n'a et on ne peut trouver que des eaux insalubres et impotables. Ceux qui ont le malheur d'avoir leurs maisons situées aussi désavantageusement, ne peuvent se procurer de l'eau qu'au moyen de citernes; mais ce qui met le comble à leur désolation, c'est qu'il se trouve des contrées très-étendues dans lesquelles il n'y a pas un propriétaire, ni un maçon qui sachent comment s'y prendre pour construire une citerne solide. La plupart de celles qu'on a, n'étant closes que d'un simple mur plus ou moins mal cimenté, perdent fréquemment l'eau et mettent les propriétaires dans le plus grand embarras. Parmi les méthodes usitées dans la construction des citernes que j'ai eu occasion d'observer, celle qui m'a paru produire les plus solides et les plus durables, et qui est en même temps à la portée de toutes les intelligences et des faibles fortunes, c'est celle qui consiste à les entourer d'un mur cimenté, et à envelopper ce mur d'un corroi de 6 à 7 décimètres d'épaisseur. Voici comment on procède :

Choisissez autour de votre maison un emplacement libre et commode ; pratiquez-y un creux rond qui ait deux mètres et demi de diamètre de plus que le diamètre que vous voulez donner à la citerne. Si vous voulez, par exemple, que votre citerne ait quatre mètres de diamètre dans œuvre, donnez au creux six mètres et demi de diamètre ; approfondissez-le de quatre à six mètres, selon la quantité d'eau que vous voudrez qu'elle contienne. Afin d'établir un bon corroi dans son fond et tout autour, apportez de la meilleure argile que vous pourrez trouver dans vos environs, et, à défaut d'argile pure, prenez la terre la plus argileuse que vous pourrez trouver ; jetez au fond du creux une couche de cette argile épaisse de deux ou trois décimètres, et mouillez-la convenablement. Pour la pétrir, l'ouvrier prend un pieu arrondi, long d'environ un mètre et pointu d'un bout comme un échalas, l'enfonce verticalement dans toute l'épaisseur de l'argile, l'incline vers lui et le retire ; il le replante à six ou sept centimètres du premier trou, l'incline encore et le retire ; il réitère des milliers de fois cette manœuvre, et pique ainsi peu à peu toute la couche d'argile.

Dès que ce premier pétrissage est terminé, il en exécute un second, observant de planter le pieu dans les intervalles des premiers trous. La première couche étant ainsi pétrie et repétrie, foulez-la bien avec une hie de paveur. Sur cette première couche ainsi préparée, jetez-en une seconde qui ait la même épaisseur; mouillez, pétrissez, repétrissez et foulez-la comme la première. Sur cette seconde couche, jetez-en une troisième que vous manipulerez comme les deux autres.

Les trois plus basses couches qui doivent former le fond de la citerne étant ainsi préparées, placez autour du creux et à la distance de six ou sept décimètres des parois, une première assise de pierres taillées en voussoirs et formant un cercle; en posant ces pierres, cimentez-en bien toutes les jointures(1).

---

(1) Le ciment pour les citernes se fait avec de la chaux hydraulique ou de la meilleure chaux qu'on peut se procurer et qui soit nouvellement tirée du four à chaux. On fait pulvériser par une meule de pressoir à huile, des fragments de tuiles ou de briques; on met dans cette poudre un quart de sable bien fin, et, au lieu de sable pur, on jette ce mélange dans la chaux, que l'on gâche comme le mortier ordinaire.

Quand on n'a ni chaux hydraulique, ni chaux de première qualité, M. Loriot donne une recette qui, avec de la chaux ordinaire, produit un ciment qui est encore meilleur; mais elle est un peu plus difficile à exécuter; la voici :

Prenez une partie de tuiles ou briques, moulue ou pilée très-exactement et passée au sas, deux parties de sable fin de rivière passé à la claie, plus de la chaux vieille éteinte en quantité suffisante pour former avec l'eau un amalgame ou mortier ordinaire, et cependant assez humecté pour fournir à l'extinc-

Jetez entre ces pierres et les parois du creux une couche d'argile qui remplisse bien exactement l'intervalle de six ou sept décimètres qui a été laissé entre le mur et les parois du creux; mouillez, pétrissez deux fois, et foulez cette couche d'argile comme il vient d'être dit. Sur cette première assise de pierres, posez-en une seconde que vous cimenterez, et mettez une seconde couche d'argile qui remplisse le vide qui est derrière cette seconde assise de pierres ; vous la mouillerez, pétrirez, repétrirez et foulerez comme la première. Vous continuerez ainsi d'assise en assise jusqu'à la naissance de la voûte que l'on bâtit avec du simple mortier, et dont les clefs doivent ordinairement être au niveau du sol. Pour pouvoir puiser l'eau, on laisse vers le milieu de la voûte une ouverture que l'on entoure d'une margelle et qu'on doit laisser toujours béante. Après que la construction de la citerne est terminée, pavez-en le fond avec des dalles ou des cailloux, dont vous cimenterez les jointures et interstices.

Lorsque le creux qu'on fait pour y construire une

---

tion de la chaux vive que vous y jetterez en poudre jusqu'à concurrence du quart en sus de la quantité de sable et de briques pilées, prises ensemble.

Les matières étant bien broyées et incorporées, employez-les sur-le-champ, parce que le moindre délai peut en rendre l'usage infructueux ou impossible.

Un enduit de cette matière mis sur le fond et les parois d'un bassin, d'un canal et de toutes sortes de constructions faites pour contenir et surmonter les eaux, opère l'effet le plus surprenant, même en le mettant en petite quantité.

citerne se trouve dans une roche ou un banc d'argile compacte et absolument imperméable, on n'a nul besoin de ciment ni de corroi; il suffit de bâtir autour de la citerne un mur à pierres sèches et la voûte avec du mortier.

Toutes les citernes doivent être couvertes d'environ un mètre de terre, afin que les eaux en soient plus fraîches. Elles doivent être rondes, car les murs d'une citerne carrée ne résisteraient pas à la force expansive du corroi. Lorsque l'eau d'une citerne est à l'usage des personnes, il est bon de la puiser avec des seaux, afin qu'en se remplissant ils en agitent la masse et l'empêchent de se corrompre; les pomes laissent cette eau trop immobile.

Les citernes ne recevant point d'eau de source ni de filtration, on est obligé d'y conduire l'eau des toits ou celle d'un terrain gazonné.

Pour recueillir l'eau des toits, on établit autour des bâtiments et au bas des toits, des chéneaux en plomb, en fer-blanc ou en zinc, peints à l'huile. Ces chéneaux recueillent l'eau de tout le toit et l'amènent dans un tuyau qui la conduit dans la citerne. Les toits que fréquentent les pigeons, ou qui ne sont pas nettoyés de temps en temps, ne produisent que de l'eau malpropre. L'eau des toits a encore l'inconvénient d'être parfois insuffisante pour tous les besoins d'une maison.

Pour ramasser dans une citerne de l'eau pluviale en telle quantité qu'on veut, on consacre à cet usage quelques arcs de terrain près de la maison. Ce terrain doit avoir une pente modérée, être assez compacte pour que les eaux pluviales n'y soient point absorbées, être clos d'un mur, ou d'une haie vive, ou d'une palissade, de manière que les bestiaux ni la volaille ne puissent y entrer, et être gazonné, afin que les eaux pluviales s'y troublent le moins possible. On peut faucher l'herbe de cet enclos et y planter des arbres fruitiers, mais on ne doit point le travailler. Au bas et en travers de ce verger, on creuse une rigole qui recueille toute l'eau pluviale que reçoit la superficie du verger, et la conduit dans un aqueduc cimenté qui l'amène à la citerne.

On ne doit point laisser entrer dans la citerne les eaux de neige, ni les premières eaux que produit un orage, comme étant les plus troubles et les moins saines. Pour cela, on établit une petite vanne à l'entrée de l'aqueduc, que l'on ouvre et ferme à volonté. On ne doit mettre l'eau dans les citernes neuves qu'après que le ciment est bien séché et solidifié. On doit les curer au moins une fois l'an.

Les Mares.

Une mare est un creux dans la terre qui a au moins quelques mètres de large, quelques décimètres de profondeur, et qui est destiné à conserver un amas d'eau pluviale. Ces sortes de bassins n'ont ni forme ni capacité déterminées; on leur donne un diamètre et une profondeur proportionnés à la quantité d'eau dont on a besoin, ou qu'on peut y conduire. Les unes sont très-évasées, abordables de tous les côtés, et à pentes douces à partir des bords jusqu'au milieu : ces sortes de mares n'offrent aucun danger; les autres sont fort profondes, entourées de berges escarpées plus ou moins hautes, avec une seule avenue en pente douce : ces dernières doivent toujours être entourées d'un mur, d'une haie vive ou d'une palissade. Quant à celles qu'on creusera à l'avenir sous cette dernière forme, il sera très-prudent de ne pas leur donner plus d'un mètre et demi de profondeur, afin d'éviter les nombreux accidents qu'elles causent tous les ans; car, c'est tantôt des étrangers passant de nuit, tantôt des enfants, tantôt des animaux domestiques, qui s'y noient.

Les mares ne doivent être creusées que dans des roches ou des terres imperméables, et s'il ne s'en trouve pas dans l'endroit, on corroie le fond et les parois de celles qu'on fait avec de l'argile qu'il faut mouiller, pétrir et fouler comme il vient d'être dit pour une citerne. Une mare doit être toujours placée au thalweg d'un pli de terrain, ou au bas et à côté d'un chemin creux, ou au bout d'un long fossé, afin qu'elle soit à portée de recueillir la plus grande quantité d'eau pluviale possible. On doit encore planter autour des mares des arbres à haute tige et très-rapprochés, supposé qu'ils puissent y croître, afin d'entretenir leurs eaux fraîches et de les préserver de l'évaporation, qui d'ordinaire enlève, sur celles qui ne sont pas ombragées, beaucoup plus d'eau qu'on n'en consomme pour les divers usages.

L'eau des mares, quoique impropre aux besoins domestiques, est néanmoins d'une grande utilité pour abreuver les bestiaux, pour l'arrosement des jardins, pour les cas d'incendie, etc. On peut'élever dans les grandes mares des tanches, des gardons, des carassins, des cobites, etc., poissons qui peuplent beaucoup et se plaisent dans les eaux stagnantes. Tout l'entretien des mares consiste à les curer de temps en temps, et la vase qu'on en retire, après qu'elle est sèche, est un excellent engrais. Dans les pays qui sont privés de sources et de cours d'eau, on ne saurait trop multiplier les citernes et les mares.

CHAPITRE XXVIII.

ORIGINE ET PROGRÈS DE CETTE THÉORIE.

Le lecteur est sans doute curieux de connaître quelle a été l'origine de cette théorie et comment elle s'est propagée; je vais tâcher de le satisfaire en mettant sous ses yeux une courte notice sur mes travaux hydroscopiques.

La grande ligne qui sépare en France le terrain primitif du terrain calcaire, part des bords de la Méditerranée, traverse, en décrivant une infinité de contours, les départements du Var, de la Drôme, de l'Ardèche, du Gard, de la Lozère, de l'Aveyron, du Lot, de la Corrèze, de la Dordogne, de la Haute-Vienne, de la Creuse, etc.

Cette ligne traverse précisément la petite paroisse de Saint-Jean-Lespinasse (Lot), dont je fus nommé desservant en 1818. A peine arrivé dans cette localité, je fus vivement frappé du contraste que présentaient, sous le rapport des sources, la partie orientale du département du Lot et la partie occidentale.

La partie orientale, toute composée de terrains primitifs, offre des collines fort prolongées et très-régulières. Les vallées et les vallons, les rivières et les ruisseaux affluent les uns dans les autres avec un ordre que l'on pourrait dire parfait. On y voit les sources sortir de toutes parts; presque toutes les maisons en ont au moins une à leur portée, et presque tous les prés y sont arrosés par des rivières, des ruisseaux ou des eaux de source.

Les vingt-quatre cantons qui forment la partie occidentale et méridionale du département, sont tous situés sur le terrain calcaire, manquent généralement de ruisseaux, de fontaines et même de puits à sources. On peut aller en droite ligne de l'Est à l'Ouest, depuis Lissac jusqu'à Mareuil, distants de 54 kilomètres, sans rencontrer un seul cours d'eau, et du Nord au Midi, depuis Mézels jusqu'à Sauliac, distants de 46 kilomètres, sans traverser d'autre cours d'eau que le ruisseau de Gramat, dont toute la partie inférieure est à sec pendant les trois quarts de l'année. Cette partie du département, qui ne présente aucun cours d'eau, forme une étendue de 50 lieues carrées.

Les récits des maux sans nombre que causait la disette d'eau, et qui étaient, dans cette contrée, le sujet le plus ordinaire des entretiens, ne tardèrent pas à venir m'attrister. Dans la plupart des communes, me disait-on journellement, tous les habitants sont obligés d'employer, dans les temps les plus précieux, une, deux, trois, quatre ou cinq heures par jour pour aller, avec des barriques, quérir à la rivière l'eau qui est nécessaire à eux et à leurs bestiaux. Ceux qui n'ont ni attelage, ni monture, et qui forment la plus grande partie de la population, vont jusqu'à une ou deux lieues chercher l'eau avec des seaux qu'ils portent sur leur tête; d'autres n'ont pour toute boisson que l'eau bourbeuse et fétide des mares. En certains endroits, on vend l'eau de rivière de vingt à trente centimes le seau, et chaque bête de trait ou de somme en boit pour une douzaine de sous par jour. On voit de temps en temps au bord des rivières des brebis qui n'ont pas bu depuis plusieurs jours, les unes se précipiter dans l'eau et s'y noyer, les autres se gorger d'eau et périr subitement. A leur retour de la rivière, les bestiaux sont presque aussi altérés qu'ils l'étaient à leur départ. Lorsqu'un incendie se déclare, on n'a aucun moyen d'en arrêter les progrès. Les propriétaires qui ont des citernes sont extrêmement rares, et ils ne peuvent les ouvrir au public qu'en se résignant à manquer eux-mêmes d'eau. Si, dans une commune, il y a un puits qui fournisse de l'eau, ses alentours ressemblent continuellement à un champ de foire. Les personnes qui s'y rendent de nuit et de jour, souvent de fort loin, avec leurs troupeaux, sont obligées d'attendre plusieurs heures, jusqu'à ce que les premiers venus aient abreuvé leurs troupeaux et rempli leurs barriques.

En entendant ces doléances et un grand nombre d'autres, qui avaient pour cause le manque d'eau, je me disais souvent : *Serait-il donc possible que Dieu eût abandonné à jamais tant d'infortunées populations aux angoisses de la soif! Ne serait-il pas possible de trouver dans ces malheureuses contrées des sources, fussent-elles très-profondes!* Muni de quelques notions de géologie, et sachant qu'il tombe autant de pluie sur les terres calcaires que sur les autres, je me mis à parcourir dans tous les sens ces vastes et arides plateaux pour essayer de me rendre compte de ce que pouvaient y devenir les eaux pluviales, et voir si je pourrais y découvrir quelque indice de source. Près de deux années se passèrent sans que j'eusse aperçu le moindre signe de la présence des sources ; je trouvais partout les habitants convaincus qu'on ne pourrait jamais en découvrir parmi eux, attendu que les innombrables et profondes excavations qu'on y avait faites depuis le commencement du monde étaient restées sans résultat.

N'ayant pu rien obtenir sur les plateaux, je me mis à parcourir et à examiner successivement les bords de nos trois principales rivières, qui sont : le Lot, le Cellé et la Dordogne. J'y vis un très-grand nombre de sources, placées à des intervalles assez courts, dont les unes seraient assez puissantes pour former seules des rivières, d'autres des ruisseaux et une infinité d'autres moins volumineuses. Toutes sortent de terre et se jettent immédiatement dans les rivières. Je me dis alors : *Ces sources ne s'engendrent pas dans la roche même qui les vomit, ni dans un espace de quelques hectares de terrain; elles doivent donc être le produit des eaux pluviales qui tombent sur les plateaux, et qui sont absorbées aussitôt qu'elles touchent le sol.* Ayant ainsi commencé à me rendre compte du sort des eaux pluviales qui tombent sur nos plateaux calcaires, je partis du débouché de plusieurs de ces sources, je parcourus les plateaux qui les dominent pour tâcher d'y découvrir quelques indices de leur passage; mais, dans ces premières explorations, je tombai malheureusement sur des régions toutes parsemées de bétoires que je ne savais pas alors aligner, et je n'obtins aucun résultat; seulement il me resta la conviction que, sous les plateaux calcaires, des ruisseaux souterrains devaient se former, s'accroître et marcher comme les cours d'eau visibles dans d'autres pays; mais où passaient-ils?

Pensant alors que j'avais peut-être pris à rebours l'étude de l'hydrographie souterraine, et qu'avant de l'étudier dans les terrains affaissés et bouleversés, j'aurais dû commencer cette étude dans les terrains réguliers et primitifs, où les sources sont si nombreuses, j'employai deux autres années à parcourir et à examiner les terrains primitifs du département du Lot; j'y examinai avec une attention particulière les sources qui sortent de terre naturellement, dans quelles circonstances de terrain elles se produisent, pourquoi elles apparaissent sur certains points et non sur d'autres, pourquoi elles sont inégales en volume, quelles règles observent les ruisseaux visibles dans leur formation et leur écoulement, etc. C'est donc sur ce terrain-là que je recueillis, à force d'observations, la vraie théorie des cours d'eau souterrains et de leur éruption.

Restait à transporter cette théorie dans les plateaux calcaires, et à en faire l'application aux cours d'eau qu'ils recèlent. Je repris donc l'examen des cours d'eau qui sortent de terre aux bords des rivières pour essayer d'en suivre le cours en allant vers leur amont présumé. Je commençai fort heureusement cet examen par la source de Louysse, qui forme à elle seule une grande rivière. En partant de son débouché, et allant vers l'amont, je trouvai d'abord un vallon très-prononcé, mais dont la dépression, quoique toujours facile à saisir, va en diminuant jusqu'à Thémines, où s'engouffre un grand ruisseau ; je n'hésitai pas à reconnaître ce ruisseau pour le principal affluent qui va former à 25 kilomètres de distance l'énorme source de Louysse, et qui, selon toutes les probabilités, devait marcher sous le vallon que je venais de parcourir. Cette première étude, que je trouvai très-satisfaisante, m'encouragea à suivre de la même manière un certain nombre d'autres cours d'eau qui, après avoir ruisselé sur le sol, se perdent et vont sortir aux bords des rivières. C'est ainsi que je parvins à reconnaître que les ruisseaux de Théminettes et de l'Hôpital-Issendolus vont se jeter sous terre dans le conduit de Louysse ; que les ruisseaux de Rinhac et de Salgues, après avoir disparu sous terre, vont joindre l'Alzou ; que le ruisseau de Miers, après s'être engouffré à Roque-de-Corn, se reproduit à Montvalent, au bord de la Dordogne ; que le ruisseau qui se perd à Sounac va sourdre à Sainte-Eulalie ; celui d'Assier, à Corn, et celui de Reyrevignes, à Boussac ;

ces trois derniers ruisseaux, après avoir marché sous terre de trois à quatre lieues, s'épanchent au bord du Cellé.

Tous ces ruisseaux étant beaucoup plus gros en sortant de terre qu'en y entrant, j'en tirai la conséquence qu'ils y avaient reçu un grand nombre d'autres ruisseaux.

En allant depuis le dégorgement jusqu'à l'engorgement de chacun de ces cours d'eau souterrains, et suivant toujours le fond du vallon qui en marquait le passage, je rencontrai tantôt un puits naturel au fond duquel paraissait le cours d'eau, tantôt une crevasse au fond de laquelle on l'entendait bruire; ici était l'orifice d'un boyau souterrain par lequel on m'assura qu'une loutre sortait de temps en temps (1); là on avait souvent vu, à la suite de grandes pluies, une colonne d'eau s'élancer du sein de la terre et s'élever jusqu'à deux ou trois mètres de hauteur. Tous ces indices et autres, à mesure que je les rencontrais, me confirmaient de plus en plus que j'étais dans la bonne voie.

Nous avons encore dans le département du Lot un grand nombre de sources non moins importantes que celles qui viennent d'être nommées, qui sortent de terre aux bords des rivières sans qu'on voie, dans les bassins qui les produisent, un seul de leurs af-

---

(1) La présence d'une loutre au milieu de ces arides terrains me prouva non-seulement la présence de la rivière souterraine en cet endroit, mais encore qu'elle était peuplée de poissons, puisque cet animal en fait sa principale nourriture.

fluents marcher à découvert. Les principales, qu'on voit au bord du Lot, sont : la fontaine de Touzac, près de Puy-l'Evêque ; celles des Chartreux et de Saint-Georges, à Cahors ; celles de Crégols et de Cajarc. Sur les bords du Cellé on trouve les sources de Saint-Sulpice ; le puits de Marchepé et le puits de Resserq, dans la commune de Marcillac ; le Bourlandan et la Pescalerie, dans la commune de Cabrerets. Sur les bords de la Dordogne, on remarque les fontaines de Mayraguet et du Gourg, près de Souillac ; celles de Briance et de Murel, près de Martel, etc.

En voyant la plupart de ces fontaines sourdre près des rivières, aux issues de longues vallées, dans lesquelles aboutissent un grand nombre de vallons et plis de terrain, je me crus fondé à conclure qu'elles se formaient, marchaient sous terre et suivaient les thalwegs des vallées ou vallons, comme le font les ruisseaux visibles. C'est surtout dans la partie méridionale du département qu'on voit les vallées, vallons, gorges et plis de terrain aussi bien creusés et aussi régulièrement disposés que dans les terrains primitifs. Quoique ces dépressions soient généralement privées de ruisseaux et de sources, ce que j'avais observé ailleurs me fit croire que chacune d'elles conduisait un cours d'eau souterrain.

Il s'agissait encore de connaître les lignes que suivent les sources qui ne se produisent pas aux issues des vallons, mais qui surgissent sur les bords des rivières, aux pieds de rochers escarpés et sans aucune apparence de vallon sur les plateaux qui les dominent. Après bien des courses et des examens des terrains, je m'aperçus que toutes ces sources provenaient de terrains parsemés de bétoires, que je crus pendant assez longtemps placées confusément et sans aucun ordre. Cependant, après les avoir longuement examinées, je parvins à remarquer qu'elles étaient disposées par séries, et que chaque série occupait le thalweg d'une espèce de vallon très-faiblement déprimé ; qu'il y avait toujours un de ces vallons un peu plus creux que les autres, et qu'il se dirigeait vers l'issue de la source, quoiqu'il fût interrompu par une espèce de barrage qui formait l'escarpement au pied duquel sortait la source. C'est alors que j'appris à aligner ces innombrables bétoires qui sont disséminées sur la plus grande partie de nos plateaux calcaires, et à voir distinctement les différentes séries qu'elles forment, les unes principales et les autres accessoires, indiquant la ligne que suit le cours d'eau principal et celle que suit chaque cours d'eau accessoire.

La certitude du passage d'un cours d'eau sous chaque série de bétoires étant ainsi acquise, restait la difficulté d'en connaître la profondeur. Partant du débouché de chaque source, et lui supposant sous terre à peu près la même pente qu'ont les ruisseaux visibles, je nivelai un grand nombre de ces séries de bétoires, et je trouvai que presque partout elles étaient à 200, à 300 et à 400 pieds au-dessus du niveau de ce débouché ; que par conséquent des fouilles étaient impraticables dans ces terrains, à raison de l'excessive profondeur qu'il aurait fallu leur donner. C'est pourquoi, dans le chapitre XX, j'ai rangé les calcaires à bétoires parmi les terrains impropres à la découverte des sources. J'observai seulement que vers l'origine de chacun de ces vallons, il y a ordinairement un pli de terrain sans bétoire, et qu'une petite source peut s'y trouver, comme il s'en trouve partout dans le terrain primitif.

Je revins donc aux sources qui s'épanchent aux issues des vallons, et leur supposant la même pente que celle des ruisseaux découverts, je trouvai par le nivellement qu'elles étaient ordinairement à 10, à 20, 30 ou 40 pieds de profondeur, et que par conséquent c'était toujours dans les vallées, vallons et plis de terrain, qu'il fallait placer les fouilles, ainsi qu'on l'a vu au chapitre XVI, tant parce que leur thalweg est le guide le plus assuré pour connaître la ligne que suit un cours d'eau sous terre, que parce que leur dépression permet d'arriver au cours d'eau à l'aide d'un creux moins profond.

Les deux plans inclinés que présentent les deux coteaux qui forment la plupart des vallons, et le terrain de transport qui en occupe le fond, me firent penser que le cours d'eau devait se trouver à la ligne d'intersection des deux plans, et qu'au moyen de l'opération qui est indiquée au chapitre XVII, on pourrait avoir un second moyen de connaître la profondeur du cours d'eau, sauf les irrégularités qui pourraient se rencontrer dans le terrain. Ce second moyen, qui est tout simple quand on le sait, ne me vint à l'esprit que six ans après que j'eus commencé d'étudier l'hydrographie souterraine.

Ce ne fut non plus qu'après avoir étudié pendant plusieurs années les sources et leurs bassins, que je parvins à faire cette autre observation, qui n'est pas moins simple, savoir : *Que le volume de chaque source est généralement proportionné à l'étendue de son bassin, et que pouvant déterminer le périmètre de chaque bassin et en mesurer la surface, on peut connaître approximativement le volume de la source qu'il produit.*

C'est ainsi qu'après neuf années d'études, d'explorations, de patience et de fatigues, je parvins à connaître théoriquement la ligne que parcourt chaque source, sa profondeur et son volume. Je m'occupai dès lors à mettre en ordre les nombreux matériaux que j'avais recueillis dans les livres et sur le terrain, et à rédiger ce Traité.

Afin de réduire cette théorie en pratique, et d'en montrer la valeur par des faits qui fussent à la portée des plus ignorants comme des plus savants, en 1827, j'en présentai au Conseil général du département du Lot un abrégé, qui était accompagné d'une lettre dans laquelle j'offrais de me rendre gratuitement dans les communes et chez les particuliers qui voudraient en faire l'essai, et je priai le Conseil de vouloir bien voter quelques fonds destinés à concourir pour moitié dans les frais que pourraient coûter les premières expériences, à la condition que les communes ou les particuliers fourniraient l'autre moitié. J'ajoutai que cette théorie n'était pas infaillible, et que je commettrais inévitablement des erreurs, mais que ma confiance était assez grande pour pouvoir promettre qu'elle réussirait au moins dans les deux tiers des tentatives. Le Conseil général accueillit ces propositions avec faveur, et mit à la disposition de M. le Préfet une somme de 600 francs, destinée à concourir pour moitié aux frais des premiers essais. Voici sa délibération :

« *Préfecture du département du Lot.*

Extrait du Registre des délibérations du Conseil général.

session de 1827.

Séance du 21 août.

« Le Conseil général, après avoir entendu le rap-
« porteur de la Commission nommée pour exami-
« ner le mémoire présenté par M. Paramelle, rela-
« tif aux moyens de découvrir des cours d'eau sur le
« sol calcaire du département, applaudit au zèle de
« ce digne ecclésiastique pour remédier à un des
« fléaux les plus funestes à de vastes contrées, et
« reconnaît que ses vues sont appuyées sur des ob-
« servations aussi justes que savantes. Espérant que
« sa théorie sera justifiée par les faits, et que, dès
« que l'expérience en aura démontré la justesse, les
« propriétaires du département, dont les habitations
« seront situées près des localités où doivent passer
« des cours d'eau souterrains, s'empresseront de
« faire les travaux nécessaires pour en profiter;
« arrête : 1° qu'une somme de 600 francs sera mise
« à la disposition de M. le Préfet, pour être em-
« ployée, sous la direction de M. Paramelle, à décou-
« vrir des cours d'eau dans les localités où il croira

« devoir faire l'application de sa théorie; 2° que
« M. le Préfet sera prié de faire connaître au sieur
« Paramelle la décision du Conseil général, et de le
« remercier de la communication qu'il a bien voulu
« lui faire.

« Pour expédition, collationnée conforme, le Se-
« crétaire général de la Préfecture.

(Ici est le sceau de la Préfecture.) « REYGASSE. »

En conséquence de cette délibération, M. Baumes, alors Préfet du Lot, adressa à MM. les Maires des nombreuses communes qui étaient privées d'eau, la circulaire suivante :

« *Préfecture du département du Lot.*

« Le Préfet du département du Lot, Chevalier de
« la Légion-d'Honneur, s'empresse de faire connaî-
« tre à MM. les Maires du département que l'hono-
« rable M. l'abbé Paramelle, auteur d'un système qui
« a pour objet de procurer des eaux toujours fraî-
« ches, saines et abondantes dans toutes les com-
« munes qui en manquent, système qui a reçu les
« encouragements du Conseil général et l'approba-
« tion du Gouvernement, doit parcourir successive-
« ment toutes les communes du département pri-
« vées d'eau, afin d'y faire l'application de sa
« théorie.

« En conséquence, en ayant l'honneur de re-
« commander d'une manière toute particulière
« M. l'abbé Paramelle auprès de MM. les Maires
« des communes où il aura occasion de faire des

« essais, il les invite à le seconder de leur mieux, et
« à lui procurer tous les moyens qui sont en leur
« pouvoir afin de faciliter l'exécution de ses utiles
« projets.

« Le Préfet se plaira, en cas de succès, à signaler
« à la reconnaissance du public, les communes, les
« administrateurs et même les particuliers qui, d'a-
« près les rapports de M. l'abbé Paramelle, auront
« fourni gratuitement le plus grand nombre de
« journées d'hommes, et auront mis le plus d'em-
« pressement à l'aider de tous leurs moyens.

« Fait à Cahors, en l'hôtel de la Préfecture, le
« 23 juin 1828. »

Le Préfet du Lot :

« BAUMES. »

La persuasion qu'il était impossible de trouver des sources sur les plateaux calcaires était si généralement établie, qu'il n'y eut que huit communes qui voulurent hasarder des fonds pour ces tentatives. M'étant rendu dans ces communes pour y faire les indications demandées, il fut dressé par MM. les Maires un procès-verbal sur chaque indication, dans lequel étaient énoncés le point où la source avait été indiquée, sa profondeur et son volume. Ce procès-verbal était en triple original, et signé de plusieurs témoins ; l'un fut envoyé immédiatement à M. le Préfet, l'autre resta devers M. le Maire de la commune, et l'autre devers moi.

Sur ces huit communes, il y en eut trois qui ne creusèrent point du tout, et cinq qui exécutèrent les travaux que j'avais tracés. Toutes les cinq obtinrent un plein succès. Une de ces découvertes était l'énorme source de Rocamadour, qui, au dire des habitants, *fournirait assez d'eau pour tout le département*. Selon la recommandation du Préfet, les Maires envoyèrent des procès-verbaux très-circonstanciés sur ces découvertes inattendues, et qui comblaient de joie les habitants du voisinage.

Sur la fin d'août 1829, M. le Préfet, d'après le désir exprimé par le Conseil général, m'écrivit pour m'inviter à me rendre au sein de ce Conseil, afin de lui exposer de vive voix cette théorie, lui proposer les moyens que je croirais les meilleurs pour la propager et l'étendre à toutes les communes du département qui manquaient d'eau. Le 1er septembre 1829, je me rendis au Conseil, qui consacra toute la séance à entendre les explications que je lui donnai, tant sur la théorie que sur les moyens de la propager. Je terminai mes explications en lui répétant que ces cinq premiers résultats ne devaient pas porter à croire que toutes les tentatives réussiraient, mais que je persistais à croire que je réussirais au moins dans les deux tiers. *Quand vous ne réussiriez que la moitié des fois*, dirent plusieurs membres de l'Assemblée, *vous rendriez au département des services immenses*. Après que je me fus retiré, le Conseil prit la délibération suivante.

« *Préfecture du département du Lot.*

Extrait du Registre des délibérations du Conseil général.

session de 1829.

Séance du 1ᵉʳ septembre.

« Le Conseil général, composé des membres qui
« ont délibéré à la séance de la veille, et de M. The-
« ron, a repris ses travaux à huit heures du matin.

« Après la lecture du rapport des procès-verbaux
« de la séance d'hier, dont il a adopté la rédaction,
« le Conseil a entendu un rapport de M. le Préfet
« sur les résultats déjà obtenus de l'application de
« la théorie de M. l'abbé Paramelle, à la recherche
« des sources. Cet administrateur a fait connaître
« que ce n'était que dans cinq communes qu'on
« était parvenu à la profondeur indiquée par M. l'abbé
« Paramelle, et que, dans toutes les cinq, on avait
« trouvé un cours d'eau. Ce succès a donné au Con-
« seil l'espérance que la théorie de ce savant ecclé-
« siastique parviendrait à procurer la découverte
« d'eaux vives à de nombreuses localités, qui, jus-
« qu'ici, n'avaient eu que des citernes insuffisantes
« et des mares qui ne pouvaient servir à désaltérer
« les animaux domestiques que pendant une faible
« partie de l'année.

« Un membre ayant annoncé que M. l'abbé Para-
« melle désirait soumettre au Conseil les bases de
« sa théorie, il a été invité à se présenter. Il a
« exposé la série d'observations d'après lesquelles il
« avait cru pouvoir suivre la direction des cours

« d'eau souterrains, et les faits qui viennent à l'ap-
« pui des conséquences qu'il tire de ces observa-
« tions. Le Conseil a entendu avec le plus vif inté-
« rêt les développements qu'a présentés M. l'abbé
« Paramelle, et il a reconnu que sa théorie est con-
« forme aux principes de la physique ; il n'a pas
« moins admiré son généreux désintéressement que
« le zèle infatigable qu'il met à diriger les fouilles
« entreprises pour la recherche des sources.

« Interprète des sentiments du Conseil, M. le
« président lui a payé un juste tribut d'éloges, et
« l'a remercié des importants services qu'il se pro-
« pose de rendre au département, dont il mérite
« la reconnaissance.

« Sur la proposition de M. le Préfet, le Conseil,
« persuadé qu'on ne saurait trop encourager la re-
« cherche des sources, a ensuite voté deux mille
« francs pour indemniser M. l'abbé Paramelle de ses
« sacrifices, ou pour aider les communes qui vou-
« dront faire l'essai de sa théorie. Ci. . . 2,000 fr.

« Pour extrait certifié conforme, le Secrétaire gé-
« néral de la Préfecture,

(Ici est le sceau de la Préfecture.) « REYGASSE. »

La révolution de 1830 ayant empêché le Conseil
général de s'occuper de la question des sources,
en 1831 il prit la délibération suivante :

« *Préfecture du département du Lot.*

Extrait des Registres des délibérations du Conseil général
du département du Lot.

SESSION DE 1831.

Séance du 14 mai.

« Le Conseil général, etc.

« Il est résulté du rapport sur l'application de
« la théorie de M. l'abbé Paramelle à la décou-
« verte des sources, que l'on est parvenu dans dix-
« sept localités à la profondeur où il avait indiqué
« un cours d'eau souterrain, et que dans seize on
« a constaté l'existence d'une source sur l'espace
« désigné. Le Conseil voulant seconder le zèle de
« ce vénérable ecclésiastique, pour procurer à des
« contrées qui en avaient été privées jusqu'ici l'é-
« lément le plus indispensable à la vie, à la salu-
« brité et aux besoins de l'agriculture, délibère qu'il
« lui sera alloué dix francs pour chaque source qu'il
« découvrira, et que le Conseil municipal de la
« commune où la découverte sera faite s'obligera
« de les rechercher jusqu'à la profondeur indiquée,
« dans l'année qui suivra la désignation.

« Pour extrait conforme :

« Pour le Secrétaire général de la Préfecture ab-
« sent,

« Le conseiller de préfecture,

(Ici est le sceau de la Préfecture.) « J.-J. CAVIOLE. »

D'après cette délibération et les nouvelles circulaires que M. le Préfet adressa à MM. les Maires, je continuai de me rendre dans toutes les localités qui jugeaient à propos de m'appeler. Comme ce ne fut que la quatorzième tentative qui échoua dans la commune de Carennac, le bruit de ces premiers succès courut rapidement de proche en proche, et s'étendit bientôt à tout le département. La confiance croissait de jour en jour ; on me prêtait même une infaillibilité que je désavouais continuellement et de toutes mes forces, en citant les non réussites qui m'arrivaient de loin en loin ; n'importe, ces non réussites n'étaient réputées rien en comparaison des immenses avantages que procuraient les découvertes, dont le nombre et l'importance étaient partout exagérés.

Je n'avais jamais eu en vue que de procurer de l'eau à mon département ; mais avant d'en avoir fini l'exploration, je me vis appelé dans les départements de la Corrèze et de l'Aveyron, où les réussites firent autant de bruit que celles qui avaient eu lieu dans le département du Lot ; les non réussites étaient comme non avenues. *Nous nous estimerions très-heureux*, me disait-on souvent, *quand même nous ne pourrions réussir que la moitié des fois ; car une source découverte vaut vingt fois et souvent cent fois ce qu'elle coûte.*

Voyant que le nombre des demandes allait toujours croissant, je soumis ma démission à mon évêque, qui fut d'avis que je ferais encore plus de bien en allant procurer de l'eau aux malheureuses populations qui n'en avaient point, qu'en restant à mon poste.

Après avoir visité ces trois départements, je fus appelé dans celui de la Dordogne, où le besoin d'eau était si général, que dans presque toutes les communes on me fit des demandes. Les mêmes succès accompagnant les indications, les journaux de ce département, à défaut d'autres nouvelles, se mirent à publier jour par jour et avec les plus grands détails les résultats qui parvenaient à la connaissance de MM. les rédacteurs. Leurs articles furent reproduits par les journaux des départements voisins, et même par plusieurs journaux de Paris. Il n'en fallut pas davantage pour m'attirer des demandes de tous les côtés.

Pendant les trois ou quatre premières années de mes explorations le vulgaire, qui ne connaît d'autre physique que le merveilleux, à la vue des prédictions qu'il voyait s'accomplir tous les jours, était dans l'ébahissement : ce monsieur, disait l'un, trouve les sources, parce qu'il est né à l'heure qu'il fallait pour cela; un autre en ferait autant s'il était né à la même heure. — C'est un don de Dieu que lui seul a reçu, disait l'autre. — Non, disait celui-ci, il est vraiment sorcier, ne voyez-vous pas qu'il devine parfaitement la position, la profondeur et la grosseur de chaque source, ainsi que toutes les espèces de terrain qu'on doit traverser pour y arriver ! — Il n'est ni inspiré ni sorcier, disait celui-là, c'est qu'il a la vue plus perçante que tout autre homme, et qu'il voit à travers la terre tout ce qu'il y a dessous. — Il a la vue meilleure que nous, disait encore un autre, lui seul voit sortir de terre une colonne de fumée qui s'élève de dessus chaque source; et cent autres balivernes semblables.

Quelques-uns de ces quasi-savants qui sont persuadés que nul ne peut savoir ce qu'ils ne savent pas eux-mêmes, quoiqu'ils n'eussent jamais vu aucun des résultats obtenus, décidaient souverainement que les découvertes qu'on racontait étaient *impossibles* (1). Ceux d'entre eux qui avaient occasion d'en

---

(1) Au mois d'octobre 1834, je me rendis à Lavalette, chef-lieu de canton (Charente), ville qui tous les étés, était obligée d'aller puiser l'eau à plus d'un kilomètre de distance, et où deux propriétaires seulement m'avaient appelé. A mon arrivée, l'un d'eux me prit en particulier et me dit : *Prenez bien garde, Monsieur, à tout ce que vous ferez et direz; vous êtes ici dans un pays de philosophes, où l'on refuse de croire à votre art à cause de votre qualité.* — *Soyez tranquille, Monsieur*, lui répondis-je, *vous verrez bientôt tous vos philosophes à quia.*

A la première source que j'eus occasion d'indiquer à une centaine de mètres de la ville, j'étais suivi d'une trentaine de bourgeois et d'un grand nombre d'autres personnes. Le propriétaire souscripteur m'ayant demandé l'indication, je dis : *La source est sous ce point-là, veuillez le marquer; elle est à 16 pieds de profondeur et grosse comme mon pouce.* Prenant ensuite une position un peu élevée et un ton de voix assez haut, je dis : *Messieurs, je ne me donne nulle part pour infaillible, cependant si quelqu'un de vous veut parier 300 francs que ce que j'annonce n'est pas, je parie 600 francs que les trois déclarations que je viens de faire se trouvent vraies. Nous pouvons sur-le-champ consigner les deux sommes, et dans trois jours nous saurons qui a gagné.* A ces paroles succéda un si-

voir quelques-unes disaient que ces sources avaient été trouvées *par hasard*. D'autres disaient : *cette source, il est vrai, coule bien pour le moment, mais elle ne tardera pas à discontinuer*. D'autres disaient: *c'est bien de l'eau qui sort de terre et qui coule dans ce creux, mais ce n'est pas de l'eau de source* (1).

lence, presque tous les visages s'allongèrent et pâlirent. Après quatre ou cinq minutes de silence, une voix s'éleva du milieu de la foule et dit : *Eh bien ! parle, toi, à présent ! parle ! tu disais que tu voulais le confondre quand il serait arrivé ; gagne là* 600 *francs!* Après ces paroles, même silence ; au bout de quelques autres minutes d'attente, je repris et dis en souriant : *Il est des hommes qui jureraient bien d'une chose, mais qui ne parieraient pas; moi, au contraire, sachant que je suis faillible, je parierais bien que ce que je dis sera, mais je ne le jurerais point.*

Dans quelques jours la source fut en effet découverte à la profondeur et sous le volume annoncés. Avant de quitter les environs de cette ville, on me fit plus de cent demandes, et j'y indiquai trente-sept sources.

Ce que je fis à Lavalette, je l'ai fait pendant toutes mes tournées. Presque partout où j'ai indiqué des sources, j'ai offert de parier double contre simple que les trois déclarations que je faisais se trouveraient vraies, et je n'ai rencontré personne qui ait voulu accepter ce pari.

(1) Voici ce que rapporte à ce sujet le *Courrier de la Drôme*, 27 novembre 1842.

« Dans une importante commune du département de ***,
« l'abbé Paramelle fut un jour appelé à l'effet d'indiquer une
« source suffisante pour alimenter une fontaine jaillissante
« publique. Le géologue accourut, et le jour même de son ar-
« rivée, la source était trouvée (*indiquée*). Ce résultat si heu-
« reux pour la ville, ne fut pourtant pas également apprécié.
« Chez le peuple travailleur, ce furent pendant trois jours des

Dans un grand nombre d'endroits ces esprits forts
me tendirent des piéges : les uns me menaient dans
un endroit où était une source que l'on conduisait

« danses et des rigodons à n'en plus finir. Mais chez quelques
« gros bonnets il en fut autrement... On se mit à discuter s'il
« était bien possible qu'il y eût une source là où l'abbé Pa-
« ramelle l'avait indiquée, et cela sans que personne s'en fût
« douté avant lui.

« Cependant le Maire fit creuser, et on trouva la source pré-
« cisément comme l'avait annoncée le savant hydroscope.
« Mais les opposants ne se tinrent pas pour battus, au con-
« traire, ils eurent la majorité au sein du Conseil munici-
« pal, qui déclara que, *la source inventée par M. l'abbé Pa-*
« *ramelle n'étant pas une source, il n'y avait pas lieu de con-*
« *struire la fontaine projetée.*

« Le Maire fort embarrassé de cette délibération singu-
« lière, écrivit à Saint-Céré, priant M. l'abbé Paramelle de
« vouloir bien l'aider, par une démonstration synthétique, à
« réfuter victorieusement les objections de la majorité ; mais le
« géologue n'en fit rien. Il se souvint du *margaritas...* de
« l'Évangile, et jugeant que l'eau, la source, la fontaine, la
« science, étaient choses étrangères à la délibération prise, il
« répondit simplement au Maire : « *M. le Maire, votre opi-*
« *nion est conforme à la mienne. Oui, l'eau qui dans l'espace*
« *de quatre heures put remplir le creux de cinq mètres de*
« *profondeur qu'on venait de terminer dans l'enceinte de*
« *votre ville, et qui depuis seize mois n'a cessé de couler sur*
« *la surface du sol, est une eau de source véritable ; en con-*
« *séquence, je suis d'avis que la commune fasse bâtir la fon-*
« *taine. Ceux qui croiront que son eau est de l'eau de source*
« *pourront y puiser ; les autres pourront aller à l'abreuvoir.*
« *J'ai l'honneur d'être, etc.* »

« La lettre fut lue en Conseil municipal, et personne, dit-on,
« ne voulut aller à l'abreuvoir. »

au loin par le moyen d'un aqueduc, et sur laquelle il ne restait pas le moindre vestige de fouille à la surface du sol, ou bien ils cachaient très-habilement les bassins de leurs fontaines et me disaient : *il y a par ici une source; où est-elle?* Pour toute réponse je me rendais sur la source. On m'a conduit à des puits privés de toute source, dans lesquels on avait jeté de l'eau quelques moments avant mon arrivée, et on me disait de l'air le plus sérieux : *Notre puits a une bonne source, mais il est trop profond.* — *Votre puits n'a pas la moindre source*, répondais-je ; et on m'avouait, en riant, tout ce qui en était. D'autres me conduisaient dans un enclos où il avait été creusé des puits très-nombreux et très-profonds sans aucun succès, pour voir si je ferais une indication sur un de ces puits entièrement comblés. Au moment de mon arrivée, le plus savant du village m'a souvent dit : *Monsieur, pourriez-vous nous dire où est notre fontaine? Oui, Monsieur*, répondais-je ; et au même instant je m'y rendais aussi directement qu'aurait pu le faire un habitant du village.

Grâce à Dieu, tous ces stratagèmes et autres semblables ont été partout préparés en vain. On m'a même fait grand plaisir chaque fois qu'on a jugé à propos de me mettre à ces épreuves, je les ai toujours prises en très-bonne part. Peu à peu les esprits forts, ayant reconnu l'inutilité de tous ces piéges, y ont enfin renoncé, et, pendant les vingt dernières années de mes courses, je n'ai remarqué qu'une ou deux fois qu'on ait cherché à m'en tendre d'autres.

Dès que plusieurs centaines de tentatives eurent

prouvé que le nombre des réussites dépassait de beaucoup celui des non réussites, MM. les Préfets et les Sociétés d'agriculture publièrent des circulaires, et les journaux un très-grand nombre d'articles, pour provoquer les souscriptions dans leurs départements et me les transmettre. C'est pour satisfaire à ces nombreuses demandes que j'ai exploré successivement et dans l'ordre qui suit les départements de la Charente, Lot-et-Garonne, le Cantal, la Vienne, la Gironde, la Savoie qui formait, du temps de l'Empire, le département du Léman et celui du Mont-Blanc, la Seine-Inférieure, le Cher, Loir-et-Cher, la Charente-Inférieure, les Basses-Alpes, le Gers, les Bouches-du-Rhône, le Var, les Hautes-Alpes, l'Hérault, le Gard, Vaucluse, la Drôme, la Loire, l'Ardèche, le Doubs, le Jura, la Haute-Saône, Saône-et-Loire, les Vosges, la Meurthe, la Côte-d'Or, la Haute-Marne, la Moselle, la Meuse, le Haut-Rhin, l'Aude, la Haute-Garonne et l'Ariége, en tout quarante départements. J'ai en outre fait des explorations dans certaines parties de cinq autres départements, et quelques excursions dans les États voisins de la France.

Dans tous les départements, le nombre des demandes a été au-dessus de 300 ; dans quelques-uns il s'est élevé jusqu'à 1,000, 1,500 et même au-dessus de 2,000. Dans les départements où le terrain était le plus favorable, j'ai pu indiquer des sources pour le tiers ou le quart des souscripteurs ; dans d'autres je n'ai pu faire d'indications que pour le septième ou le huitième de ceux qui m'avaient appelé. Les propriétaires chez lesquels je reconnaissais qu'il n'y avait point de source avaient au moins l'avantage de savoir qu'ils ne devaient jamais faire aucune dépense pour en chercher, et que pour se procurer de l'eau il ne leur restait que l'un des quatre moyens qui ont été indiqués dans le chapitre précédent. J'avais toujours soin de leur conseiller celui qui convenait le mieux à leur position.

Depuis 1832 jusqu'à 1853, mes tournées ont duré régulièrement du 1er mars au 1er juillet, et du 1er septembre au 1er décembre de chaque année. Tous les jours, excepté les dimanches et fêtes, je travaillais depuis le lever jusqu'au coucher du soleil, allant d'une localité à l'autre à cheval, et ne m'arrêtant qu'une heure par jour, entre dix heures et midi. Toutes les sources que j'ai indiquées ont été enregistrées. Chaque acte d'indication énonce la position de la source, sa profondeur, son volume, et est signé par le propriétaire de la source et par plusieurs témoins. Il a été délivré à ce propriétaire un extrait de mon registre, dans lequel je me suis obligé à lui rembourser les honoraires, si au lieu et à la profondeur déclarés il ne se trouvait pas une source telle que je l'avais annoncée, à la condition que le creux serait fait dans l'année.

En 1854, parvenu à l'âge de 64 ans et atteint d'infirmités qui ne m'ont plus permis de voyager, j'ai été obligé d'en donner avis aux 37 départements qui m'avaient fait parvenir plus ou moins de demandes. Je me suis occupé depuis à réviser l'ouvrage que j'avais composé, en 1827, sur l'*Art de découvrir les sources,* et j'ai trouvé que ce premier travail contenait, comme toutes les théories qui n'ont pas reçu d'application, quelques principes trop absolus, que la pratique m'a appris à modifier, et qu'il y manquait un très-grand nombre de faits et d'observations que les voyages m'ont mis à même d'y ajouter.

Je ne puis terminer ce chapitre sans céder au besoin que j'éprouve d'adresser mes remercîments à Nos Seigneurs les Archevêques et Évêques; à MM. les Pairs, les Députés, les Préfets, les Sous-Préfets, les Membres des Cours royales, les Juges des tribunaux, et aux hommes célèbres par leur science que j'ai rencontrés dans mes voyages, pour la bienveillance et les honnêtetés dont ils ont bien voulu m'honorer; à MM. les Souscripteurs et à MM. les Curés, pour la cordiale hospitalité qu'ils ont bien voulu m'accorder : ils m'ont traité, non comme un étranger, mais comme un intime ami ou un parent qu'ils auraient revu après une longue absence; à MM. les Membres des municipalités et aux populations de presque toutes les communes qui ont bien voulu saluer mon arrivée par des démonstrations si sympathiques, et suivre mes explorations avec tant d'intérêt et d'empressement.

Les innombrables traits de bonté qui m'ont été prodigués partout, que je me plais à repasser dans ma mémoire et à raconter à mes amis dans le fond de ma retraite, excitent en moi les sentiments de la plus vive reconnaissance, et je puis assurer qu'ils ne s'éteindront qu'avec ma vie.

L'empressement que les populations des communes que je visitais ont mis à suivre et à observer celui qu'elles s'imaginaient être un personnage à voir, me porte à croire que quelques-uns de ceux qui ne l'ont pas vu seront peut-être curieux de lire les portraits qui en ont été tracés dans quelques journaux, dont toutefois ils auront à retrancher plusieurs traits évidemment flattés.

L'Université Catholique, tome IX, février 1840 :
« Le savant et modeste abbé arrive escorté des
« notabilités de la commune, qui sont allées le re-
« cevoir à leurs limites ; on le presse, on l'entoure,
« on l'examine ; on est surpris de voir, voyageant
« seul à cheval, un homme d'une haute et robuste
« taille, vêtu de noir, d'une figure franche et ou-
« verte, au front vaste, au regard pénétrant, qui
« sourit avec bienveillance et s'empresse de déclarer
« aux habitants qui lui témoignent une flatteuse
« impatience qu'il n'a pas le don des miracles, mais
« seulement un peu d'habitude à découvrir les
« moyens dont se sert la nature pour transporter et
« faire circuler les eaux recélées dans le sein de la
« terre.

« Rien de plus simple et de plus modeste que
« l'extérieur et les manières de ce bon prêtre, qui
« sait cependant être intéressant sur d'autres objets
« que ceux de sa science spéciale. »

L'Écho des Cévennes, 29 mai 1841 :
« La modestie de M. Paramelle ne le cède nulle-
« ment à la simplicité de son costume. D'une haute

« et robuste taille, d'une figure intéressante et
« douce, sa physionomie annonce l'intelligence et
« la sincérité. Sa conversation n'est ni brillante ni
« recherchée, mais toujours solide et utile. Doué
« d'une grande pénétration d'esprit, il a l'art de
« juger les hommes. Très-laconique dans ses ré-
« ponses, il n'aime pas qu'on lui adresse des ques-
« tions multipliées, intempestives et vaines.

« Cet hydroscope, plus utile à la société que le
« plus grand conquérant, passe sa vie sans bruit,
« sans éclat, sans ostentation ; il découvre partout
« de précieux trésors. »

Le Courrier de la Drôme, 27 novembre 1842 :

« L'abbé Paramelle a 52 ans environ. Sa taille
« est haute et droite, et sa santé si robuste, qu'il a
« toute la verdeur, toute la force musculaire d'un
« homme beaucoup plus jeune. La simplicité de son
« costume est extrême et devient proverbiale. Il
« porte ordinairement des vêtements noirs qui rap-
« pellent toujours sa qualité de prêtre, et qui cer-
« tainement ne doivent guère le gêner que par leur
« ampleur. Sa figure est calme, intéressante et
« douce, son regard investigateur et perçant ; ses
« manières simples, mais partout aisées. Sa physio-
« nomie annonce l'intelligence et la sincérité. Il y
« a bien un peu de rudesse montagnarde dans l'en-
« semble de la personne ; mais elle déplaît d'autant
« moins que, sous cette rustique enveloppe, on de-
« vine tout de suite une belle âme, un esprit fin et
« délié. Sa conversation n'est ni brillante, ni re-

« cherchée, en revanche elle est brève, lucide, tou-
« jours utile et solide. L'abbé Paramelle n'aime ni
« les phrases ni les phraseurs…. Il coupe court à
« toutes les questions oiseuses dont on l'accable.

« Souvent, dans les pays qui manquent d'eau
« surtout, l'annonce de l'arrivée de M. Paramelle
« est un événement. On croit voir venir un homme
« envoyé d'en haut comme un autre Moïse, et la
« population se porte au-devant de lui. On le presse,
« on l'entoure, on l'examine, on l'interroge. Mais,
« lui, il reste impassible, il regarde plutôt le pays,
« le sol, ses accidents, sa végétation, que les braves
« gens qui s'empressent autour de sa personne. Ce
« premier moment passé, il sourit avec bienveil-
« lance, et déclare tout d'abord, presque partout
« invariablement, qu'il n'est ni un saint, ni un sor-
« cier. »

Le Journal de l'Ain, 14 avril 1845 :
« L'abbé Paramelle est âgé d'environ 55 ans.
« Réunissant à une taille élevée une constitution
« presque athlétique, la vie pénible qu'il mène ne
« paraît pas altérer sa santé. Sa physionomie porte
« un ensemble de franche bonhomie et de finesse.
« Son front est large, son œil expressif, et son teint
« fortement coloré. Son costume noir est surmonté
« d'un chapeau rond à larges bords. »

L'Espérance de Nancy, 18 novembre 1847 :
« Au premier abord, la physionomie de M. Para-
« melle, comme sa tournure, a quelque chose de
« fort ordinaire. Mais quand on l'examine de près,

« surtout pendant ses explorations, on voit luire
« dans ses yeux bleus et méditatifs le rayon de l'in-
« telligence.

« Quand il arrive à M. Paramelle de causer, ses
« traits prennent un air enjoué et fin qui déride le
« front du penseur... Son regard investigateur se
« promène sur la surface des terres; il les étudie,
« les sonde, les connaît pour ainsi dire en un clin
« d'œil... Vous le voyez, en parcourant le territoire,
« vous indiquer de bien loin les sources déjà exis-
« tantes, le volume de leurs eaux, etc., et cela avec
« une précision, une exactitude qui vous surprend,
« qui vous le fait regarder comme une espèce de
« devin. »

La Tribune de Beaune, 4 avril 1849 :

« M. l'abbé Paramelle est un homme vêtu sim-
« plement, portant sur une figure colorée le cachet
« de l'homme de bien. Il mène une vie très-frugale
« et fort active. Il part de son gîte de grand matin
« à jeun, et chevauche en lisant son bréviaire vers
« le lieu où il est attendu. Il déjeune vers onze
« heures, et choisit les mets les plus simples... Il a
« l'esprit tourné à la plaisanterie, et dit volontiers
« le mot pour rire. »

Le Spectateur de Dijon, 12 mai 1849 :

« Sous l'extérieur simple et facile de M. l'abbé
« Paramelle on devine facilement une intelligence
« forte et profonde, quoiqu'il se compare modeste-
« ment aux *bâtons flottants*. Sa conversation ré-
« vèle un esprit cultivé, non-seulement par l'étude

« de la géologie, mais par celle de plusieurs autres
« sciences. Il a beaucoup lu et beaucoup retenu… Sa
« frugalité va si loin, que manger et boire ne comp-
« tent presque pas dans sa vie… La vérité est le
« fond de son caractère ; il peut se tromper, mais,
« au moins, il ne trompe pas sciemment. »

CHAPITRE XXIX.

SOURCES TROUVÉES D'APRÈS CETTE THÉORIE.

Le lecteur désirerait sans doute de connaître exactement toutes les réussites et non réussites qui me sont arrivées depuis le commencement de mes explorations, et mon désir le plus ardent serait de le satisfaire ; mais, pour cela, il aurait fallu que tous ceux qui ont fait des fouilles d'après mes indications eussent été exacts à m'en faire connaître les résultats, et MM. les Maires à les constater ; c'est ce que les uns ni les autres n'ont point fait. Comme je m'obligeais par écrit envers chaque particulier à lui rendre les honoraires en cas de non réussite, toutes les non réussites ont été régulièrement constatées par des procès-verbaux, qui ont été remis à MM. les correspondants que j'avais établis dans les chefs-lieux des départements pour rembourser les honoraires ; mais, quand il s'agissait de m'annoncer les réussites et de les constater, il en était tout autrement. Malgré les recommandations les plus expresses, que je faisais lors de chaque indication, de me donner avis du résultat de la fouille, quel qu'il fût, je puis affirmer que sur 10,275 indications que j'ai faites pendant mes vingt-cinq années d'explorations, il n'y a pas eu *cinquante* particuliers qui se soient donné la peine de m'écrire pour m'informer des réussites. Les uns ne l'ont pas fait par la crainte que la source ne vînt à manquer plus tard, et que cette déclaration écrite ne leur ôtât le droit de redemander les honoraires; les autres, à défaut de loisir, et les autres, par pure apathie.

Pendant les quatorze premières années, j'ai envoyé à MM. les Maires des communes dans lesquelles étaient situées les sources découvertes, des formules de procès-verbal imprimées, dans lesquelles il n'y avait que quelques mots à intercaler, avec une lettre *imprimée*, pour les prier de me les renvoyer remplies. Il y en a eu, tout au plus, trois ou quatre sur cent qui m'ont satisfait; tous les autres m'ont laissé sans réponse. La plupart de ces magistrats ont reçu jusqu'à cinq ou six fois ces formules, avec invitations itératives de les remplir; enfin, tous ensemble ont reçu, en différents temps, un total de 4,000 formules, et presque toujours inutilement. Dans le mois de décembre 1842, je fis un dernier envoi de 237 formules pour solliciter ces procès-verbaux, il ne m'en revint que *cinq* remplies; toutes les autres restèrent sans réponse. Dès lors, fatigué et dégoûté de faire imprimer, d'expédier et d'affranchir ces formules et lettres en pure perte; voyant d'ailleurs que la valeur de ma théorie était surabondamment constatée par les délibérations du Conseil général qu'on a vues, et par les six certificats qui vont être cités, je cessai d'en envoyer, et j'ai laissé les faits parler seuls dans les dix-sept départements que j'ai explorés depuis.

Voici, tels qu'on me les a rapportés, les motifs pour lesquels MM. les Maires n'ont pas délivré ces certificats :

Chacun d'eux a regardé comme chose indifférente de laisser à constater une réussite qui, selon lui, ne pouvait rien ajouter au très-grand nombre de celles qui étaient connues. Les uns n'ont pas délivré ces certificats parce qu'ils voulaient s'assurer, pendant un certain nombre d'années, si la source ne manquerait pas ; les autres, parce que, dans l'acte d'indication, je n'avais annoncé qu'*une source*, et que, dans la fouille, il s'en était trouvé *deux*, et quelquefois *trois*; d'autres, parce que la source s'était trouvée tant soit peu moins profonde que je ne l'avais déclarée ; un très-grand nombre d'autres, parce que, dès sa mise au jour, la source avait rempli d'eau l'excavation, ce qui empêchait de vérifier si elle avait précisément le volume que j'avais déclaré, etc.

Par suite de cette universelle négligence que les propriétaires qui ont trouvé leurs sources ont mise à m'en donner avis, et MM. les Maires à les constater, je ne connais vraisemblablement pas la huitième, peut-être pas même la dixième partie de celles qui ont été mises au jour. Car, sur les 10,275 indications que j'ai faites, j'ai lieu de croire, d'après la marche ordinaire des travaux que j'ai pu observer, *qu'on a fait au moins de huit à neuf mille fouilles.*

Voici toutefois les certificats que MM. les Préfets du Lot m'ont délivrés au fur et à mesure que des procès-verbaux de réussite leur ont été envoyés du département du Lot ou d'autres départements, avec le nombre des non réussites constatées.

« *Préfecture du département du Lot.*

« Le Préfet du département du Lot certifie à qui
« de droit qu'il résulte des procès-verbaux qui ont
« été dressés par MM. les Maires, et qui sont dépo-
« sés à la Préfecture, que, sur *cinquante-trois puits*
« *ou fontaines* qui, jusqu'à ce jour, ont été creusés
« d'après la théorie de M. l'abbé Paramelle, hydro-
« scope du département du Lot, demeurant à Saint-
« Céré, quarante-neuf ont réussi à mettre au jour
« des sources salubres et abondantes, et que toutes
« ont été trouvées à des profondeurs moindres que
« celles qu'il avait fixées.

« Fait en l'hôtel de la Préfecture, à Cahors, le
« 5 février 1834.

« Pour le Préfet, et par délégation :

« Le Doyen du Conseil de préfecture,
Secrétaire général,

(Ici est le sceau de la Préfecture.)   « PÉRIER. »

« *Préfecture du département du Lot.*

« Le Préfet du département du Lot certifie à qui
« de droit qu'il résulte des procès-verbaux qui ont
« été dressés par MM. les Maires et qui sont dépo-

« sés à la Préfecture, que, sur soixante-quinze puits
« ou fontaines, qui, jusqu'à ce jour, ont été creu-
« sés d'après la théorie de M. l'abbé Paramelle, hy-
« droscope du département du Lot, demeurant à
« Saint-Céré, soixante-neuf ont réussi à mettre au
« jour des sources salubres et abondantes, et que
« toutes ont été trouvées à des profondeurs moin-
« dres que celles qu'il avait fixées.

« Fait à Cahors, en l'hôtel de la Préfecture, le
« 2 août 1834.

« Le Préfet du Lot,

(Ici est le sceau de la Préfecture.) « DECOURT. »

« *Préfecture du département du Lot.*

« Le Préfet du département du Lot certifie à qui
« de droit qu'il résulte des procès-verbaux qui ont
« été dressés par MM. les maires, et qui sont dé-
« posés à la Préfecture, que, sur cent treize puits
« ou fontaines qui ont été creusés d'après la théorie
« de M. l'abbé Paramelle, hydroscope du départe-
« ment du Lot, cent quatre ont réussi à mettre au
« jour des sources salubres et abondantes, et que
« toutes ont été trouvées à des profondeurs moin-
« dres que celles qu'il avait annoncées.

« Fait à Cahors, en l'hôtel de la Préfecture, le
« 29 janvier 1836.

« Le Préfet du Lot,

(Ici est le sceau de la Préfecture.) « DE SÉGUR D'AGUESSEAU. »

« *Préfecture du département du Lot.*

« Le Maître des requêtes, Préfet du département
« du Lot, certifie à qui de droit qu'il résulte des
« procès-verbaux qui ont été dréssés par MM. les
« Maires et qui sont déposés à la Préfecture, que,
« sur cent soixante-quatorze puits ou fontaines qui
« ont été creusés d'après la théorie de M. l'abbé
« Paramelle, hydroscope du département du Lot,
« cent soixante-un ont réussi à mettre au jour des
« sources salubres et abondantes, et que toutes ont
« été trouvées aux profondeurs qu'il avait annon-
« cées ou à des profondeurs moindres.

« Fait à Cahors, en l'hôtel de la Préfecture, le
« 21 novembre 1837.

(Ici est le sceau de la Préfecture.) « BOBY DE LA CHAPELLE. »

« *Préfecture du département du Lot.*

« Le Maître des requêtes, Préfet du département
« du Lot, certifie à qui de droit qu'il résulte des
« procès-verbaux qui ont été dressés par MM. les
« Maires, et qui sont déposés à la Préfecture, que,
« sur deux cent cinquante-deux puits ou fontaines
« qui ont été creusés d'après la théorie de M. l'abbé
« Paramelle, hydroscope du département du Lot,
« deux cent trente-quatre ont réussi à mettre au
« jour des sources salubres et abondantes, et que
« toutes ont été trouvées aux profondeurs qu'il

« avait annoncées, ou à des profondeurs moin-
« dres.

« Fait à Cahors, en l'hôtel de la Préfecture, le 27
« août 1839.

(Ici est le sceau de la Préfecture.) « BOBY DE LA CHAPELLE. »

« *Préfecture du département du Lot.*

« Le Maître des requêtes, Préfet du département
« du Lot, certifie à qui de droit qu'il résulte des
« procès-verbaux qui ont été dressés par MM. les
« Maires, et qui sont déposés à la Préfecture, que,
« sur trois cent trente-huit puits ou fontaines qui
« ont été creusés d'après la théorie de M. l'abbé
« Paramelle, hydroscope du département du Lot,
« trois cent cinq ont réussi à mettre au jour des
« sources salubres et abondantes, et que toutes ont
« été trouvées aux profondeurs qu'il avait annon-
« cées, ou à des profondeurs moindres.

« Fait à Cahors, en l'hôtel de la Préfecture, le
« 1ᵉʳ février 1843.

(Ici est le sceau de la Préfecture.) « BOBY DE LA CHAPELLE. »

A la date de ce dernier certificat, outre les 305 sources découvertes qu'il énonce, j'avais chez moi une liste de 237 autres réussites qui m'avaient été annoncées et que je n'avais pu faire constater. Depuis cette époque, il m'en a été annoncé 446 autres, ce qui fait 683 réussites annoncées et non constatées. Presque toutes ces réussites m'ont été annoncées par des journaux de département qui me sont tombés sous la main, ou par des habitants des pays visités, que le hasard m'a fait rencontrer dans mes voyages, et que j'ai tout lieu de croire bien informés et de bonne foi. La proportion entre les réussites et les non réussites étant comme on vient de le voir, restée à peu près la même pendant les quatorze premières années de mes explorations, on n'aura pas de peine à admettre que, pendant les onze dernières, cette proportion s'est au moins maintenue.

Afin de suppléer au défaut des certificats réguliers qu'il m'a été impossible d'obtenir, et fixer, autant qu'il est en moi, le public sur la valeur de cette théorie, je suis obligé d'avoir recours aux témoignages qui ont été consignés dans certains journaux, qui feront connaître un certain nombre de ses résultats, ainsi que l'opinion qu'on s'en est généralement formée. S'il est vrai qu'on ne doive pas accorder une pleine confiance à un seul journal qui rapporterait une ou deux réussites que j'aurais obtenues dans sa localité, ou qui publierait une opinion individuelle sur ce sujet; néanmoins, lorsqu'un très-grand nombre d'entre eux rapportent des faits qui se sont passés dans leur voisinage et qui n'ont pas été contredits par les personnes qui étaient à portée de les vérifier, ces opinions, et les faits nombreux cités à l'appui, finissent par former une certitude morale à laquelle un homme sensé ne refuse pas son assentiment. C'est sous cette réserve que je crois pouvoir mettre sous les yeux du lecteur les opinions et découvertes de sources relatées dans les journaux.

L'Abeille du Lot, 11 novembre 1829. « M. l'abbé
« Paramelle a entrepris une foule de recherches et
« d'expériences sur une grande partie de nos *causses*,
« basées sur les plus simples théories de la physique :
« elles ont presque partout un succès complet ; elles
« témoignent du zèle et de l'intelligence dans leur
« auteur. »

La Gazette du Périgord, 6 novembre 1833,
après avoir rapporté sept découvertes, ajoute :
« Toutes ces déclarations et réussites ont été con-
« statées par procès-verbaux de MM. les Maires. Sa
« théorie n'est point infaillible, comme il le dit lui-
« même avec ingénuité ; mais elle étonne les
« gens les plus instruits, et détruit l'incrédulité, qui,
« d'ordinaire, le précède et ne le suit jamais. »

Même Journal, le 16 novembre 1833. « Aujour-
« d'hui que des faits multipliés et incontestables ont
« détruit jusqu'à l'ombre du doute dans tous les es-
« prits, l'enthousiasme et la confiance la plus aveugle
« ont fait place à ce sentiment si naturel de mé-
« fiance sur la solution possible d'un problème qui,
« depuis les Égyptiens, avait occupé tous les peuples
« de la terre et les savants de tous les âges. »

Même Journal, le 26 mars 1834. « M. l'abbé Pa-
« ramelle est de retour dans notre département. De
« toutes parts les demandes se multiplient sur son
« passage ; sa réputation s'est étendue depuis sa der-
« nière tournée. Il n'y a plus d'incrédules que ceux
« qui n'ont pas vu et qui ne comprennent pas. Ce

« n'est pas nous qui nous chargerons de faire com-
« prendre ce que nous aurions beaucoup de peine à
« expliquer, mais il sera facile de faire voir à tous
« ceux qui ne veulent pas fermer les yeux.

« Les faits sont têtus de leur nature ; les faits sont
« donc la meilleure réponse à présenter à ceux qui
« doutent encore. »

Le 28 mars 1834, la même gazette désigne dix-
sept découvertes, et le 30 mars 1834, dix-huit nouvelles découvertes.

L'Écho de Vésone, 9 novembre 1833. « M. l'abbé
« Paramelle, si célèbre déjà par ses travaux d'hy-
« drognomonie, est arrivé à Périgueux, et, en ce
« moment, il parcourt les environs de cette ville...
« Il a parcouru successivement les cantons de..., et
« partout il a laissé les preuves les plus convain-
« cantes de l'infaillibilité de sa méthode ; partout il
« a indiqué et fait mettre au jour des sources, fon-
« taines et cours d'eau, dont on n'avait jamais
« soupçonné l'existence. »

Même Journal, le 18 mai 1834. « Les succès que
« M. l'abbé Paramelle obtient dans la découverte
« des sources deviennent de plus en plus incontes-
« tables. Comment, en effet, ne pas se rendre à l'é-
« vidence des chiffres? Les procès-verbaux font foi
« que, parmi les sources indiquées et creusées, les
« sources trouvées sont aux sources non trouvées
« dans le rapport de treize à un. Le procédé de
« l'abbé Paramelle a donc pour lui, sinon une en-

« tière certitude, tout au moins une grande proba-
« bilité de réussite. »

La Gazette du Berry, 27 septembre 1834. « Sa
« science tient vraiment du prodige. Comment
« comprendre qu'à la seule inspection d'une cam-
« pagne, il puisse dire à coup sûr : « *Ici est une
« source; elle a telle profondeur, tel volume; l'eau
« est de bonne ou de mauvaise qualité; elle suit
« telle ou telle direction?* » Voilà pourtant ce qu'il
« exécute tous les jours. »

Le Journal de Savoie, 4 juin 1836. « M. l'abbé
« Paramelle... vient de terminer sa tournée dans la
« province de Savoie propre, dans laquelle on a
« mis au jour savoir : (suit la désignation des sour-
« ces); elles ont paru précisément à la profondeur
« et sous le volume déclarés. »

La Quotidienne, 7 décembre 1836, rend compte
d'un mémoire lu par M. Geoffroy-Saint-Hilaire à
l'Académie des sciences, dont elle cite le passage
suivant :

« Parmi les ecclésiastiques dont les travaux ont
« déjà quelque retentissement, nous citerons l'abbé
« Paramelle. Son habileté dans l'art de découvrir
« les sources n'a rien qui tienne des mouvements
« instinctifs de la baguette divinatoire, elle repose
« sur la science et l'observation... Il a acquis par l'ha-
« bitude une si grande justesse de coup d'œil, qu'il
« lui suffit de la simple inspection du relief du sol,
« pour indiquer le lieu et la profondeur à laquelle

« il faut recourir pour rencontrer des sources. Ses
« résultats heureux ont eu assez de célébrité pour
« convaincre les plus incrédules. »

Le Rhutenois, 15 février 1837. « *Ici est une
« source*, dit-il à simple inspection ; *elle a telle
« profondeur, tel volume ; l'eau est de bonne ou de
« mauvaise qualité ; elle suit telle ou telle direc-
« tion.* » Citons un fait entre mille : Un proprié-
« taire avait vu disparaître une source qui arrosait
« ses prairies ; le bassin où elle s'écoulait avait été
« comblé par des pierres. Notre hydroscope fut prié
« de retrouver cette source fugitive. Refusant tout
« document, il désigna bientôt le bassin primitif de
« la source, sa direction nouvelle, le point où les
« eaux se séparaient, celui où elles se réunissaient
« encore une fois. Ces indications furent trouvées
« exactes... Le regard de M. Paramelle semble pé-
« nétrer dans les entrailles de la terre, et les sonder
« couche par couche. »

Le Garde national de Marseille, 17 avril 1838.
« L'abbé Paramelle continue ses explorations dans
« notre territoire. Jusqu'à ce jour, les recherches
« faites d'après les indications du célèbre hydro-
« scope ont produit les meilleurs résultats. » Et il
cite trois réussites.

Le Mémorial d'Aix, 19 mai 1838. « Ce que d'or-
« gueilleuses études n'avaient jamais su trouver, un
« pauvre curé de campagne, quelque peu géologue
« sans doute, mais surtout grand observateur, vient

« enfin de le découvrir. Ici point d'hésitation, point
« de longs calculs. Après un coup d'œil rapide jeté
« sur la localité, l'abbé Paramelle indique non-seu-
« lement la place où l'on doit chercher la source,
« mais encore à quelle profondeur on la rencon-
« trera. Il en prédit le volume, et, chose plus éton-
« nante, la qualité. Tout cela est dit avec un tel la-
« conisme, une telle précision, et en même temps
« une telle simplicité, que les plus sceptiques sont
« forcés de croire. Du reste, l'abbé Paramelle a déjà
« parcouru plusieurs départements, et les journaux
« n'ont parlé de lui qu'avec les éloges que mérite sa
« précieuse découverte.

« On conçoit que notre aride Provence, et la ville
« d'Aix en particulier, ne devaient pas négliger ce
« secours en quelque sorte providentiel... Aussi,
« dès l'apparition du bienfaisant indicateur, la foule
« s'est précipitée sur ses pas. »

La Gazette du Midi, 24 octobre 1839 :

« M. l'abbé Paramelle, entré dans le départe-
« ment du Var le 10 avril dernier, a parcouru les
« arrondissements de Toulon et de Brignolles. Il a
« indiqué un nombre considérable de sources, et
« déjà l'on compte une cinquantaine de réussites
« connues et officiellement constatées. (Suit une
« liste de 19 découvertes.) Toutes ces sources ont
« été découvertes à la profondeur exacte indiquée
« par M. Paramelle, ou même à une profondeur
« moindre. Elles sont toutes d'un volume plus con-
« sidérable que celui qu'il avait annoncé.

« Les autres résultats ne sont pas encore connus,
« mais ces premières réussites ont imprimé un tel
« mouvement dans les arrondissements de Draguignan et de Grasse, que le nombre de souscripteurs s'est doublé depuis la fin de juin : elles
« s'élèvent en ce moment à environ 1,400, et chaque jour il en arrive de nouvelles à notre préfecture.

« A la préfecture de Marseille et à la sous-préfecture d'Aix, on a officiellement constaté
« soixante-dix réussites obtenues dans le département des Bouches-du-Rhône. Il n'y a encore
« que quatre non réussites, et deux officiellement
« constatées.

« Ces chiffres et ces noms en disent plus que
« toutes les phrases. Quelle est la science qui ait eu
« plus de succès, et ait reçu moins de démentis que
« celle de l'habile hydroscope ? »

L'Université Catholique, Paris, février 1840.
« M. l'abbé Paramelle indique le nombre de mètres
« et de décimètres où l'on doit les découvrir (*les
« sources*), désigne la nature et l'épaisseur des couches à percer, et enfin la quantité d'eau que l'on
« trouvera. L'exactitude mille fois éprouvée de toutes
« ces indications, et la promptitude avec laquelle
« elles sont données, sont véritablement surprenantes et admirables. »

« Dans ces contrées méridionales, les travaux de
« M. l'abbé Paramelle sont appréciés comme ils méritent de l'être, et l'annonce de son passage de-

« vient un événement : les populations s'émeuvent
« à son approche. »

La Haute-Auvergne, 21 décembre 1844. « On lit
« dans *la Presse* : Grâce à la science géologique,
« on peut aujourd'hui suivre avec les yeux de l'es-
« prit les voies souterraines que l'eau se creuse
« dans les profondeurs de la terre. Quoi de plus
« étonnant, par exemple, que les opérations hydro-
« scopiques de l'abbé Paramelle? Conduisez-le dans
« une contrée qui lui soit entièrement inconnue;
« laissez-le promener quelques heures sur le terri-
« toire d'une commune, et, en rentrant, il dressera
« la carte de tous les cours d'eau cachés sous la
« terre, il décrira leur marche, leur puissance : il
« supputera à coup sûr les dépenses que l'on de-
« vra faire pour en tirer parti ; le plus mince filet
« d'eau ne saurait échapper à sa vue perçante. »

*Le Courrier de la Montagne, Journal de Pontar-
lier*, 1er mai 1845. « Les communes du départe-
« ment du Doubs jouissent déjà de trente-huit dé-
« couvertes d'après ses indications. »

Le Spectateur de Dijon, 29 mai 1845. « Peut-on
« douter ou contester le mérite ou la science de
« M. Paramelle, quand chaque jour des faits innom-
« brables viennent attester en sa faveur? N'avons-
« nous pas aujourd'hui vingt-neuf départements
« de la France qui ont proclamé hautement les
« heureuses découvertes du savant géologue ? Dans
« ce moment même ne voyons-nous pas nos voisins

« (le Doubs et le Jura) faire retentir les journaux de
« ces merveilleuses découvertes, désignées avec une
« perspicacité surprenante dans le cours de son
« exploration qu'il poursuit actuellement?

« Les cantons de Lons-le-Saulnier, Beaufort,
« Saint-Amour, Saint-Julien, Orgelet, Conliége,
« et autres, venant d'être explorés, ont aujourd'hui
« la satisfaction de posséder de nombreuses sources
« qui leur étaient inconnues, et qui paraissaient
« naître sous les pas de ce savant. Les habitants des
« villes et des campagnes sont émerveillés. »

La Sentinelle du Jura, 16 septembre 1845 :

« On nous mande de Saint-Amour que partout
« où M. l'abbé Paramelle a indiqué des sources dans
« les environs de cette ville, sa science géologique
« n'a pas été mise une seule fois en défaut. » Suit
la liste de quatre découvertes.

Le Journal de Reims, 8 mai 1846, rendant compte
d'une séance de l'Académie de cette ville, tenue la
veille, dit :

« M. Pinon donne copie de différentes lettres de
« MM. les Préfets, qui tous attestent l'excellence des
« procédés de M. Paramelle pour découvrir les sour-
« ces et cours d'eau souterrains; d'un rapport fait à
« la Société d'agriculture et de commerce de Rouen
« par M. Girardin, professeur distingué de chimie;
« d'un autre rapport à la Société d'agriculture de
« Seine-et-Oise, présenté par M. Huot, le continua-
« teur de Malte-Brun; un extrait du discours de M. le
« Préfet de Seine-et-Oise, où il est dit : Aujour-

« d'hui que l'expérience a confirmé la réalité du
« pouvoir de M. l'abbé Paramelle, on ne saurait trop
« populariser sa science dans nos campagnes, et il
« faut donner la plus grande publicité aux succès
« qu'elle a obtenus. Les faits sont tellement nom-
« breux, tellement accumulés, que le doute n'est
« plus permis. On évalue à près de 6,000 le nombre
« des sources découvertes par ce savant hydroscope
« dans plus de trente départements. »

La Gazette de Metz, le 12 janvier 1848, donne
une liste de six découvertes obtenues aux environs
de Rambervillers (Vosges), et ajoute :
« Il y a environ deux mois, des documents offi-
« ciels annonçaient que le nombre des sources
« trouvées dans les Vosges, était de vingt-cinq. Ce
« chiffre est de beaucoup dépassé aujourd'hui ; car
« d'une part, on connaît un assez grand nombre de
« découvertes postérieures à cette époque ; et de
« plus il est certain que, soit insouciance ou tout
« autre motif, beaucoup de Maires ou de proprié-
« taires négligent d'informer l'administration supé-
« rieure du succès de leurs recherches. »

Outre les journaux qui viennent d'être cités, j'ai
encore dans mon cabinet *deux cent soixante-quatre
numéros* de divers journaux de Paris ou des départements, que messieurs les rédacteurs ont eu l'extrême obligeance de m'adresser ou que des abonnés
ont bien voulu me remettre. Tous rapportent des
faits analogues à ceux qu'on vient de lire ou expri-
ment les mêmes opinions. J'arrête ici ces citations

pour éviter de donner à ce chapitre une excessive et fastidieuse longueur.

Toutefois, comme il ne suffirait pas, pour fixer le public sur la valeur de cette théorie, de rapporter les témoignages qui lui sont favorables, je dois encore faire connaître les trois articles de journaux dans lesquels elle a été attaquée. Ce sont les seuls qui soient venus à ma connaissance.

1° *L'Écho de Vésone*, journal de Périgueux, dans l'automne de 1833 (je regrette de n'avoir pas le numéro), publia une lettre qu'un avocat lui avait adressée pour signaler au public une fouille qui avait été faite sans succès chez son beau-frère, et pour conseiller à tous les propriétaires de ne plus recourir à mes indications.

2° *Le Sémaphore de Marseille*, dans les numéros des 3 et 4 juillet 1838, contient une dissertation sur mes opérations, dans laquelle un savant, sans citer une seule de mes non réussites, entreprend de prouver que je n'ai jamais trouvé de sources. Voici en propres termes, les assertions qui forment le fond de cet article : *Nous sommes convaincus qu'il* (M. Paramelle) *ne découvre point de sources... Il n'est nullement découvreur de sources... Nous établissons que M. Paramelle ne découvre point de sources; qu'il ne procède ni d'après la nature des terrains, ni d'après la direction et l'inclinaison des couches... et ces conclusions sont poussées jusqu'à l'évidence d'une démonstration.*

3° *L'Éclaireur du Midi*, journal d'Avignon, juillet 1842, a publié un article sur les magiciens, les devins et les sorciers, à la fin duquel on lit ce qui suit :

« Que pensez-vous de M. l'abbé Paramelle ? Je
« crois qu'il a des connaissances géologiques, car
« assez ordinairement il trouve de l'eau. Il serait
« plus vrai de dire : *Il a des impressions, des con-*
« *vulsions, des sensations, des visions diaboliques.*
« M. Paramelle n'est ni plus habile, ni plus sorcier
« que les sorciers ordinaires. Seulement il prend
« plus de précautions pour cacher les *signes diabo-*
« *liques qu'il reçoit du malin esprit.* Il couvre ses
« *procédés magiques* par des apparences et un jar-
« gon scientifiques. »

Diverses personnes répondirent immédiatement par la voie des journaux à ces tentatives d'attaque, en citant mes réussites journalières. Pour moi, je n'ai jamais dit ni écrit un mot tendant à les réfuter, et je pense qu'il serait fort inutile de le faire aujourd'hui.

Tels sont les documents pour et contre que je puis fournir relativement aux résultats de cette théorie. On sent combien doit être vif le regret que j'éprouve de ne pouvoir, par des certificats authentiques, faire connaître exactement toutes les réussites et non réussites qui me sont arrivées ; ce qui m'aurait épargné le désagrément de citer des journaux qui ont jugé à propos de mêler à leurs rapports des éloges que je suis loin de mériter. Ce qu'il y a de certain, c'est que quand même on n'aurait aucun égard à ce qui est rapporté dans les feuilles publiques, ni à ce qui m'a été annoncé, et qu'on voudrait s'en tenir strictement aux réussites et non réussites constatées à la Préfecture du Lot, en prenant le terme moyen des unes et des autres, on trouve que *les non réussites forment environ le douzième des réussites;* ce qui dépasse de beaucoup les promesses que je fis au Conseil général, et même mes premières espérances.

Telle est dans toute sa simplicité la théorie sur *l'art de découvrir les sources,* que j'ai appliquée durant un quart de siècle dans quarante départements, et que je viens d'expliquer le mieux qu'il m'a été possible. Celui qui en fera l'application et réussira dans une plus forte proportion, prouvera qu'il l'a perfectionnée ; et celui qui réussira dans une moindre proportion, prouvera que je n'ai pas su l'expliquer, ou qu'il n'a pas su la comprendre.

CHAPITRE XXX.

MÉTHODES DE QUELQUES ANCIENS ET MODERNES POUR DÉCOUVRIR LES SOURCES.

Après avoir vu les moyens de découvrir les sources, que j'ai développés de mon mieux, je pense que le lecteur sera bien aise de connaître quelques-unes des méthodes que les fonteniers anciens et modernes nous ont laissées, afin de les comparer avec celle-ci, et même de faire usage de quelques-unes, s'il les trouve préférables.

Vitruve, qui travaillait pour la gloire d'Auguste, en montrant, dans ses dix livres d'Architecture, la perfection où les arts et les sciences se trouvaient sous le règne de cet empereur, n'oublie pas de marquer les divers moyens dont on se servait alors pour découvrir où il y avait de l'eau ; et voici ce qu'il en dit, au Livre VIII, Chapitre I, d'après la traduction de Perrault.

« Pour connaître les lieux où il y a de l'eau, il faut, un peu avant le lever du soleil, se coucher sur le ventre, ayant le menton appuyé sur la terre où l'on cherche de l'eau, et regarder le long de la campagne ; car le menton étant ainsi affermi, la vue ne s'élèvera point plus haut qu'il est nécessaire. Mais assurément elle s'étendra au niveau : et si l'on voit en quelque endroit une vapeur humide s'élever en ondoyant, il y faudra fouiller ; car cela n'arrive point aux lieux qui sont sans eau.

« De plus, quand on cherche de l'eau, il faut examiner la qualité de la terre, parce qu'il y a certains lieux où elle se trouve plus en abondance ; car l'eau que l'on trouve parmi la craie, n'est jamais abondante ni de bon goût. Parmi le sable mouvant elle est en petite quantité, même bourbeuse et désagréable, si on la trouve après avoir fouillé profondément. Dans la terre noire, elle est meilleure quand elle s'y amasse de pluies qui tombent pendant l'hiver, et qui, ayant traversé la terre, s'arrêtent aux lieux solides et non spongieux ; celle qui naît dans une terre sablonneuse pareille à celle qui est au bord des rivières est aussi fort bonne, mais la quantité en est médiocre et les veines n'en sont pas certaines. Elles sont plus certaines et assez abondantes dans le sablon mâle, dans le gravier et dans le carboncle. Dans la pierre rouge, elles sont bonnes aussi et abondantes, pourvu qu'elles ne s'échappent point par les jointures des pierres. Au pied des montagnes, parmi les rochers et les cailloux, elles sont plus abondantes, plus froides et plus saines. Dans les vallées, elles sont salées, pesantes, tièdes et peu agréables ; si ce n'est qu'elles viennent des montagnes, et qu'elles soient conduites sous terre jusque dans ces lieux, ou que l'ombre des arbres leur donne la douceur agréable que l'on remarque en celles qui sortent du pied des montagnes.

« Outre ce qui a été dit, il y a d'autres marques pour connaître les lieux où l'on peut trouver des eaux, savoir : lorsqu'il y a de petits joncs, des saules qui sont venus d'eux-mêmes, des aunes, des vitex, des roseaux, du lierre et de toutes les autres plantes qui ne naissent et ne se nourrissent qu'aux lieux où il y a de l'eau. Il ne faut pourtant pas se fier à ces plantes, si on les voit dans les marais qui, étant des lieux plus bas que le reste de la campagne, reçoivent et amassent les eaux de la pluie qui tombe dans les champs d'alentour et durant l'hiver, et la conservent assez long-temps; mais si dans les lieux qui ne sont point des marais ces plantes se trouvent naturellement et sans y avoir été mises, on peut y chercher de l'eau.

« Que si ces marques défaillent, on pourrait faire cette épreuve. Ayant creusé la terre de la largeur de 3 pieds et de la profondeur de 5 au moins, on posera au fond, lorsque le soleil se couche, un vase d'airain ou de plomb, ou un bassin, car il n'importe. Ce vase étant frotté d'huile par dedans, et renversé, on couvrira la fosse avec des cannes et des feuilles, et ensuite avec de la terre. Si le lendemain on trouve des gouttes d'eau attachées au dedans du vase, cela signifie que ce lieu a de l'eau.

« Ou bien on mettra un vase de terre non cuite dans cette fosse, que l'on couvrira comme il a été dit : s'il y a de l'eau dans ce lieu-là, le vase sera moite et détrempé par l'humidité. Si on laisse aussi dans cette fosse de la laine, et que le lendemain il en coule de l'eau, ce sera une marque que ce lieu en a beaucoup.

« Si l'on enferme une lampe pleine d'huile et allumée, et que le lendemain on ne la trouve pas tout à fait épuisée, et que l'huile et la mèche ne soient pas entièrement consumées, ou même que la lampe soit mouillée, cela signifiera qu'il y a de l'eau sous ce lieu, parce que la chaleur douce attire à soi l'humidité.

« On peut faire aussi une autre épreuve, en allumant du feu en ce lieu ; car si après avoir beaucoup échauffé la terre, il s'élève une vapeur épaisse, c'est un signe qu'il y a de l'eau.

« Quand on aura fait toutes ces épreuves, et que les signes que nous venons de dire se rencontreront en quelque lieu, il le faudra creuser en manière de puits : si l'on y trouve une source, il faudra faire plusieurs autres puits tout à l'entour, et les joindre ensemble par des conduits sous terre ; mais il faut savoir que c'est principalement à la pente des montagnes qui regardent le septentrion qu'il faut chercher les eaux, et que c'est là qu'elles se trouvent et meilleures, et plus saines, et plus abondantes : parce que ces lieux-là ne sont pas exposés au soleil, étant couverts d'arbres fort épais, et la descente de la montagne se faisant ombre à elle-même, ce qui fait que les rayons du soleil, qu'elle reçoit obliquement, ne sont pas capables de dessécher la terre.

« C'est aussi dans les lieux creux qui sont au haut

des montagnes que l'eau des pluies s'amasse, et que les arbres qui croissent en grand nombre y conservent la neige fort longtemps, laquelle, se fondant peu à peu, s'écoule insensiblement par les veines de la terre : et c'est cette eau qui, étant parvenue aux pieds des montagnes, y produit des fontaines. Mais celles qui sortent du fond des vallées ne peuvent pas avoir beaucoup d'eau, et quand même il y en aurait en abondance, elle ne saurait être bonne, parce que le soleil qui échauffe les plaines, sans qu'aucun ombrage l'en empêche, consume et épuise toute l'humeur, ou du moins il en tire ce qui est de plus léger, de plus pur et de plus salubre, qui se dissipe dans la vaste étendue de l'air, et ne laisse que les parties les plus pesantes, les plus crues et les plus désagréables pour les fontaines des campagnes. »

PLINE connaissait trop combien il importe à la commodité de la vie d'avoir de bonnes eaux, pour qu'il ait négligé de donner les moyens d'en trouver dans les lieux arides. Aussi n'a-t-il pas manqué d'en parler dans son *Histoire naturelle*, livre XXXI, chapitres XXI, XXII et XXVIII. Il y a abrégé ce que Vitruve, qui l'avait précédé, en avait écrit plus au long. Voici comme il en parle, d'après la traduction de M. Ajasson de Grandsagne, Paris, chez Panckoucke, 1833.

« Il est à propos d'indiquer ici comment on procède à la recherche des eaux. C'est surtout dans les vallées qu'on les trouve, soit au point d'intersection des pentes diverses, soit au pied des montagnes.

Beaucoup d'auteurs veulent que toute pente exposée au nord fournisse des eaux....

« Les indices naturels de l'eau sont le jonc, les roseaux, ou l'herbe ci-dessous nommée, et surtout ces grenouilles que l'on trouve posées sur le ventre. Le saule erratique, l'aune, le vitex, le roseau terrestre, le lierre, tantôt viennent spontanément, tantôt ne sont arrosés que par des pluies qui tombent des lieux hauts dans les bas-fonds. Aussi ne donnent-ils souvent que des indices trompeurs. Une marque moins problématique, c'est cette exhalaison nébuleuse, qui se fait voir de loin avant le lever du soleil, et que quelques personnes observent d'un lieu élevé, couchées sur le ventre, et le menton appliqué sur le sol. Les experts seuls connaissent un autre mode d'appréciation qui consiste à remarquer, au fort de l'été, et aux heures les plus brûlantes de la journée, quel est le lieu où les rayons du soleil sont le plus vivement réfléchis. Si, malgré la sécheresse, un lieu semblable se trouve humide, on peut en conclure la présence de l'eau ; mais la vue doit être alors tendue si fortement qu'on souffre des yeux. Pour éviter cet inconvénient, on a donc recours à d'autres épreuves : on creuse la terre à une profondeur de cinq pieds, on recouvre le trou d'un pot de terre creux ou d'un bassin de cuivre frotté d'huile ; par-dessus on met une lampe allumée qu'on renferme dans une niche de feuillage. Si l'on trouve le pot de terre humide ou fêlé, le vase de cuivre mouillé, la lampe éteinte, sans que l'huile ait manqué, ou la mèche trempée, ce sont autant d'indices d'eau. Quelques-uns allument un grand feu sur la place, ce qui rend l'expérience encore plus décisive.

« La terre indique la présence des eaux, quand elle est semée de taches, soit blanches, soit vertes. Rarement des eaux vives et permanentes ruissellent sur une terre noire ; la terre à potier enlève toute espérance d'en trouver. Ceux qui font les puits cessent de creuser lorsque, en observant les diverses couches qui sont comme les pellicules de la terre, ils arrivent de la terre noire à la verte. Dans le sable, l'eau est en petite quantité et fangeuse. Le gravier ne donne que des veines peu sûres ; en revanche elles sont d'un goût excellent ; le sable mâle, le sablon, le tuf dur, contiennent toujours des eaux permanentes et salubres. Les rocs du pied des montagnes et le silex annoncent des eaux extrêmement fraîches. Mais il faut qu'en fouillant le terrain on rencontre des couches de plus en plus humides, et où le fer enfonce avec plus de facilité. »

Palladius, Cassiodore, Dupleix, Kircher, Bélidor, Paulian, etc., sont aussi entrés dans quelques détails sur les signes des sources ; mais ils n'ont guère fait que reproduire Vitruve et Pline. Dans l'*Encyclopédie*, l'auteur de l'article *Abreuver*, les a tous analysés de la manière suivante :

« 1° Si en se couchant un peu avant le lever du soleil le ventre contre terre, ayant le menton appuyé et regardant la surface de la campagne, on aperçoit en quelque endroit des vapeurs s'élever en ondoyant, on doit hardiment y fouiller. La saison la plus propre pour cette épreuve est le mois d'août.

« 2° Lorsque, après le lever du soleil, on voit comme des nuées de petites mouches qui volent vers la terre, surtout si elles volent constamment sur le même endroit, on doit conclure qu'il y a de l'eau dessous.

« 3° Lorsqu'on a lieu de soupçonner qu'il y a de l'eau en quelque endroit, on doit y creuser une fosse de cinq à six pieds de profondeur, sur trois pieds de largeur, et mettre au fond, sur la fin du jour, un chaudron renversé, dont l'intérieur soit frotté d'huile : fermez l'entrée de cette espèce de puits avec des planches couvertes de gazon. Si le lendemain vous trouvez des gouttes d'eau attachées au dedans du chaudron, c'est un signe certain qu'il y a au-dessous une source. On peut aussi mettre sous le bassin, de la laine, qui, en la pressant, fera juger si la source est abondante.

« 4° On peut encore, avec succès, poser en équilibre dans cette fosse une aiguille de bois, ayant à une de ses extrémités une éponge attachée. S'il y a de l'eau, l'aiguille perdra bientôt son équilibre.

« 5° Les endroits où l'on voit fréquemment les grenouilles se tapir et presser la terre, fourniront infailliblement des rameaux de sources; de même que ceux où l'on remarque des joncs, des roseaux, du baume sauvage, de l'argentine, du lierre terrestre, du persil de marais et autres herbes aquatiques.

« 6° Un terrain de craie fournit peu d'eau et mauvaise. Dans le sable mouvant, on n'en trouve qu'en petite quantité. Dans la terre noire, solide, non spongieuse, elle est plus abondante. Les terres sablonneuses donnent de bonnes eaux et peu abondantes. Elles le sont davantage dans le sablon mâle, dans le gravier vif; elles sont excellentes et abondantes dans la pierre rouge. Pour connaître la nature intérieure du terrain, on se sert de tarières. Si sous des couches de terre, de sable ou de gravier, on aperçoit un lit d'argile, de marne, de terre franche et compacte, on rencontre bientôt et infailliblement une source ou des filets d'eau.

« 7° Au pied des montagnes, parmi les rochers et les cailloux, les sources sont plus abondantes, plus fraîches, plus saines et plus communes que partout ailleurs, principalement au pied des pentes tournées au septentrion ou exposées au vent humide. Les montagnes dont la pente est douce et qui sont couvertes d'herbes, renferment d'ordinaire quantité de rameaux ; de même que les montagnes partagées en petites vallées placées les unes sur les autres, l'aspect est, ou nord-est, ou même ouest, est communément le plus humide. Il n'y a, au reste, que des dupes qui puissent être trompées par la baguette divinatoire, et des fonteniers superstitieux ou charlatans qui osent l'employer. »

On trouve dans le même ouvrage, à l'article *source*, les deux indices suivants : 1° « Si l'on fait le soir fort tard ou le grand matin, lorsque tout est tranquille autour de soi, un trou dans la terre, à l'endroit où l'on espère de trouver de l'eau, et qu'on y place l'oreille, ou bien la plus large ouverture d'un entonnoir de papier, dont la plus petite doit entrer dans l'oreille, alors s'il y a quelque eau qui roule sous terre dans cet endroit ou près de là, et qu'elle ne soit pas à une trop grande profondeur, on l'entendra facilement murmurer; mais si l'eau est tranquille, cet expédient ne sera d'aucune utilité. 2° Un autre indice est celui que l'odorat peut fournir ; car une personne qui a l'odorat fin, peut, dans une matinée ou une soirée, lorsqu'il fait sec, distinguer un air humide de celui qui ne l'est pas, surtout en ouvrant la terre dans différents endroits, et en comparant entre eux ces différents airs.

« Mais le moyen le plus sûr pour trouver des *sources*, est de se servir de la sonde. Il paraît d'abord qu'on pourrait se passer des autres, celui-ci étant le meilleur. Cependant si on se rappelle ce qu'on a dit auparavant, que quoique la nature du sol soit telle qu'il le faut pour renfermer des sources, il pourrait arriver qu'on travaillerait encore longtemps avant que d'en trouver en ouvrant la terre. On ne doit donc pas, à plus forte raison, se servir de la sonde purement et simplement, car si une terre ne renferme pas des sources vives ou des filets d'eau qui coulent dans un petit espace, comment serait-il possible de les trouver d'abord sans un effet du hasard avec un instrument qui ne fait qu'un trou de deux pouces de diamètre? Il faut donc découvrir avant que d'en faire usage, au moyen des indices précédents, les endroits par où passent des sources vives ou des filets d'eau : alors en faisant agir la sonde dans cet endroit-là, on peut être assuré que l'on trouvera de l'eau après quelque opération, surtout si c'est un petit filet qui occupe peu de place; car s'il y avait là quelque réservoir un peu étendu, on ne manquerait pas de le trouver à la première tentative. »

FIN.

TABLE DES MATIÈRES,

PAR ORDRE ALPHABÉTIQUE.

Abîme, 187.
Accidents arrivés dans le creusement des puits, 265.
Affaissements des terrains, 217.
Affleurement des couches, 32.
Aiguille, 2.
Alluvion (terrain d'), 18.
Ammonites, 175.
Amont d'un fleuve, d'une rivière et d'un ruisseau, 25
Angles rentrants des berges, 28.
— rentrants des coteaux, 6.
— saillants des berges, 28.
— saillants des coteaux, 6.
Antédiluvien (terrain), 18.
Antre, 187.
Apparition tardive de certaines sources, 278.
Aqueducs au fond des tranchées, 253.
Arbres aquatiques présageant l'eau, 134.
— (quantité d'eau qu'ils absorbent et exhalent), 105.
Argile, 202.
Argile Wallérius, 224.
Aristote, son opinion sur l'origine des sources, 59.
Articles de journaux contraires à cette théorie, 349.
— favorables à cette théorie, 340.
Assises des rochers, 30.
Atmidomètre, 83.

Atterrissement (terrain d'), 18.
Aval d'un fleuve, d'une rivière et d'un ruisseau, 25.
Aventure de Carlus, 193.
— Lavalette, 320.
Avis généraux concernant les fontaines et les puits, 269.
Axe d'une chaîne de montagnes, 2.
Baguette divinatoire, (Préface), III, 360.
Banc de rocher, 30.
Barrages qu'il ne faut pas établir, 254.
Basaltes, 199, 200.
Bascule pour tirer l'eau des puits, 266.
Basses plaines, 18.
Bassin d'un fleuve, d'une rivière et d'un ruisseau, 25.
— évaporatoire, 83.
Bélemnites, 177.
Berge d'un fleuve, d'une rivière et d'un ruisseau, 25, 28.
Béthunes, 182.
Bétoires, 182, 304.
— indiquant des ruisseaux souterrains, 185.
— indiquées de loin, 185.
Bloc de rocher, 33.
Boitards, 182.
Boitouts, 182.
Boyau souterrain, 187.
Brèches, 38.
Brouillage, 220.
Brouillards, 89.
Bruine (la), 88.
Butte, 1.
Calcaire à bélemnites, 176.
— à bétoires, 182.
— à gryphites, 175.
— ammonéen, 175.
— caverneux, 187.
— cellulaire, 192.
— compacte, 45.
— conchylien, 46.

Calcaire coquillier, 46.
— fétide, 44.
— grossier, 47.
— jurassique, 45.
— marneux, 47.
— moellon, 47.
— oolithique, 44.
— saccaroïde, 45.
— siliceux, 45.
Calcaires, 44.
Cardan, son opinion sur l'origine des sources. 60.
Cavernes, 187.
Cendres volcaniques, 198.
Centimètre d'eau fontenier, 170.
Certificats constatant les réussites, 335.
Chaîne de montagnes qui traverse la France, 9, 10.
Chaînes de montagnes, 2.
— qui traversent le département du Lot, 10.
Chaleur intérieure du globe, 234, 235.
Cime d'une montagne, 1, 2.
Ciment pour les citernes, 294.
Circulaire du préfet du Lot, 312.
Cirques, 182.
— (vallons en forme de), 126.
Citernes, 292.
Clayonnage des puits en creusement, 264.
Cloups, 182.
Clysmiens (terrains), 18.
Col d'une montagne, 2.
Collines, 3.
Conduite d'une source hors de terre, 249.
Confluent d'un fleuve, d'une rivière et d'un ruisseau, 25.
Conglomérats, 39.
Construction d'une citerne, 293.
— d'un puits, 265.
Contrefort d'une chaîne de montagnes, 3.

Contrepentes des versants, 3.
Cornes d'ammon, 175.
Corniche d'un coteau, 14.
Corroi d'une citerne, 293.
— pour préserver un puits des mauvaises eaux, 270.
Coteau, 14.
Côtière (ligne), 14.
Couches contournées, 31.
— de rocher, 30.
Coulées volcaniques, 199.
Couleur de l'eau de certaines sources, 230.
Couloirs dans les grottes, 188.
Cours d'eau souterrain, 56.
Craie, 207.
— tuffeau, 209.
Cratère de volcan, 197.
Creusement d'un puits, 261.
— d'une citerne, 293.
— — tranchée, 250.
Croupe d'une montagne, 3.
Dactiles, 177.
Davity, son opinion sur l'origine des sources, 62.
Défilé, 4.
Définitions inexactes du mot *Source*, 55.
Délibérations du Conseil général du département du Lot, concernant les sources, 314, 315, 317.
Départements explorés, 324.
Dépressions de la terre, 5.
Descartes, son opinion sur l'origine des sources, 63.
Descentes formées de main d'homme, 23.
— naturelles des basses plaines, 22.
Détournement des sources, 281.
Déviation des sources, 126.
Dicke, 32, 220.
Diluviens (terrains), 18.
Direction des couches, 32.
— d'un fleuve, d'une rivière et d'un ruisseau, 26.

367

Dires des quasi-savants sur mes opérations, 320.
— du peuple sur mes opérations, 319.
Disette d'eau dans le département du Lot, 301.
Dolomie, 194.
Dôme (montagne terminée en), 2.
Droite (la) d'un fleuve, d'une rivière et d'un ruisseau, 25.
Duhamel, son opinion sur l'origine des sources, 64.
Dureté des rochers, 48.
Eaux sauvages, 123.
Eboulements dans les puits, 265.
— des montagnes, 220.
Eboulis, 16.
Elargissements des vallées, 7.
Embouchure d'un fleuve, d'une rivière et d'un ruisseau, 25.
Éminences de la terre, 1.
Encombrement au bas de chaque héritage, 23.
Encyclopédie, sa méthode pour découvrir les sources, 358.
Éperon d'une chaîne de montagnes, 3.
Épicure, son opinion sur l'origine des sources, 59.
Épreuves de cette théorie (Préface) xii.
Erreurs d'optique à éviter dans l'indication des sources, 150.
Escarpement d'une montagne, 1, 32.
Espèces de terrains du département du Lot, 49.
Estafette (l'), journal qui rapporte la découverte de la source du Breuil, 191.
Examen des basses plaines, 18.
— des cours d'eau, 24.
— des hauteurs, 9.
— des indications faites d'après cette théorie, 153.
— des sources qui sortent de terre naturellement, 151.
— des versants, 13.
Exhalaisons, 105.
Exhaussements successifs des basses plaines, 20.
Extrémités des couches, 32.
Faille, 32.
Faîte d'une chaîne de montagnes, 2.
Fissures accidentelles, 30.

Fissures de stratification, 30.
Flancs d'une montagne, 1.
— d'une vallée, 6.
Fleuve, 24.
Flux de la mer, 72.
Fonsanche, fontaine intermittente, 242.
Fontaine, 56.
— artificielle, 259.
— intermittente artificielle, 241.
Fontaines intermittentes, 235.
— creusées et construites sur place, 259.
Fontestorbe, fontaine intermittente, 242.
Formation des sources, 103, 115, 123.
Fossé de dérivation, 251.
Frais des fouilles comparés aux avantages des sources, 284.
Frimas, 94.
Fusolithes, 177.
Galerie souterraine, 187.
Garagaïs, 182.
Gauche d'un fleuve, d'une rivière et d'un ruisseau, 25.
Gelée blanche, 93.
Géognosie, son objet (Préface), v.
Geysers d'Islande, fontaines intermittentes, 243.
Giboulée, 93.
Givres, 94.
Glaise, 113, 202.
Glissement des terrains, 220.
Glissements du terrrain annoncés de loin, 226.
Gneiss, 36.
Gorges, 5.
Gouffres, 183.
Goût de l'eau des sources, 230.
Granite, 35.
Grêle, 92.
Grès, 41.
— bigarré ou vosgien, 42.
— rouge, 42.

Grès tritonien, dit de Fontainebleau, 42.
Grésil, 93.
Grosseur des gouttes de pluie, 87.
Grottes, 187.
— inconnues, 189.
Gryphées, 175.
Hauteur d'une montagne, 1, 2.
Humeur, humidité de la terre, 115.
Hydroscopie (Préface), viii.
Inclinaison des couches, 32.
Inondation (terrain d'), 18.
Journaux (articles de) favorables à cette théorie, 340.
Journaux (articles de) contraires à cette théorie, 349.
— rapportant des indications de sources faites de loin, 154.
Lacs vers la cime des montagnes, 139, 140.
Largeur d'une montagne, 2.
Laves, 197.
Lézardes de bâtiments annoncées de loin, 226.
Lias, 47.
Ligne d'intersection des coteaux, 164.
Lignes que suivent les sources sous terre, 120.
Lit de rocher, 30.
Lit d'un fleuve, d'une rivière et d'un ruisseau, 25.
Louysse (fontaine de), sa formation, 219.
Lumachelles, 47.
Lydiat, son opinion sur l'origine des sources, 62.
Machines pour tirer l'eau des puits, 266.
Maël-Stroom, 69.
Mamelon, 1.
Marbre, 44.
Mares, 297.
Mariotte, ses expériences sur la quantité d'eau qui tombe sur le bassin de la Seine et sur celle qui passe dans son canal à Paris, 99.
Marne, 204.
— à gryphites, 174.

Marne irisée, 206.
Micaschiste, 37.
Moellon, 47.
Molasse, 179.
Montagne, 1.
Monticule, 1.
Moyens de connaître la profondeur d'une source, 161.
———————— le volume d'une source, 169.
— de suppléer au défaut de sources, 287.
Muid, 98.
Muschelkalk, 46.
Nappes d'eau, 135, 136.
Négligence des maires à constater les réussites, 333.
Négligence des particuliers à faire connaître les réussites, 333.
Neige, 91.
Nettoiement des aqueducs, 258.
Nivellements à exécuter, 162.
Nombre de demandes qu'on a formées, 324.
Nombre de sources indiquées, 333.
Non réussites, leurs causes, 280.
Noria, ou roue à godets, 269.
Nuages, nuées, nues, 85.
Obrzenski, son opinion sur l'origine des sources, 61.
Odeur des sources, 231.
Oolithe, 44.
Opinions erronées sur l'origine des sources, 58.
Origine de cette théorie, 300.
— des sources, 81.
Papin, son opinion sur l'origine des sources, 63.
Parallélisme des couches, 30.
Pénétration de l'eau pluviale dans les terrains, 115.
Pente d'un versant, 3.
Pente longitudinale des basses plaines, 21.
Pentes des vallées et vallons, 22, 132, 133.
Pentes latérales des basses plaines, 21.
Perrault, ses expériences sur la quantité d'eau qui tombe sur

le bassin de la Seine et sur celle qui passe par son canal à Aigney-le-Duc, 98.

Pic, 2.

Pied d'une montagne, 1.

— d'un coteau, 1.

— d'un versant, 2.

Piéges tendus par les esprits forts, 322.

Pierrailles qu'on met dans les tranchées, 253.

Pierres de la foudre, 177.

Plaine, 7, 15.

Plans de joint, 30.

Plantes aquatiques indiquant l'eau, 134.

Plantes (quantité d'eau qu'elles absorbent et exhalent), 105.

Plateau, 1, 13.

Platon, son opinion sur l'origine des sources, 58.

Pli de terrain, 6.

Pline, son opinion sur l'origine des sources, 60.

— sa méthode pour découvrir les sources, 356.

Pluie (la), 86.

Points où les fouilles doivent être pratiquées, 130.

— où les sources ont la plus grande abondance d'eau, 134.

— où les sources ont les moindres profondeurs, 131.

Pompes pour tirer l'eau des puits, 266.

Porphyre, 36.

Portrait de l'auteur tracé par les journaux, 327.

Pose des tuyaux, 255.

Poudingues, 38.

Poulies pour tirer l'eau des puits, 267.

Profondeur des sources (aperçu sur la), 113.

Profondeur d'une source, moyens de la connaître, 161, 309.

Profondeurs auxquelles descendent les eaux pluviales dans les terres, 106.

Progrès de cette théorie, 300.

Proportion des réussites et non réussites, 351.

Puissance d'une couche, 32.

Puits, leur creusement et construction, 261.

Puits à filtrations, 288.
— à Noria, 269.
— artésiens, 271.
— du Breuil, 191.
— le long des cours d'eau, 290.
— naturels, 187.
Quantité d'eau que produisent les météores aqueux, 95.
— que produit une espèce de terrain, 170.
— qui s'élève en vapeurs, 83.
Rameau d'une chaîne de montagnes, 3.
Ravin, 6.
Réduit, 125.
Remercîments de l'auteur, 326.
Réponses aux opinions erronées sur l'origine des sources, 66.
Réservoirs (prétendus) souterrains, 117.
Résultats de cette théorie justifiés par les délibérations des Conseils généraux, 311, 315, 317.
— par les certificats des préfets, 335.
— par les rapports des journaux, 327.
Rétrécissement d'une vallée, 7.
Revers d'une montagne (moyens d'en connaître la configuration sans le voir). 143, 144.
Rideau, 8.
Rivière, 24.
Roche, 30.
Roches hétérogènes, 39.
— homogènes, 39.
Roches stratifiées, 40.
Rosée (la), 89.
Roue à godets, 269.
Ruisseau, 24.
Ruisseaux du département du Lot qui se perdent, 305.
Sables volcaniques, 198.
Salles des grottes, 188.
Salure de la mer, 77.
Scaliger, son opinion sur l'origine des sources, 60.

Schistes, 31,
Scylla, 69.
Sénèque, son opinion sur l'origine des sources, 59.
Serein, 90.
Signes de la présence des sources, 134, 306, 308.
Signes indicatifs des sources selon l'Encyclopédie, 358.
— selon Pline, 356.
— selon Vitruve, 352.
Silex pyromaques, 208.
Siphons renversés, 139.
Sommet d'une montagne, 1.
Sommets des montagnes privés de sources, 139.
Sonde employée à trouver l'eau, 361.
Source, sa vraie définition, 56.
— comparée à la séve dans la racine d'un arbre, 116.
— comparée à un fleuve ou à une rivière, 116, 117.
— définitions inexactes de ce mot, 54, 55.
— d'un fleuve, d'une rivière et d'un ruisseau, 25.
Source-mère, 118.
Sources, pourquoi les hydrographes n'ont pas cherché les moyens de les découvrir, 79.
Sources à la côtière, 148, 149.
— aux corniches des coteaux, 145.
— chaudes, pourquoi, 233.
— dans les coteaux, 145, 146.
— dans les versants, 141.
— d'eau vive, 228.
— découvertes par Couplet (Préface), i.
— dont l'apparition est tardive, 278.
— importantes du département du Lot, 307.
— indiquées de loin, 153.
— indiquées sur des cartes, 124.
— intercalaires, (causes de ce phénomène), 241.
— intermittentes, 235.
— malpropres, 269.
— minérales, 229.
— permanentes, 57.

Sources sur les montagnes, 140.
— sur les plateaux, 140, 151.
— sur les versants, 141, 146, 147.
— temporaires, 57.
— thermales, 233.
— troubles, 231.
— trouvées d'après cette théorie, 332.
— uniformes, 57.
— variables, 57.
Strate, 30.
Stratification, 31.
— arquée, 31.
— concordante, 31.
— discordante, 31.
— horizontale, 31.
— inclinée, 31.
— transgressive, 32.
Structure intérieure de la terre, 29.
Talus d'un fleuve, d'une rivière et d'un ruisseau, 28.
Talus du pied d'une montagne, 7.
Température des sources, 233.
Terrain clysmien, 211.
— tufeau, tufacé, tuf ou travertin, 177, 178.
— volcanique, 196.
Terrains du département du Lot, 49.
— boisés et non boisés, 109.
— défavorables aux sources, 181.
— de transition favorables aux sources, 173.
— détritique, 114, 179.
— favorables à la découverte des sources, 172.
— imperméables, 202.
— intermédiaires favorables aux sources, 173.
— non stratifiés, 34.
— perméables, iii.
— primitifs favorables à la découverte des sources, 172.
— privés d'eau à cause de leur désagrégation et de leur disposition, 214.

Terrains secondaires favorables à la découverte des sources, 173.
Terre végétale, 114.
Têtes des assises, 16.
Thalweg, 6.
— indiqué par des épanchements d'eau, 128.
— invisible, 125.
— visible, 125.
Thalwegs déplacés, 126, 127.
— latéraux, 138.
Touillon, fontaine intermittente, 242.
Tour pour tirer l'eau d'un puits, 267.
Tourbillons d'eau, 70.
Tournées de l'auteur, 325.
Touvre (fontaine de la), sa formation, 218.
Trachites, 200.
Tranchées (manière de les creuser), 250.
Tranches des assises, 16.
Transport (terrain de), 18.
Trapps, 37.
Travaux à exécuter pour mettre les sources à découvert, 248.
Trouble des sources (la cause du), 231.
Tuyaux en bois, 257.
— en fonte, 257.
— en plomb, 256.
— en terre cuite, 257.
— en zinc, 258.
Udomètre, 95.
Valeur d'une source, 284.
Vallée, 5.
Vallon, 5.
Van Helmont, son opinion sur l'origine des sources, 61.
Vapeurs dans l'atmosphère, 81.
Vapeurs souterraines, 196.
Vaucluse (fontaine de), sa formation, 218.
Vents qui amènent la pluie, 87.
Vents qui n'amènent point de pluie, 87.

Versant, 2.
Versant d'une vallée, 6.
Vitruve, sa méthode pour découvrir les sources, 352.
Volcans, 196.
Volume des sources cachées, (moyen de le connaître), 169.

FIN DE LA TABLE ALPHABÉTIQUE.

Ebook Esotérique réédite,
sous forme de livres électroniques
ou Ebooks, des livres ésotériques et
d'occultisme qui sont devenus rares ou
épuisés.

Visitez Ebook Esotérique

www.ebookesoterique.com

Inscrivez-vous pour recevoir
notre Bulletin-Info.
Vous serez informé des
nouvelles parutions et promotions.

Vous avez une question sur l'Hermétisme, l'Esotérisme ou la pratique des Sciences Occultes ?

*L'Encyclopédie Ésotérique vous apportera des réponses et des mises au point précieuses.
Cliquez* www.ceodeo.com

L'Encyclopédie Ésotérique ainsi que les articles, dossiers, cours et essais que vous trouverez sur notre site s'adressent tant aux profanes qu'aux spécialistes.

*Collège Ésotérique et Occultiste
d'Europe et d'Orient*
(CEODEO) www.ceodeo.com

www.ingramcontent.com/pod-product-compliance
Lightning Source LLC
Chambersburg PA
CBHW071107160426
43196CB00013B/2498